KB231485

일본의
축제와
지역사회

하카타기온야마카사 博多祇園山笠 를 중심으로

황 달 기

제이앤씨
Publishing Corporation

*이 책은 계명대학교 비사연구비(2004년도, 저술연구)의 지원을 받아 저술되었음.

■ 차 례 ■

제IX장
일본의 축제와
지역사회

315

서문 :
지역사회와
축제

일본의
축제와 지역사회

일본은 역사적으로 봉건제를 기반으로 한 지방분권이 오랫동안 유지되어, 지역사회를 단위로 한 연대와 통합을 위한 다양한 수단들이 모색되어 왔는데, 그 대표적인 것이 축제마쓰리이다. 이러한 일본의 축제는 지역공동체의 성원이 대부분 참가하여, 첫째 지역의 독자적인 전통을 창조적으로 계승하고, 둘째 과소화過疎化를 극복하고 지역을 활성화하며 지역산업의 부흥과 관광자원화, 셋째 지역의 문화적 정체성을 확립하고 이를 바탕으로 지역사회를 새로이 연대하고 통합하는 데에 적극적으로 활용되고 있다. 이러한 의미에서 일본의 지역축제는 현재 일본사회의 다양한 측면들을 포괄적으로 반영하고 있다고 할 수 있다.

이 책은 이러한 일본의 지역축제가 가지는 다양성을 후쿠오카시福岡市의 하카타기온야마카사博多祇園山笠라는 전통적 도시축제에 대한 인류학적 현지조사2006년 7월 8~16일, 2007년 6월 1~8월 31일, 2008~2010년 7월 7~16일 자료를 바탕으로, '지역사회'라는 현장론적 맥락에서 총체적으로 이해하고 분석하는 데에 있다. 그러기 위해서 우선, 전통적 도시축제가 어떻게 존재하며, 그들이 역사적으로 어떻게 성립되어 오늘에 이르고 있는지에 대해서 살펴보고, 다음으로 축제가 지역사회의 새로운 연대와 통합의 구심점으로 자리잡게 되는 사회·문화적 배경을 따져보고자 한다. 이러한 문제의식은 지금까지의 개별축제에 대한 단편적 연구나 축제 그 자체에 대한 일반적 논의만으로는 지역사회의 다양성을 기반으로 한 축제의 역동적 측면들을 규명할 수 없다는 판단에서 비롯되었다.

위에서 말하는 지역축제의 역동성이란 1960대 이후 급속도로 진행되고 있는 농·산촌사회의 과소화로 지역사회의 사회적 연대나 통합이 해체되는 위기상황을 극복하기 위한 다양한 문화의 계승이나 창조활동 과정에서 발생하는 여러 요인들 간의 상호작용을 의미한다. 이러한 역동성은 제조업을 바탕으로 한 자본주의의 경제성장체제에서 본격적인 탈산업사회, 정보화 사회로 규정되는 '후기자본주의사회'로의 진입이라는 시대적 상황과 깊은 관련이 있다고 하겠다. 현대 일본의 지역사회는 이러한 새로운 사회경제체제의 당연한 귀결인 문화의 상품화나 무국경화, 탈 지역화에 적극적으로 대응하고 있다. 그 중심에 지역축제가 자리하고 있음은 말할 것도 없다. 따라서 지역축제는 넓게는 바로 이러한 후기자본주의사회의 문화의 논리를 검토하기 위한 좋은 예가 될 수 있으며, 좁게는 지역사회의 현실을 총체적으로 파악하고, 미래를 예측하는 데에 대단히 중요한 의미를 지닌다고 하겠다.

한편, 일본사회는 1990년대 이후 거품경제의 붕괴와 장기간의 불황으로 상당한 침체국면을 맞이하고 있다. 여기에 젊은 층의 소자화少子化나 만혼화晩婚化, 비혼화非婚化 등으로 출산율이 급격히 떨어지고 있어, 과소화는 농산촌 지역은 말할 것도 없고 대부분의 중소도시로까지 확대되고 있다. 이러한 위기상황에서 기존의 사회적 맥락 안에서 형성된 상징체계가 신뢰를 잃어버렸을 때, 개인은 자신이 어떤 존재인가 확인하기 위한 초월적인 존재나 신성한 상징을 적극적으로 찾게 된다. 예를 들면 1990년대 이후 전국적으로 확산되고 있는 새로운 형태의 축제인 고치시高知市 의 '요사코이형' 축제가 그들이 찾고 있는 새론운 상징체계라고 할 수 있다.

그렇다면 구체적으로 이러한 상징체계는 어떤 모습을 띠며, 여기에 개인이나 조직들이 어떤 방식으로 관여하며, 그 결과 지역사회는 어떤 모습으로 재편되는지 종합적으로 분석할 필요가 있을 것이다. 이 책은 이러한 문제의식에서 다음과 같은 몇 가지 관점에서 지역사회의 축제를 종합적으로 기술하고 분석해 보고자 한 것이다.

우선 제 I 장에서는 지역축제가 만들어지고 성장해온 지역사회의 역사나 사회·문화적 조건들에 대한 검토를 통해 2장 이후의 개별 축제들에 대한 기술과 분석에 대한 이해를 돕고자 한다. 제 II 장과 III장에서는 지역사회의 축제가 언제 어떤 목적으로 만들어져 어떤 변화과정을 겪으면서 오늘에 이르고 있는지, 사례에 대한 현지조사를 근거로, 지역축제의 성립과 변화에 관여하는 사회·문화적 요인들을 밝혀보고자 한다.

제IV장에서는 지금까지 축제를 실제로 운영하고 관리하는 보이지 않는 주체들에 대한 관심이 상대적으로 적었다는 점에 착안하여, 축제의 운영과 관련된 조직적 특성, 특히 지역사회의 새로운 연대나 통합을 규정하는 다양한 방식과 관련된 논의를 하고자 한다. 사례로 선정된 하카타기온야마카사의 조직과 운영에 대해 그 실상을 가능한

한 자세히 기술하고, 다양한 주체와 운영방식이 축제의 전통과 변화를 어떻게 규정하고 있는지에 대해 중점적으로 분석하고자 한다.

제Ⅴ장에서는 일본의 축제가 가지는 또 하나의 특성인 스포츠적 성격과 특징을 다룬다. 일본의 대부분의 축제가 기본적으로 일상의 따분함을 해소시켜주는 탈일상의 세계로서 축제적 성격이 강하지만, 하카타기온야마카사는 무게 1톤이 넘는 7대의 야마카사山笠, 가마 가 정교한 조직과 관료적 위계를 바탕으로 5km를 누가 빨리 달리느냐를 치열하게 다투는 타임 레이스time race 나 타임 트라이얼time trial 경기와 유사하다. 이는 곧 축제의 스포츠적 특성이라고 할 수 있으며, 일본의 다른 수많은 도시축제와 구별되는 점이기도 하다. 이러한 성격에 대한 이해 없이는 인구 140여 만의 초현대적 대도시가 연출하는 화려하면서도 역동적인 장면들을 제대로 설명할 수 없을 것이다.

제Ⅵ장에서는 축제에 참여하는 어린이에 주목함으로써 어린이와 지역사회와의 상호작용, 다시 말해 축제라는 전통문화 안에 내재된 사회·문화 시스템으로서의 교육활동에 대해 분석하고자 한다. 최근 일본에서 제도권이나 공교육의 문제점을 보완하기 위해 지역사회의 이벤트나 축제, 지역활성화 장면 등에 어린이의 참가를 적극적으로 추진하는 움직임이 활발하다. 2002년 도입된 교육현장의 '종합적인 학습시간'이나 자치단체의 '어린이가 참가하는 마을 만들기' 등이 바로 그러한 예이다. 하카타기온야마카사와 같은 전통적 도시축제는 이미 오래 전부터 전승주체의 발굴과 양성에 관한 독특한 시스템을 자체적으로 개발하여 운영해오고 있다. 축제가 가지는 또 하나의 의미, 문화전달 과정으로서의 교육활동에 주목하는 이유이다.

제Ⅶ장에서는 완전 개방형의 시민축제인 후쿠오카시의 '돈타쿠'에 대해, 오늘의 돈타쿠가 있기까지의 과정을 역사적으로 더듬어보면서, 우선 도시의 시민축제가 어떻게 성립하여 성장해 왔는지에 대해 알아보고, 다음으로 그런 성장이 도시사회와 어떻게 연동되어 일어나고 있는지에 대해 살펴보고자 한다. 이는 같은 신사의 제신祭神을 모시는 사람들氏子, 우지코에 의한 약간은 폐쇄적인 구조와 운영을 특징으로 하는 대부분의 축제와 구별되며, 최근 이런 유형의 개방적 시민축제가 널리 확산되고 있기 때문이다.

제Ⅷ장에서는 일본 축제를 대표하는 교토의 기온마쓰리를 사례로, 특히 도시사회와 축제의 상호규정적인 의미에 대해 살펴보고, 지역사회의 역사와 문화적 전통과의 관련성을 밝혀보고자 한다. 이를 토대로 같은 기온온마쓰리 계통인 하카타기온야마카사에 대한 이해의 폭과 깊이를 확장하고자 한다.

제Ⅸ장에서는 축제가 지역사회, 특히 도시사회의 성립과 전개 과정에서 차지하는 위상을 종합적으로 규명하며, 이 책의 결론으로 삼고자 한다.

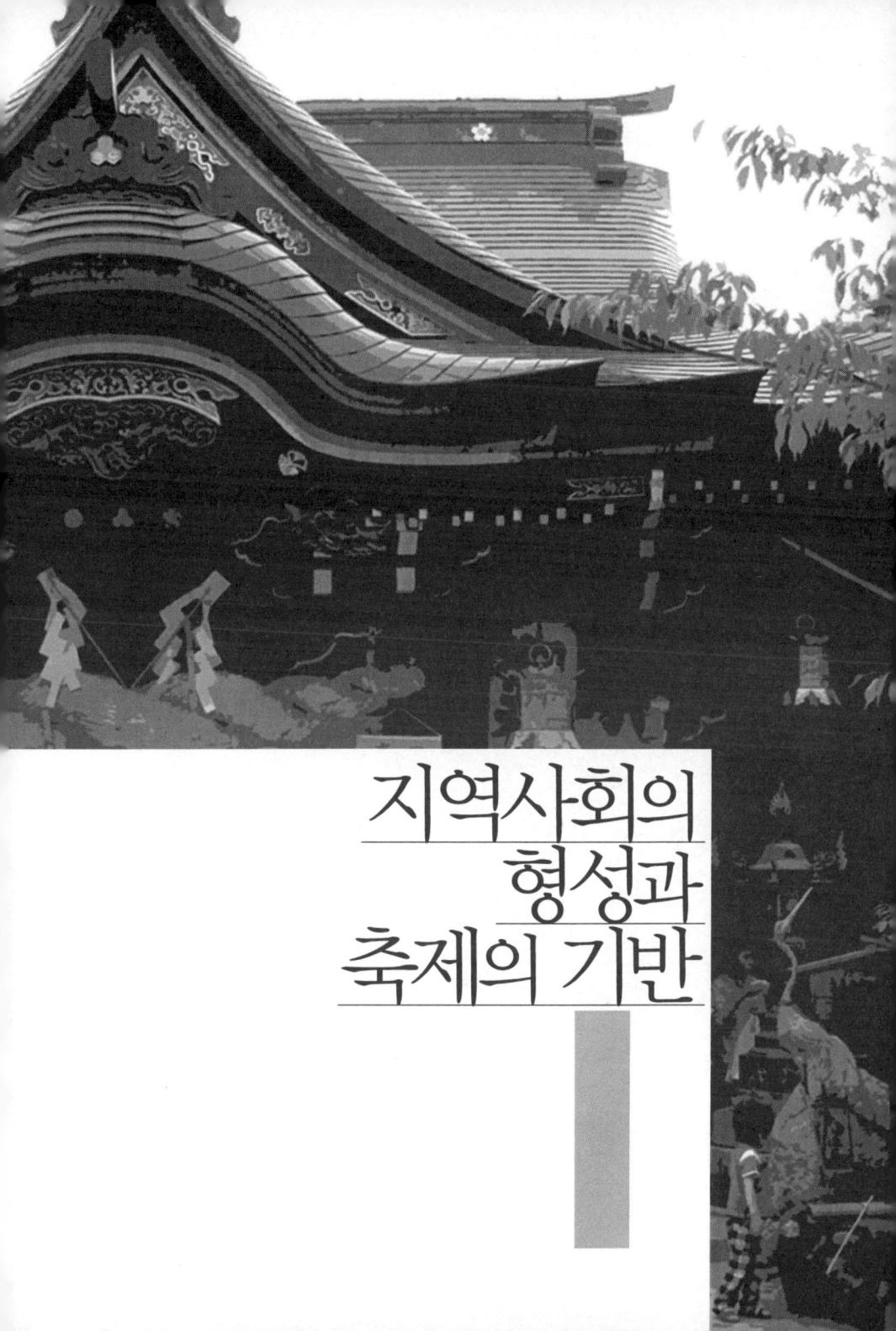

지역사회의
형성과
축제의 기반

일본의
축제와 지역사회

이 책에서 다루는 축제의 사례는 한국에서 가장 가까운 외국 공항인 후쿠오카 국제공항이 있는 후쿠오카시福岡市의 하카타기온야마카사博多祇園山笠, 이하 '기온야마카사'라 함이다. 기온야마카사의 무대가 되는 후쿠오카시는 규수九州의 관문으로서 부산에서 비행기로 30분, 배로 3시간이면 갈 수 있으며, 일본의 주요도시인 오사카와 도쿄, 홋카이도의 삿포로까지의 거리와 동아시아의 부산이나 서울, 상해, 북경, 대만의 타이페이大北까지의 거리가 거의 같은 범위 안에 있어, 한국을 비롯한 중국, 그 밖의 많은 나라들과 접근성에 있어서 대단히 유리한 위치에 있다고 할 수 있다.[1]

후쿠오카시는 북으로는 현해탄을 건너 한국의 부산을 포함한 남해안과 마주보고 있으며, 바로 북쪽에는 우미노나카미치海ノ中道와 이토지마糸島 반도가 천혜의 하카타만을 만들고, 남으로는 세후리脊振, 동으로는 산군三郡 산지로 둘러싸인 반달 모양의 후쿠오카 평야에 자리잡고 있다. 북쪽인 하카타만으로 흘러드는 다타라가와多々良川와 나카가와那珂川, 무로미가와室見川의 소하천들은 시가지를 남북으로 흐르며 동서로 가르고 있지만, 이 하천들을 넘나드는 여러 개의 교량이 단절된 시가지를 하나로 묶어주고 있다.

후쿠오카시의 인구는 2008년 10월 1일 현재, 143만 7천여 명, 세

---

1   2008년 12월 30일 현재 후쿠오카 국제공항의 네트워크는 국내선 22개 도시, 국제선 16개 도시와 연결되어 있으며, 이용자 수는 일본에서 네 번째인 약 1,730만 명에 이르고 있다(http://www.city.fukuoka.lg.jp/sisei/gaiyou/01html, 2010.10.1).

대수 68만 4,700여 세대로, 해마다 조금씩 증가하고 있다. 연령별 구성을 보면 2005년 국세조사国勢調査 결과에 의하면, 연소인구0-14 3.4%, 생산연령인구15-64 70.2%, 노령인구65세 이상 15.2%의 비율로 구성되어 있으며, 평균연령이 40.3세로, 일본의 대도시 중에서는 비교적 젊은 층의 사람들이 많이 사는 곳으로 알려져 있다.표1-1

■ 표1-1 ■ 후쿠오카시의 인구

세대수		684,717	
인구	1,437,718명 (남 688,050명, 여 749,668명)	히가시쿠(東区)	285,213명
		하카타쿠(博多区)	205,573명
		주오쿠(中央区)	174,046명
		미나미쿠(南区)	247,083명
		조난쿠(城南区)	128,927명
		사라쿠(早良区)	211,588명
		니시쿠(西区)	185,288명

* 추계인구(推計人口) : 2008년 10월 1일 현재
(http://www.city.fukuoka.lg.jp/sisei/gaiyou/01html, 2010.10.1)

1
국제무역항의 성립

현재의 후카오카시는 후쿠오카현의 북서부 지역으로, 옛 지명으로는 지쿠젠筑前에 해당된다. 이 지쿠젠은 예로부터 현해탄 연안지역으로 한반도와 중국대륙과의 교류가 활발하게 이루어진 곳이다.

특히 근세에는 도요토미豊信秀吉의 조선침략의 근거지가 되었으며, 도쿠가와德川 막부시대에는 조선통신사의 접대나 밀무역선의 감시와 통제 기능을 담당했으며, 국내유통의 중심지이기도 했다. 근대에 들어오면 기타큐슈北九州의 해안지대에 관영 야하타八幡제철소를 중심으로 한 중화학공업이 발달하게 되며, 이를 바탕으로 중앙자본의 은행이나 상사가 진출했으며, 철도와 탄광, 항만업 등을 포함한 일본의 4대 공업지역의 하나로 성장한다丸山雍成/長洋—2004: 235.

　지쿠젠의 중심지였던 하카타는 두 차례에 걸친 몽고군의 침략 후,[2] 당시의 가마쿠라막부鎌倉幕府가 1293년 일반 정무나 재판, 연안경비 등을 총괄하는 기구鎭西探題를 다자이후大宰府, 중앙정부를 대신하여 규슈일원을 관할해 오던 관청이 있던 곳가 아닌 하카타에 둠으로써 비약적 발전의 터전을 마련하게 된다. 그 이유는 나라시대奈良時代, 710-784나 헤이안시대平安時代, 794-1185 중엽까지 중국이나 조선과의 무역을 모두 국가가 관장하던 공무역 시대에서 장원제도의 확립과 동시에 사무역이 개시되었기 때문이다. 이 사무역의 중심지역으로 떠오른 곳이 하카타 연안의 하코자키箱崎 일대였다. 중국의 당나라 이후 오, 월, 북송,

2　　　1274년 10월 몽고는 고려와 연합군을 결성하여, 900척 약 3만 명의 군대로 하카타에 상륙한 다음 시가전을 감행했으나, 상륙 다음 날 겨울을 알리는 강한 북서계절풍의 큰 피해를 입고 퇴각한다. 이어 1281년에는 약 14만 명의 군사로 2차 침략을 시도했으나 미리 구축해 놓은 20km에 이르는 해변가 방어선을 뚫는 데에 실패하고, 마침 이 일대에 상륙한 강력한 태풍에 사라지고 만다. 일본에서는 이 두 차례에 걸친 몽고군의 침략 때, 이를 물리친 계절풍과 태풍을 특히 가미카제(神風)라 하고, 신의 신통한 힘으로 해석하기도 하나 과학적으로는 근거가 없다고 하겠다.

남송, 한반도의 발해 상인까지 다양한 국적의 사람들이 드나들기 시작했으며, 이들과의 교류와 무역을 위한 상인들이 하카타에 나타남으로써, 하카타는 국제무역과 문화교류의 거점도시로 성장하게 된다岩本祥史 2002: 41-42.

하카타는 나라나 교토京都, 가마쿠라, 에도江戸라는 당시의 중앙권력과는 아주 멀리 떨어져 있었지만, 바다 건너 보다 크고 넓은 세계와 연결되어 있었다. 서기 57년에 후한後漢의 광무제光武帝가 일본의 나노국왕奴国王에 보낸 '금인金印, 국보'이 그 증거이다. 또한 고대 한반도를 포함한 아시아 대륙과의 교류의 근거지로서 고고학적 유적인 고로칸鴻臚館도 있었다多田昭重 2007: 20-21. 고로칸은 다자이후 정청에 속해 있던 고대의 영빈관으로, 당이나 송, 신라의 사절이나 도래인渡来人, 그리고 17회에 걸친 견당사나 견신라사의 숙박이나 접대 등으로 이용되었다. 견당사의 폐지 이후는 오로지 대륙에서 오는 상인무역상의 거처로 활용되는 등, 약 400여 년간 일본의 국제교류의 관문으로 중요한 구실을 하고 있었다. 이 고로칸은 헤이안시대에 하카타 이외에도 헤이안쿄平安京, 京都와 난바難波, 오사카에도 있었던 것으로 추정된다.

고로칸은 나라시대까지는 지쿠시칸筑紫館으로, 그 이후의 헤이안시대에는 고로칸으로 일컬어졌다. 1987년 헤이와다이平和台 구장의 발굴조사에서 중국과 신라의 도자기, 서아시아 이슬람계 도자기, 페르시아계의 유리 기구 등의 다양한 유물이 발굴된 것으로 보아, 가까이는 한반도의 신라와 중국, 멀리는 서남아시아까지 포함한 아시아 대부분의 지역과 교류가 있었던 것으로 추측된다. 물론 서남아시계의 유물은 해상 실크로드를 따라 중국을 거쳐 들어왔을 것으로 예상되지만, 당시 일본에서 이 정도의 국제적 교류가 이루어지고 있었던 지역은 달리 찾아볼 수 없다고 하겠다. 그야말로 하카타는 당시 일본 국내에서 국제교류의 최전선에 있었던 것이다.

특히 에도시대江戶時代, 1603-1868에는 하카타만 서부의 5개 포구를 모항으로 한 오포회선五浦廻船이 당시 일본 해운업의 중추적 기능을 담당하고 있었을 정도로 일본 국내에서도 두각을 나타내고 있었다. 이 오포회선은 후쿠오카번에서 생산된 미곡을 중심으로 다양한 물품들을 오사카나 에도로 운송하고 있었다. 메이지유신明治維新 때 유신파가 아닌 막부파에 가담한 후쿠오카번의 보호를 받았다는 이유와 빈번한 해난사고로 유신 초기에 사라졌지만, 약 270년에 걸친 왕성한 활동은 근대화 이후의 국제적 창구로 도약하는 데에 초석이 되었다고 할 수 있다.

하카타의 국제교류 중, 그 중심에 있었던 한일간 교류는 아주 오래 전부터 다양한 형태로 이루어져 왔는데, 특히 일본 에도시대의 조선통신사는 약 200년간 12번에 걸쳐 일본을 방문했다. 주로 에도막부의 경사나 장군의 교대 시에 방문하여 조선 왕의 국서와 막부 장군의 답서를 교환하며, 상호 신뢰와 우호를 다지기 위해서였다. 그런데 이 통신사일행은 적게는 300명에서 많게는 500명에 이르는 대단히

규모가 큰 외교사절단으로 우선 하카타만 북동쪽 해안의 아이시마
相島 라는 곳에 들러 며칠 머물다가 오사카까지 간 다음, 거기서 육로
를 통해 에도까지 갔다가 역순으로 돌아오는 왕복 6-8개월 길게는
1년 가까이 소요되는 장기간의 위험한 일정을 수반하고 있었다多田昭
重 2007: 42.

　일본의 처음 도착지이자 마지막 배웅지였던 아이시마는 후쿠오카
번 소속으로 여기서 번은 자신들의 위신과 체면을 걸고 조선통신사
를 성대히 접대한 것으로 알려지고 있다. 이때 번내주로 하카타의 유학
자나 문인, 화가, 음악가 등이 참가하여 통신사 일행 안의 학자나
문인들과의 교류활동을 통해, 한일문화교류사에 있어서 중요한 계기
를 마련하게 된다. 후쿠오카는 1600년慶長 5年 에 구로다黑田長政 가 지
쿠젠의 지배자国主 로 들어온 이후 1871년明治 4年 폐번치현廃藩置県
까지 약 270년에 걸쳐 번정藩政 이 이어져 오면서 근세의 국제적 상
업도시로서의 모습을 갖추기 시작했으며, 1868년 메이지시대의 개
막과 함께 근대화가 급속도로 진행되면서 현대적 도시의 면모를 갖
추게 된다.

2
하카타의 시작과 후쿠오카의 완성

앞에서 살펴본 바와 같이, 하카타의 번영은 역사적 배경과 지정학적 위치에서 비롯되었다고 할 수 있지만, 결정적 계기는 무엇보다도 도요토미에 의한 새로운 도시계획과 지역활성화 정책의 효시라고 할 수 있는 다이코초와리太閤町割り 라고 할 수 있다. 16세기 말 국내외 교역의 중심지였던 하카타를 차지하기 위해 전국시대戦国時代의 무장이었던 오토모大友, 모리毛利, 시마즈島津의 군대가 치열한 전투를 벌이고 있었다. 1587년 6월 7일 완전히 폐허가 된 하카타를 최종 접수한 이는 마지막의 시마즈 세력을 제압한 도요토미였다多田昭重 2007: 26. 도요토미는 이미 대륙침략을 위한 물자보급 기지로서의 하카타의 가치에 주목하고 있었으며, 마침 하카타의 두 거상巨商이었던 가미야神屋宗湛와 시마이嶋井宗室의 제안과 아이디어를 수용한 재건계획을 마련한다. 그 핵심적 내용은 하카타를 동서남북의 일정지역에 한정하여, 도로를 마주보는 지역을 하나로 묶는 새로운 지역분할을 시행했다. 당시 도요토미가 가지고 있던 '섭정대신'에 대한 경칭인 '다이코大閤'라는 이름을 붙여, 이를 '다이코초와리'라 칭하게 된다. 이렇게 나누어진 7개의 지역을 각각 '나가레流'라 하고, 이를 주민들의 자치조직으로 육성한다. 이 나가레가 바로 800년 가까이 이어져 오고 있는 기온야마카사의 운영조직이 된다.

도요토미는 단순한 독창적인 지역구분만 단행한 것이 아니라, 하카타를 상인들의 자치도시로 만들기 위한 포고령을 발표하기까지 했다多田昭重 2007: 27. 주요내용을 보면, 우선 상인이나 직인이 결성한 동업자 단체들의 독점을 금지하고, 지지地子, 경작지나 대지에 대한 세금 나 여러 역할과 직함을 가진 자들에 대한 조세의 면제, 일본 국내에서 하카타 선박의 보호, 무사의 하카타 거주 금지 등, 하카타를 자유로운 상업지역으로 육성하려 한 것이다. 이는 하카타 상인에게 일종의 특권을 부여한 것이나 다름없다고 하겠다. 특히 하카타에 무사의 거주를 금지한 것은 자유분방한 상업도시를 육성하고자 한 의지의 표명이라고 할 수 있다. 이러한 자유로운 하카타 상인의 기풍과 풍류를 집약적으로 보여준 것이 다름 아닌 기온야마카사이다. 하카타는 도요토미의 주도면밀한 재건계획과 시책에 따라 다시 활기를 되찾았으며, 축적된 상인들의 부를 바탕으로 여러 신사나 사찰이 재건되었으며, 거상들의 호화주택이 기념비처럼 여기저기에 들어서게 된다. 이러한 도요토미가 보인 하카타에 대한 특별한 관심은 대륙침략을 위한 치밀하고 계산된 사전포석이었지만, 결과적으로는 하카타의 재건과 부흥의 결정적 계기가 되었다고 할 수 있다. 바꾸어 말하면 번영의 은인인 셈이다. 그에 대한 하카타 사람들의 특별한 감정은 그를 제신으로 모시는 도요쿠니신사豊国神社가 하카타 지역에 세워진 것에서 잘 나타나고 있다.

한편 도쿠가와德川家康의 천하통일의 분수령이었던 세키가하라 전

투関か原合戰, 1600 에서 공을 세운 덕으로 지쿠젠筑前 52만석의 다이묘
大名가 된 구로다黑田如水는 가신들의 절대적 충성을 기반으로 후쿠
오카성을 축성하고 후쿠오카번의 기반을 구축한다. 구로다는 1601
년부터 7년이란 대장정 끝에 후쿠오카성을 완성한다. 현재는 시 서
쪽 오호리大堀 연못 동쪽에 있는 망루나 호리堀, 인공수로, 돌담 등이
산재해 있는 벚꽃의 명소인 마이즈루공원舞鶴公園으로 옛 모습을 산
발적으로 간직하고 있는 정도이다. 일본의 성이 대부분 그러하듯이
평야지대에 자리잡고 있는 관계로 외적을 방어하기 위한 수로와 수
로로 둘러싸인 인공섬 모양의 넓은 부지 위에 멀리 바라볼 수 있는
높은 천수각天守閣을 세우고, 여러 겹의 건물로 둘러싸 요새를 만든
것이다. 수로 안의 성만으로 부족하여, 동으로는 하카타부와의 경계
인 나카가와那珂川에서 서쪽으로는 이마가와今川까지 시가지 전체를
교모하게 요새화함으로써 보다 정교한 광역의 보호막을 구축해 놓은
것으로 유명하다. 적을 유인하거나 속이는 장치를 곳곳에 설치하거
나 중요 지점에 사찰을 배치하여 유사시에 집회소나 숙소로 전용할
수 있게 하는 등, 시가지 조성의 기본 개념이 무사 본거지의 요새나
진지를 구축하는 것이었다. 여기서 주목해야 하는 것은 이러한 시가
지의 요새화 전략에는 나카가와 동쪽의 상인의 거리인 하카타부는
철저하게 배제되어 있었다는 점이다. 이렇게 하여 에도시대 이전에
자유로운 상업도시로 출발한 하카타와 그 이후의 조카마치城下町, 城
市로 성장한 후쿠오카라는 계층별 지역구분과 기능분담의 공간조성

이 이루어진 것이다. 상호보완적이면서 약간은 폐쇄적인 지역구분은 이후 다양한 형태의 갈등과 대립의 근간을 이루게 된다多田昭重, 앞의 책: 34-35.

메이지유신 이후 대륙침략을 위한 일본 제국주의가 부국강병이라는 슬로건 아래 팽창과 성장을 거듭하는 동안, 후쿠오카도 근대적 거대도시의 모습을 갖추어가고 있었다. 도시 근대화의 상징이라고 할 수 있는 전기와 전화, 수도를 포함하여, 대중교통수단인 노면전차가 부설된다. 특히 1910년明治 43년 노면전차의 등장은 도시의 근대적 관리와 공간연출, 도시계획 등이 어우러진 결과로서 현대도시의 탄생을 알리는 신호탄이기도 했다. 니시코엔西公園에서 규슈대학, 고후쿠마치呉服町에서 하카타역 구간이 완성되고, 이듬해는 와타베도리渡辺通와 하카타역, 지쿠코築港로 연결되는 순환선이, 또 그 다음해에는 와타베도오리에서 니시진西新까지의 조난센城南線이 개통됨으로써 하카타의 주요 간선도로망이 완성된다多田昭重 2007: 50. 그러나 전후의 고도성장에 따른 도심의 오피스화와 교외로의 주거지 이동 등으로 심각한 교통정체 현상이 일어난다. 그 결과 운행시간에 대혼란이 일어나고, 도심까지 갈아타지 않고 출퇴근하는 사람들의 버스와 자가용 이용으로 노면전차는 심각한 경영난에 빠지게 된다. 결국 1975년 11월 2일과 1979년 2월 10일 두 번에 걸쳐 모든 노선이 폐지된다.

후쿠오카가 현대도시로 성장하는 데는 '규슈대학' 역할도 무시할 수 없다. 규슈대학은 규슈제국대학으로서 1911년明治 44년에 설립되었지만 그 전신은 1903년明治 36년에 창립된 '교토제국대학 후쿠오카 의과대학'이다多田昭重 2007: 52-53. 당시 같은 규슈의 구마모토시熊本市와 나가사키시長崎市와의 치열한 유치경쟁 끝에 승리함으로써 얻은 수확으로, 그 후 후쿠오카시가 규슈의 교육 중심지로서 비약적인 발전을 거듭하는 데에 중요한 역할을 하게 된다. 현재 히가시쿠東区의 옛 캠퍼스에서 니시쿠西区의 신 캠퍼스로의 확장과 이전을 마무리하는 등, 하카타시의 새로운 지형변화를 예고하고 있다. 후쿠오카는 고대에서 근세까지의 국제무역항으로서의 기본적 성격 외에는 특별한 기반산업이 없는 도시였다. 일본국내에서 4번째로 제국대학을 유치함으로써 무역과 공업八幡製鉄所와 筑豊炭鉱 외에 새로운 개념의 '지식 문화 주도형 도시'로 발전하게 된다. 그 후에 여러 대학이 설립되었음은 말할 것도 없다.

3
행정통합과 '하카타 의식'의 형성

일본의 대표적인 고속철도망인 도카이도신칸센東海道新幹線을 이용하여 도쿄에서 나고야, 오사카를 경유하여 종점인 후쿠오카에 오는 사람들은 종착역 이름이 후쿠오카가 아닌 하카타라는 사실에 적잖게 놀라는 경우가 있다. 심지어 역무원에게 "후쿠오카에 가려면 몇 번 홈에서 갈아타야 하느냐"고 묻는 사람도 있다는 웃지 못 할 이야기도 듣게 된다. 후쿠오카시 어디에도 '후쿠오카'라는 이름의 JR 역은 존재하지 않는다. 시의 이름과 역 이름이 일치하지 않는 아주 특이한 경우라고 할 수 있다. 그 이유는 무엇일까?

하카타와 후쿠오카는 에도시대까지 각각 후쿠오카시를 남북으로 관통하는 나카가와那珂川를 경계로 서로 마주보는 두 지역의 이름이 었는데, 메이지유신 이후 이 두 지역은 후쿠오카라는 이름으로 통합되고, 1972년 후쿠오카시 안의 하나의 행정구인 '하카타구'가 탄생한다. 이 하카타구는 에도시대의 하카타라는 지역보다 동쪽으로 많이 확장된 구역으로 본래 하카타 지역은 이 행정구 안의 극히 일부에 한정되어 있었다. 그러니까 동쪽의 이시도가와石堂川와 서쪽의 나카가와 사이에 들어 있는 동서 약 1km, 남북 약 2km 정도의 아주 좁은 지역이었다. 일본의 도시 역사 중에서도 강을 경계로 오랫동안 독립적으로 유지되어온 2개의 도시가 하나로 통합된 아주 보기 드문 경우라고 할 수 있다. 이런 연유로 하카타 지역을 '하카타부', 후쿠오카 지역을 '후쿠오카부'라 부르기도 한다.

한편 후쿠오카도 동쪽으로는 나카가와, 서쪽으로는 히이가와樋井川 사이에, 남쪽으로는 오호리공원大堀으로 둘러싸인 지역으로, 하카타보다는 넓지만 시 전체면적에서 차지하는 비중은 그리 크지 않다.

이상에서 살펴본 바와 같이 두 지역의 차이는 역사적인 성장과정

과 깊은 관련이 있으며, 이를 현실적으로 가장 뚜렷하고 분명하게 보여주는 것이 있는데, 바로 기온야마카사이다. 이 기온야마카사는 원래 하카타 지역만의 마쓰리로, 7월 13일의 '슈단야마미세集団山見せ'는 하카타에서 나카가와를 건너 후쿠오카부로 순회하는 일종의 관광용 출장서비스로, 1962년昭和 37년 시의 강력한 요구에 기온야마카사 운영주체의 일부에서 제기된 반발을 누르고 새롭게 도입된 일정이다. 이 기온야마카사는 전후 하카타 지역의 쇠퇴와 후쿠오카 지역의 번영이라는 도시 개발의 불균형과 공동화로 인한 급격한 인구감소 등, 상대적으로 낙후된 지역의 이미지와 정신적 빈곤상태를 극복하는 데에 중요한 역할을 하고 있다. 기온야마카사는 하카타가 후쿠오카보다 우위에 설 수 있는 역사적 전통과 문화적 권위에 근거한 정체성의 근간이 되고 있기 때문이다.

두 지역의 행정통합은 1889년 4월 1일에 이루어졌다. 그러나 '후쿠오카시'라는 이름에 불만을 가진 일부 주민들 사이에서 '하카타시'로의 개명운동이 일어난다. 한 때 "차라리 분리하는 것이 좋다"는 극단적인 의견도 나오기도 했으나, 같은 해 12월 후쿠오카시가 정식으로 발족된다. 마침 규슈철도가 개통되자 후쿠호카시파는 하카타파의 불만을 달래기 위해 역명을 후쿠오카가 아닌 하카타로 양보하게 된다. 그럼에도 불구하고 이듬해인 1890년 2월 시의회에서 하카타로 개명하자는 개정안이 상정된다. 표결의 결과가 가부동수로 나왔으나 의장의 "개정할 필요가 없다"는 의견에 따라 부결되었으며,

이후 더 이상 문제가 되지 않는다峰中詳史 2002: 35.

후쿠오카와 하카타부의 결정적 차이는 하카타가 상인의 도시港町로 출발했지만, 후쿠오카는 무사의 도시城下町로 성립되었다는 점이다. 또한 하카타는 2천 년 이상 지속되어온 오랜 역사를 지니고 있지만, 후쿠오카는 단지 400여 년에 불과하다는 것이다. 이러한 역사적인 시간의 폭과 깊이에 있어서 절대적 우위에 있었던 하카타가 사라지고 후쿠오카로 통합되었으니까, 하카타의 주민들로서는 정부주도의 행정통합에 대한 불만과 함께 자존심에 큰 상처를 입었다고 할수 있다. 그 결과 하카타 사람들은 하카타만의 역사와 문화에 대한 정체성을 강조하려고 했다. 이에 비해 후쿠오카는 무사의 도시로 출발했지만 성시城市 다운 면모나 분위기가 거의 존재하지 않는다. 그러니까 현존하는 성이 없고, 성터만 일부 남아 있으며, 더구나 옛성을 복원하려는 움직임도 일어나고 있지 않을 뿐만 아니라, 주민 스스로 성시의 역사와 문화적 정체성에 거의 구애받지 않고 있다는 것이다.

하카타와 후쿠오카의 경계인 나카가와 동쪽에 있는 히가시나카스東中州, 현재의 中洲中島町 는 에도시대 때 후쿠오카번의 직할지로 일대가 환락가였는데, 이 환락가는 후쿠오카도 하카타도 아닌 이른바 '중립지대'였을 정도로 두 지역의 경계와 구분은 확실하게 존재하고 있었다. 언어생활에서도 후쿠오카 쪽이 무사계급 특유의 품위가 있고 예의바른 말씨를 사용하고 있었던 것으로 보인다. 에도시대의 초대 번주였던 구로다 黒田長政 는 고요쇼닌 御用商人, 궁중이나 관청에 납품하는 상인이나 고후쿠쇼 呉服商, 포목상, 직인들을 후쿠오카에 살게하고 이들로하여금 전략적 물자의 생산에 매진하게 했다 岩中詳史 2002: 34. 그의 의도는 후쿠오카는 도시수공업 기능, 하카타는 상품유통 기능을 갖게 하여, 두 도시의 사회적 분업과 함께 경제적 분업을 도모하고자한 것이다.

이상에서 살펴본 바와 같이, 두 지역의 다양한 차별성과 그로 인한 대립과 갈등의 양상은 역사적 사건으로 기억되고는 있지만, 실제의 시민생활에 문제점으로 들어나는 경우는 현재로는 거의 없다고 하겠다. 5월 초 골든위크의 대축제인 '하카타돈타쿠미나토마쓰리 博多どんたく港祭り 는 하카타의 고후쿠초 呉服町 에서 후쿠오카의 덴진 天神 에 이르는 도로와 그 주변 곳곳이 축제의 장으로 변신되어 모두가 하나되는 시민축제로 자리잡았으며, 심지어 기온야마카사마저도 하카타 지역의 공동화 현상으로 후쿠오카 지역 사람들의 참가와 협력 없이는 치룰 수 없을 정도로 상호의존적인 상황에서 치러지고 있다. 또한 가지 주목해야 하는 것은 두 지역을 연결하는 서일본 최대의 환락가 나카스 中洲 의 존재이다. 에도시대 이래 양 지역의 중립지대로서 신분적 질서와 계층간 위계에서 오는 일종의 긴장이나 스트레스를 푸는 해방구로서의 번화가였던 나카스는 도시 중의 가장 도시다운 모습을 집약적으로 표현한 공간으로서 세속의 질서가 허물어진 탈일상의 세계를 구현하고 있다. 번화가의 수많은 주점과 음식점, 경우에

따라서는 홍등가 등을 매개로 다양한 형태로 전개되는 놀이문화를 통해 동서의 이질감과 대립을 해소하고 공동의 연대와 통합을 시도해온 곳이라고 하겠다. 또한 기온야마카사 이외의 크고 작은 마쓰리가 연중 개최되면서 두 지역간의 역사·문화적 단절성은 극복되고 거대도시 후쿠오카의 시민으로서의 공동성과 정체성은 강화되고 있다.

4
다양한 축제의 발생과 성장

하카타라는 지역사회의 성립과 성장은 기온야마카사를 비롯한 다양한 축제의 발생과 유지·계승의 자양분이 되었으며, 이러한 축제들은 다시 하카타라는 지역사회의 통합으로 환류되어 지역사회의 일부를 구성하게 된다. 그렇다면 어떤 축제가 어떻게 운영되고 있는지 살펴보도록 하겠다. 〈표1-2〉는 매년 하카타구 내에서 개최되는 축제의 일부를 정리한 것이다. 이 외에도 여러 가지가 있을 정도로, 하카타에서는 축제가 거의 일상화되어 있다고 해도 지나치지 않을 것이다. 아래의 축제 중, 가장 중요하다고 생각되는 6가지 사례에 대해서만 좀 더 자세히 들여다보도록 하겠다.

▌ 표1-2 ▌ 하카타의 축제

일시	이름	장소	내용
1월 3일	나마세세리 (玉せせり)	하코자키구 (箱崎宮, 東区)	새해의 길흉을 점치는 목주(木珠) 빼앗기 놀이
1월 8-11일	도카에비스 (十日恵比寿)	도오카에비스신사 (博多区)	상업신으로 여겨지는 에비스님 모시는 제례
2월 3일	세쓰분사이 (節分祭)	구시다신사(櫛田神社), 도초지(東長寺)	1년간의 복을 빌고 액을 물리치는 행사
3월	온다마쓰리 (御田祭)	스미요시신사(住吉神社)	풍작기원 모내기 의례
5월 3-4일	돈타쿠	시내전역	시민축제
7월 1-15일	하카타기온야마카사	구시다신사, 하카타쿠의 지정된 코스	가마를 메고 달리는 축제
8월 24-26일	나가레간조 (流れ灌頂)	하카타쿠의 다이하쿠초(大博町), 가미야초(神屋町)	승려의 독경, 무사그림 전시, 포장마차 등
9월 12-18일	호조야(放生会)	하코자키구(箱崎宮, 東区)	방생법회
10월 상순 (일요일)	와타이코페스티발 (和太鼓フェスティバル)	도초지	일본의 전통북 놀이
10월 22-24일	하카타오쿤치 (博多おくんち)	구시다신사	추수감사제
11월 7일	호샤마쓰리(步射祭)	스미요시신사	평화와 역병퇴치를 기원하기 위한 활쏘기 행사
12월	에비스마쓰리 (南福岡日恵比須祭)	모토초(元町)	상업신 축제

1 다마세세리 玉せせり

다마세세리는 다마토리마쓰리玉取祭, 공 뺏기의 의미로, 여기서 '세세루'라는 말은 "반복해서 접촉하거나만지거나 쫓아가면서 가지고 논

다"는 의미로 해석된다. 시메코미締込, 훈도시를 걸친 참가자들이 목주
木珠을 서로 차지하기 위해 다투며 그림1-1, 그 결과에 따라 새해의 길
흉을 점치는 것에서 서로 밀고 당기는 마쓰리押し合い祭り나 하다카마
쓰리裸祭り, 벌거숭이 축제의 전형으로 소개되기도 한다 그림1-1.

┃그림1-1┃ 제단 위에 올려 진 음양의 목쥬(木珠)

후쿠오카시 히가시쿠에 있는 하코자키구筥崎宮에서는 새해 상가
니치三が日, 1-3일까지의 신년 참배기간 의 마지막 날에 신년의 복과 운수를

상징하는 목주를 서로 차지하기 위해 시메코미 모습의 남성들이 무동을 타고 치열하게 다투며, 그해의 행운과 복을 기원한다. 한 겨울임에도 불구하고, 거의 벌거벗은 상태인 시메코미 모습의 우지코氏子들이 하나의 목주를 차지하기 위해 경합을 벌이는 가운데, 이들의 다툼을 부추기기 위해 '이키오이미즈勢い水'를 뿌리는 모습은 보는 이로 하여금 활력과 정신적 고양을 느끼게 한다. 신년을 맞이하는 참배객들에게 색다른 볼거리를 제공하고 있는 것이다. 기온야마카사와 마찬가지로 스포츠적 의미와 기능이 돋보이는 하카타 특유의 생동감 넘치는 마쓰리라고 할 수 있다.

구체적인 과정은 다음과 같다. 우선 1월 3일 오후 1시에 직경 30㎝ 무게 11kg 와 28㎝ 무게 8kg 의 양음 2개의 목주를 깨끗이 씻어 기름을 바른 다음, 약 200m 떨어진 다마토리에비스玉取恵比寿 신사까지 운반한다. 여기서 다마토리사이玉取祭 가 행해지고 난 후, 2개 중 남성을 상징하는 직경 30㎝짜리 목주가 신사 앞에서 대기하고 있는 어린이들에게 전달된다. 어른들의 무동을 탄 어린이들이 이것을 신사 본전本殿 쪽으로 150m까지 손에서 손으로 전달하며 옮긴 후, 거기서 대기하고 있던 어른들에게 인도된다. 이어 어른들의 다마세세리가 이어지는데, 신사경내 로몬楼門 안에서 기다리고 있는 신관의 손에 누가 마지막으로 전달하는가를 놓고 치열한 쟁탈전이 벌어진다그림1-2. 이때 목주를 많이 만지면 만질수록 행운이 찾아오며, 마지막으로 신관에게 전한 사람이 해변가 쪽 사람이면 풍어가, 육지 쪽이면 풍농

豊農 이 이루어진다고 믿는다. 이러한 다마세세리는 하카타만 주변을
비롯한 현해탄 연안의 몇몇 지역에도 보이는데, 대개 가능하면 많이
접촉하면서 주위 참가자들에게 전달하는 것과 서로 치열하게 빼앗는
식의 두 가지 유형이 전해지는 것으로 알려져 있다 アクロス福岡文化誌編
纂委員会 2010: 24-25.

  후쿠오카시 니시쿠의 메이노하마姫の浜 의 스미요시신사住吉神社 에
서도 같은 3일날 다마세세리사이玉競祭 가 행해지는데, 행사의 과정
은 하코자키구와 비슷하나 어린이들은 참가하지 않으며, 또한 참가

▌그림1-2 ▌ 시메코미 모습의 남성들이 하나의 목주를 차지하기 위해 치열하게 다투고 있다.

자들이 모두 어업에 종사하는 관계로 하코자키구에서 보이는 농업과 어업의 대항적 요소나 승패를 가리는 감각도 없으며, 단지 1년의 길흉을 점치는 것으로 완결된다. 한편 시 주오쿠中央区 후쿠하마福浜의 에비스시신사에서는 어업조합이나 그 아이들이 직경 35㎝의 목주를 들고 지역일대의 집을 방문하고 돌아오는 길에 바다에 던졌다가 다시 건져 신사에 봉납奉納 하는 다마세세리가 행해지고 있다. 이 때 이들을 맞이하는 가정에서는 목주를 받아들고 가미다나神棚, 신을 모셔놓은 집 안의 감실에 부딪친 후 되돌려 주는데, 이는 목주 속에 깃들어 있는 영험한 힘으로 행운과 복을 비는 민간신앙의 표현이라고 할 수 있다. 주로 어린이들에 의한 다마세세리는 이외에도 니시쿠의 이마주쿠今宿의 니미야신사二宮神社 에서도 행해지는데, 목주를 바닷물로 씻은 후, 붉은 훈도시 차림의 어린이들이 이것을 들고 동내 각 가정을 방문한 후, 신사에 봉납하는 형식으로 진행된다.

이상에서 살펴본 바와 같이, 첫째 다마세세리가 시작되는 장소는 에비시를 모시는 신사라는 점과, 둘째 목주는 반드시 바닷물로 씻으며, 셋째 어린이와 어른 할 것 없이 여기에 참가한 사람들은 모두 남성들이며, 넷째 추운 한 겨울임에도 불구하고 전라에 가까운 시메코미 차림이라는 점에 특징이 있다. 이는 에비스가 처음에 바다에서 모셔온 신이라는 점과 이를 모시는 사람들은 '붉은 부정赤の不浄'으로 청결하지 못한穢れている 여성을 철저하게 배제하는 일본사회의 신과 관련된 행사의 일반적 특징을 그대로 반영하고 있는 것으로 볼 수 있다.

새해를 경축하는 마쓰리는 이 외에도 스미요시신사의 후쿠히키福
引, 복권추첨가 있는데, 상가니치의 참배객은 약 25만 명으로 하코자키
구와 구시다신사 보다는 적지만, 시민들에게 인기 있는 마쓰리로 자
리잡고 있다. 특히 종합 쇼핑센터인 '캐널시티 하카타'에서 가까운
지리적 특징도 있어, 1-4일까지 개최되는 복권추첨에 많은 인파가
몰리고 있다. 새해의 운과 복을 점쳐보는 '운다메시運試し'용 복권은
유료제이지만, 기업 등의 협찬을 받은 호텔숙박권이나 가전제품 교
환권 등도 들어 있어 대단한 인기를 모으고 있다.

2 도카에비스＋日えびす

새해 1월 10일 상업신으로 일컬어지는 에비스신을[3] 모시는 마쓰
리이다. 일본의 신년은 대개 신사나 사찰 등에서 개최되는 여러 가지
전통적인 경축행사로 시작된다고 보면 된다. 이 점에 관한한 하카타
라는 대도시 사회도 예외가 될 수 없다. 하카타구의 히가시코엔東公
園에 있는 도카에비스신사＋日恵比寿神社에서는 상업의 번영과 농업
의 풍작, 어업의 풍어를 기원하는 마쓰리로 도카에비스가 개최된다
그림1-3.

----

3   예로부터 풍어의 신으로 알려져 있으며, 차츰 풍작이나 사업번창(상업신)을
포함하는 신으로 변화되었다. 비샤몬텐(毘沙門天)이나 다이코쿠텐(大黑天) 등과 함께 칠복
신의 하나로 널리 알려져 있다.

▌그림1-3 ▌ 사업성공을 기원하기 위해 줄지어 선 사람들

1월 8-11일까지 낮밤으로 연인원 약 100만 명이 다녀가는데, 참배
객들에게 가장 인기 있는 이벤트는 '후쿠히키'이다多大昭重 2007: 76-77.
이때 '복 바가지'와 주판, 쌀가마니 등의 여러 가지 경품이 당첨자들
에게 주어진다. 경품 중에서 최고는 1/5,000의 확률로 당첨되는 오
쿠마테大熊手, 대나무 갈퀴 인데, 이것에 당첨되면 그 해는 대박의 행운이
찾아온다고 여긴다. 이 행운권은 당일 구입할 수도 있지만, 1-3일
사이에 신사 사무소에서 미리 구입해 두는 경우가 대부분이다.

또 하나 인기 있는 행사는 '에비스제니惠比寿錢'로 경내의 사무소에
서 1년 전에 빌린 것을 갚고, 다시 이치몬제니一文錢를 빌리는 행위
로, 여기서 빌린 돈을 지갑에 넣어두면 그해 장사가 잘 되는 것으로

믿고 있다. 과거의 하카타 상인들은 도카에비스신사로부터 장사 밑천을 빌리고, 다음 해에 이자를 쳐서 사례로 지급한 일이 있었는데, 이러한 관행이 현재의 이치몬제니의 의례적인 이벤트로 변하여 정착한 것이다. 한편 시내 중심가의 고급요정에서 전통가무로 주연의 흥을 돋우는 '게이기슈芸妓衆, 기생들의 '가치마이리かち参り'도 9일 오후에 행해지는데アクロス福岡文化誌編纂委員会 2010: 35, 이는 에비스님께 한 해의 행운과 번영을 기원하는 행사로, 게이샤 특유의 화려한 전통의상과 민요 연주단의 음악으로 많은 참배객들의 시선을 집중시킨다.

마쓰리의 중심은 9일 아침부터 10일 심야까지 이어지는 개운좌開運御座로, 개운과 상업번창, 가내안전, 무병식재無病息災 등을 기원한다. 이때 신관의 오하라이お祓い, 부정을 물리치는 의식를 받은 다음, 신의 영험한 힘이 깃들어 있는 것으로 믿는 다이후쿠차大福茶와 행운을 가져다 준다는 '하마구리음료', '오미키御神酒, 음복술', 경축의 의미를 담고 있는 '가마보코蒲鉾' 등을 받아 마시거나 먹는 것으로 행운을 기원한다. 생업이나 삶의 방식과 연동된 신앙에 근거한 마쓰리로 정착된 것이다. 에비스는 신사의 이름 외에도 기온야마카사의 나가레流 이름에 들어가 있을 정도로 지역사회의 통합에 중요한 구실을 하고 있다. 에비스신사에는 마쓰리를 주관하는 우지코氏子와 같은 단체나 조직은 없지만, 지역에 따라서는 상인들을 중심으로 한 일반 서민들이 에비스신사를 모시기 위해 '에비스코恵比須講'라는 모임을 만들어 보다 조직적으로 모시는 경우도 있다.

하카타 지역의 수호신인 구시다신사 경내에도 아주 희귀한 남녀의 에비스를 모신 부부에비스가 있는데, 여기서도 12월 2일과 3일에 부부의 원만한 관계와 상업번창을 기원하는 부부에비스 마쓰리가 개최된다. 이러한 에비스 마쓰리는 후쿠오카시내를 포함하여 현내, 나아가 전국적으로 널리 개최되는데, 특히 하카타 지역의 크고 작은 신사에서 활발하게 이루어지는 것은 어업을 생업으로 하는 생태적 환경과 상업도시로서의 성장과정과 깊은 관련이 있다고 할 수 있다. 마쓰리는 지역사회의 역사와 문화를 들어내어 보이는 거울 같은 존재인 것이다.

3 '호조야放生会, 호조에의 방언'

가을 마쓰리의 대명사로 통하는 호조에는 일본 전국의 유명신사에서 개최되며, 조류나 어류 등을 자연으로 돌려보내는 사찰의 법회에서 시작된 것으로 알려져 있다. 신사의 호조에는 하치만구八幡宮 최대의 마쓰리로 720년養老 4年에 일어난 하야토隼人의 난을 평정한 후, 그의 영혼을 달래기 위해 오이타현大分県 우사진구宇佐神宮에서 처음으로 시작했다고 하며 アクロス福岡文化誌編纂委員会 2010: 12, 이후 전국의 하치만샤八幡社로 보급되었으며, 메이지 이후 신도와 불교의 분리정책에 따라 불교적 의례는 제거되고 신사의 중추제仲秋祭로 전환되어 오늘에 이르고 있다.

전국적으로 널리 알려진 하코자키구의 호조야는 9월 1일의 시메오로시注連卸し와 미코시키요메御輿潔め로 시작하여, 12일 저녁 무렵에 본궁을 출발한 3기의 미코시는 우지코 지역을 순행巡幸한 후, 하코자키하마箱崎浜의 돈구頓宮에 도착하는 오쿠다리お下り, 14일 저녁 오던 길을 되돌아가는 오아가리お上がり로 진행된다. 이 오쿠다리와 오아가리의 신행제神幸祭는 격년으로 개최된다.

하카타 시내에 길고 무더운 여름이 가고 가을이 다가옴을 알리는 마쓰리로, 하코자키구의 참배도에 700개가 넘는 노점이 장사진을 치고, 이를 구경하러 나온 인파로 한바탕 대소란을 연출한다. 그 본취지는 살생을 금지하는 불교의 가르침에 따라 공양을 위한 방생의식에서 시작된 것이나, 매년 9월 12-18일까지 일주일간 연인원 100여 만의 인파가 북적되는 기온야마카사와 돈타쿠에 견줄만한 성대한 축제라고 할 수 있다. 다시 말해 참가자들은 살생금지라는 불교의 계율에 따라 인간을 위해 희생된 영혼을 달래기보다는 참배도 양 옆에 길게 늘어선 야타이屋台, 노점상의 진귀한 물건이나 음식들을 즐기는 행락적行樂的 요소가 강하다는 말이다그림1-4.

하코자키구의 호조야는 919년延喜 19년에 시작되었다고 하니까, 1,000년 이상 지속되어온 유서 깊은 마쓰리이다. 몇 가지 특이한 내용을 소개하면 다음과 같다. 우선, 2년에 1번 개최되는 오미코시의 행차 때, 약 500명의 우지코가 3기의 오미코시를 메고, 신사에서 참배도 옆에 있는 돈구까지 갔다 다시 신사로 돌아오는 환궁행사로

┃ 그림1-4 ┃ 호조야의 밤을 즐기는 행락인파

막을 내리는데, 이때 마지막 200m를 남겨놓은 지점에서 일단 정지
한 다음, 상의를 벗고 갑자기 전력으로 내달리는 '가케코미駆け込み'를
보여준다. 이것이 언제부터 왜 그렇게 했는지에 대해서는 완전히 수
수께끼로 남아 있다. 아주 엄숙하게 천천히 걸어가던 대행렬이 일순
요동치는 소동으로 돌변하는 것이다. 마치 기온야마카사 행렬이 2-3
시간의 지루한 기다림 끝에 한 순간 에너지가 폭발하듯이 튀어나가
는 박력이나 약동감과 유사하다. 이를 두고 하카타에서는 흔히 '정중
동靜中動'이라는 말로 설명하는데, 긴 시간 동안의 기다림은 오직 한
순간의 움직임을 위해 에너지를 비축하는 과정으로 시간을 낭비하거
나 비효율적으로 관리하는 것이 아니라는 것이다.

　호조야는 점점 개인화나 개실화가 심화되고 있는 하카타 시민들의 만남과 소통의 기회로 활용되고 있다. 신사 주변은 지금도 일부 남아 있지만, 오래 전에는 소나무 밭이었다. 하카타의 시민들은 이 솔밭에 천막을 치고 저마다 가져온 음식으로 한바탕 즐거운 잔치를 벌이곤 했는데, 이것이 호조야에서는 없어서는 안 될 '마쿠다시幕出し'라는 것이다. 1975년昭和 50년 하카타초닌분카렌메이博多町人文化聯盟에 의해 부활되었다. 이때면 평소에 소원했던 사람들도 어디선가 만나게 되며, 각 마을의 마쿠다시에는 다양한 만남과 소통이 이루어지게 된다. 평소 바깥출입이 제한되었던 메이지시대까지의 여성들은 이 호조야를 구실로 자유롭게 집을 나갈 수도 있었다. 이때 여성들은 새로 마련한 기모노를 입고 나가는데, 이 기모노를 특별히 '호조야기몬'이라고 했다. 메이지시대에는 1년 동안 팔리는 기모노의 절반이 이 호조야기몬이라고 했을 정도로 호조야는 당시의 여성들에게 있어서 외부의 세계로 나아가 자신을 들어낼 수 있는 중요한 기회였다고 할 수 있다.

4 도초지東長寺의 세쓰분節分

　2월 3일의 세쓰분은 일본의 전국 유명 사찰이나 신사, 그리고 농촌의 각 가정에서 신전에 바쳤던 콩을 집 주위에 뿌리며, 큰소리로 "복은 안으로, 귀신은 밖으로"라고 외치는 세시풍속이다그림1-5. 후쿠

오카의 세쓰분 행사는 806년大同 元年 홍법대사弘法大師가 창건한 도
초지와 구시다신사 등에서 행해지는데, 특히 도초지의 세쓰분이 시
초가 되어 일본 전국에 전파되었다고 하는 설이 있을 정도로 역사적
뿌리가 깊다. 세쓰분은 원래 중국에서 전래되었다고 하며, 24절기의
하나인 입춘 전날에 봄을 맞이하면서 1년간의 복을 빌고 액을 물리
치는 행사이다. 도초지의 세쓰분은 고마다키護摩焚き, 불로 번뇌를 태우고,
재앙을 물리치는 밀교의 의례나 특설무대에서 도시오토코年男, 그해의 干支에 해
당하는 남성나 지역의 유지, 유학생 등이 칠복신으로 분장한 다음 콩을
뿌리거나 지난 해의 부적을 태우는 히마쓰리火祭り 등을 행한다. 매
년 약 3만 명의 참배객이 다녀갈 정도로 생활 속에 뿌리내린 세시풍
속이라 하겠다. 2차대전 전까지만 해도 세쓰분의 명물이었던 '오바

▍그림1-5 ▍시민들에게 콩을 뿌리는 하카타의 게이기렌(芸妓連)

케마이리 お忧け参り, 도깨비 참배'가 있었는데, 이때 하카타의 '게이기렌妓妓連'의 화려한 가장행렬이 큰 볼거리였으며, 이들을 뒤에서 후원한 사람들이 바로 하카타의 상인들이었다. 여기서도 상업도시 하카타의 면모가 잘 들어나고 있다 하겠다.

5 하카타기온야마카사博多祇園山笠

기온야마카사는 후쿠오카시 하카타福岡市 博多区 지역의 수호신인 구시다신사櫛田神社 의 제례이다그림1-6. 매년 7월 9일부터 15일까지 하카타 지역에서는 무게 1톤이 넘는 7개의 기온야마카사山笠, 거대한 인형을 태운 가마를 메고 달리는 제례가 거행되며, 그 화려하고 현란한 장식과 박진감 넘치는 움직임에 수많은 사람들의 이목이 집중되기도 한다. 이 기온야마카사는 가마쿠라시대鎌倉時代 인 1241년仁治 2년에 시작되었다고 하며, 2010년 770회를 맞이한 아주 유서 깊은 역사를 지니고 있다. 이러한 도시제례의 전통을 계승해온 것이 높이 평가되어, 1979년 일본 정부로부터 '국가중요무형민속문화재'로 지정되기도 했다.

후쿠오카시를 비롯한 기타큐슈시北九州市, 야나기가와시柳川市, 노가타시直方市, 교바시시行橋市 등, 후쿠오카현 북부 지방에는 '○○기온야마카사'라는 이름의 마쓰리가 널리 유행하고 있다. 이들은 모두 일본의 대표적인 도시축제인 교토의 기온마쓰리祇園祭를 기원으로

▌그림1-6▐ 하카타 지역의 총 수호신인 구시다신사의 정면 모습

해서 전국적으로 전파된 것으로 알려져 있다. 교토의 기온마쓰리는 기온샤祇園社, 八坂神社 의 제신을 모시는 것으로, 화려한 장식을 한 여러 대의 키가 큰 야마카사山笠 나 대형 수레山車 가 느리지만 우아한

느낌의 음악에 맞춰 시가지를 천천히 행진하는 모습으로 진행된다이에 대한 자세한 설명은 Ⅷ장 참조. 후쿠오카에는 기온샤가 없지만 예로부터 상업이 활성화되어 부가 축적된 관계로 기온야마카사라는 화려하고 역동적인 마쓰리가 만들어져 오랜 세월동안 유지·계승되었다고 할 수 있다.

교토의 기온마쓰리를 포함한 전국의 기온계통의 마쓰리는 어깨에 메고 걷거나 달리며 경주하는 것, 음악囃子에 맞춰 천천히 행진하는 것練り歩く, 줄을 달아 앞에서 끄는 것 등, 아주 다양한 형태가 보인다. 또한 수레 위의 장식인 야마카사나 야마보코山鉾 의 형태를 기준으로 분류하면, 거대한 하나의 독립된 인형을 장식한 것에서, 가늘고 긴 원통형의 장식大蛇山, 깃발幟, 포장마차屋台山 의 형식까지 대개 4가지 유형으로 나누어 볼 수 있다アクロス 2010: 17-18. 이는 기온마쓰리가 교토라는 역사와 문화의 중심에서 주변으로 전파되면서 지역의 문화적 특성들을 흡수하거나 반영하면서 다양한 변종을 만들어냈기 때문이다.

여기서 기온야마카사는 교토의 기온마쓰리에서 뭔가 새롭게 만든 것作り物 을 경쟁적으로 보여주기 위한 장식물인 야마山 나 야마카사를 기원으로 하는 제례용 수레이다. 교토의 기온마쓰리가 지방으로 전파되어 18세기에는 야마보코가 등장하는 유사한 기온마쓰리가 전국 각지에서 개최된다. 후쿠오카를 중심으로 한 규슈 북부지방에도 전파되어 기온야마카사가 발생한 것으로 보인다福間裕爾 1992: 69-70.

그 후 하카타라는 지역사회의 다양한 특성들을 두루 반영하면서 하
카타를 대표하는 전통적 도시축제로 자리잡게 된다이 책 II장에서 VI장까
지 참조.

6 하카타돈타쿠

하카타돈타쿠 미나토마쓰리博多どんたく港まつり, 이하 '돈타쿠'라 함 는 매
년 5월 3-4일 양일간 후쿠오카 시내 전역에서 펼쳐지는 춤과 노래,
가장행렬, 장식차량의 퍼레이드 등으로 구성되는 대규모의 화려하고
장엄한 시민축제이다. 여기서 '돈타쿠'라는 말은 현재는 '축제' 그 자체
를 가리키지만, 1895년明治 28년 2월 10일 후쿠리쿠신문福陸新聞에 처
음 등장하는 말로써井上精三 1984: 50, 네덜란드어의 'Zon Dag 휴일'의
일본식 표기로 알려져 있다. 돈타쿠는 5월 초 골든위크3-5일 기간 중,
약 600여 개 넘는 참가팀에 3만 명 이상이 직접 참가하며, 이를 보기
위해 전국에서 250여 만 명의 행락인파가 찾아오는 일본 최대의 시
민축제로 알려져 있다. 자세한 내용은 VII장을 참조하기 바란다.

5
지역의 이미지

  하카타에 관한 책을 읽다보면, 하카타의 특징을 지적하는 몇 가지 말이 자주 등장하는데 大田昭重 2007: 184, 190, 예를 들면 하카타를 '예향 芸どころ'이나 "생동감 있고 시끌벅적한 것을 좋아하는 곳 陽気でにぎやかなことが好きな土地柄", "마쓰리를 좋아하며, 유모아가 풍부한 祭りが好きで、酒落っ気たっぷり" 등의 말에서 보는 것처럼, 하카타 사람들은 재능이 풍부해서 뛰어난 문화인이나 인기 연예인을 많이 배출하고 있는 지역이란 이미지와 함께 축제를 통해 한바탕 떠들썩하며 즐기는 아주 호방한 사람들이라는 이미지가 있다.

  그렇다면 후쿠오카시 하카타 지역에 사는 사람들은 자신들을 스스로 어떤 사람들로 여기고 있을까? 다시 말해 그들이 말하는 '하카타다움'과 하카타적 기질이란 어떤 것일까? 이와 관련하여 주목할 만한 사실은 1992년 하카타 토박이 아주머니들이 결성한 '하카타고론상 여성회'의[4] 존재이다. 이 모임은 하카타적 분위기나 기질, 전통 등이 급격한 도시화로 인해 소멸되거나 해체되어 가는 것에 위기감을 느낀 여성들이 결성했기 때문이다. 이들은 하카타의 옛 모습을

4   고론상이란 말은 원래 상가(商家)의 안주인으로 보이지 않는 곳에서 집안을 굳게 지킨다는 의미를 가지고 있었으나, 현재는 일반적으로 '결혼한 여자'를 가리키는 말로 사용되고 있다.

되찾아 지키려는 운동을 펴고 있으며, 그 결과 1995년에 하카타의 정신적 구심점이라고 할 수 있는 구시다신사 가까이에博多区冷泉町 '하카타마치야 후루사토관博多町家ふるさと館'을 개장하는 데에 성공한다. 이 모임의 초대회장을 지낸 나카무라中村由岐子 씨는 하카타의 매력과 하카타다움에 대해 "하카타사람들은 옛부터 인정이 많고, 남을 보살피는 일에 적극적이다"라는 말을 많이 들었다고 했다. 또한 "한 번 좋다고 마음먹으면 어떻게든 실천하려는 적극적인 행동력이 돋보인다"고도 했다岩中祥史 2002: 182-183.

이 외에도 하카타의 성립과 성장의 역사에서 보는 것처럼, 다양한 국제교류의 역사에서 축적된 풍부한 국제감각과 기온야마카사라는 거대 조직을 일사분란하게 운영하는 종적 사회의 질서와 권위체계에도 익숙하다는 점이다. 이는 예로부터 대륙과의 교류가 활발했던 관계로 새로운 문화가 유입되었으며, 이를 바탕으로 다채로운 축제문화가 이어여 온 것과 깊은 관련이 있는 것으로 볼 수 있다. 기온야마카사는 바로 이러한 특성들이 가장 잘 들어나는 장으로서, 하카타 사람들의 정체성의 상징 같은 존재라고 할 수 있다.

이제 이야기를 사람에서 물건으로 옮겨보자. 하카타에는 수많은 특산품이 있는데, 오랜 세월 동안 하카타를 대표한 전통공예품으로 지역의 이미지 형성에 가장 중요한 역할을 한 것은 하카타오리博多織 와 하카타인형이라고 할 수 있다. 우선 하카타오리는 대개 90% 정도가 오비帶, 복대용으로 이용되지만, 이 외에도 하카마袴, 일본 전통의복의

바지나 후쿠로모노袋物, 보자기의 원단으로도 이용되며, 최근에는 현대풍으로 응용한 명함이나 넥타이 등의 선물용 제품에도 폭넓게 활용되고 있다.

불교용 도구仏具의 독고独鈷와 화혈華皿을 도안한 시마縞, 두 종류 이상의 색실을 사용하여 가로나 세로로 짠 천 모양의 겐조하카타오비献上博多帯는 하카타오리의 대표적인 작품으로 널리 알려져 있다. 현재는 대부분 기계로 직물을 짜지만, 경제대신이 인정한 하카타오리 전통공예사가 48명이나 있을 정도로2007년 4월 현재, 여전히 전통적 수공에 의한 직물은 그 명맥을 유지하고 있다大田昭重 2007: 166.

다음으로 기온야마카사와 깊은 관련이 있는 하카타인형은 섬세한 문자 표현과 착색, 그리고 서양화나 일본화 등의 다양한 기법들을 유연하게 수용하여 자유롭게 표현하는 기법 등으로 독특한 멋을 표현하고 있다. 특히 수많은 크고 작은 인형들로 화려하게 장식되는 야마카사는 하카타인형 산업의 전통을 계승하고 새로운 기법을 다투는 각축장이나 경연의 무대가 되고 있다. 야마카사의 인형은 하카타인형사에 의해 매년 새롭게 제작된 것으로, 이들이 만들어내는 다양한 주제와 인물의 인형은 하카타오리와 함께 하카타를 대표하는 전통공예로서 지역 이미지 형성에 크게 기여하고 있다. 흙으로 만든 인형의 극치로 평가되는 하카타인형은 주로 미인이나 동물, 가부키歌舞伎와 노能 등의 전통예능, 무사 등을 주제로 한 장르로 분류되며, 최근에는 전통적 소재에 못지않게 현대적 감각을 살린 소형화와 대

중적 수요와 기호에 맞춘 작품도 등장하고 있다. 현재 하카타인형의
전통공예사는 49명이며, 연간 약 10억 엔 이상의 매출을 올리고 있다
大田昭重 2007: 167.

지역의 이미지가 형성되어 널리 유포되는 데는 하카타오리나 하
카타인형과 같은 지바산교地場産業, 향토산업가 가지는 의미와 기능도
중요하지만 도시의 외형적 특징도 무시할 수 없다고 하겠다. 후쿠오
카 시내에는 기원이 기원전 7세기 신공황후神功皇后 전설의 시대까지
거슬러 올라가는 가시이구香椎宮를 비롯하여 하코자키구箱崎宮, 스미
요시신사住吉神社, 구시다신사櫛田神社 등이 있으며, 일본 최초의 선사
禅寺인 세이후쿠지聖福寺를 비롯하여 쇼텐지昇天寺나 도초지東長寺 등
의 오랜 역사를 지닌 신사와 사찰이 있다. 이들 사찰 중에서, 특히
기온야마카사의 전승기원과 깊은 관련이 있는 쇼텐지는 예로부터
아시아대륙과의 교류창구로 발전해온 하카타사회의 역사·문화와
깊이 관련되어 있다. 이들은 하카타의 다양한 마쓰리의 탄생무대일
뿐만 아니라, 시민들의 마음의 안식처이기도 하다. 이들은 도심지역
의 초현대식 건물과 아주 대조적인 분위기와 경관을 조성하고 있지
만, 다양한 축제를 매개로 시민들과 주기적으로 소통하면서, 하카타
의 지역 이미지 형성에 기여하고 있다고 하겠다.

지금까지 기온야마카사를 비롯한 다양한 축제의 무대가 되는 하
카타와 후쿠오카라는 지역사회에 대해 상업도시로서의 역사적 성립

과정, 특히 하카타와 후쿠오카의 성립과정을 중심으로 살펴보았다. 하카타라는 지역사회의 역사나 문화적 특성들이 기온야마카사를 비롯한 다양한 축제들을 탄생시키고, 유지·계승시켜온 원동력이었다고 할 수 있다. 그 중에서도 특히 상업도시로서의 하카타의 성립과 성장은 자유분방한 상인들에게 흥행의 기회나 장을 제공했으며, 그 중심에 기온야마카사를 비롯한 호조야나 돈타구 등의 다양한 축제가 자리잡고 있다 하겠다. 상업에 의한 부의 축적, 그 부를 과시하고 소비하기 위한 놀이문화나 풍류의 세계가 바로 마쓰리였다는 것이다.

다음으로 돈타쿠를 제외하면 모든 마쓰리는 후쿠오카 시내, 특히 하카타지역내의 크고 작은 사찰과 신사와 관련된 제의神事로 시작하여, 여기에 흥행을 위한 볼거리가 가미되므로써 보다 많은 사람들이 즐기는 도시축제로 성장했다는 점이다. 그러니까 출발은 어디까지나 신과 부처神仏와 관련된 종교적 행사였다는 말이다. 이러한 축제의 종교적 성격은 현재 상당부분 세속화되어 겉모습만 남아 있지만, 여전히 지속되고 있다는 점에 주의할 필요가 있다.

도시축제의
전통과 변화

일본의
축제와 지역사회

1
왜, 도시축제인가?

1년 365일 중 하루도 빠짐없이 마쓰리祭り가 개최될 정도로, 일본
은 세계에서도 그 유례를 찾아볼 수 없는 '마쓰리 천국'이다. 특히
최근에는 고치시高知市의 '요사코이마쓰리'[1]를 기원으로 한 새로운
형태의 마쓰리가 다양한 개인의 정체성 확인욕구와 지역사회의 통합
을 위한 수단으로 채택되어 전국적인 확산 움직임을 보이고 있다.
뿐만 아니라 몇몇 도시에서 개최되는 수백 년의 역사를 자랑하는
전통적 축제도 거대도시 안의 특정 지역사회의 인적 물적 자원을
총동원하여 한바탕 질펀한 탈일상의 세계를 연출하는데, 그 규모나
장엄함에서 세계인의 이목을 집중시키고 있다. 후쿠오카시 하카타
쿠博多区의 하카타기온야마카사博多祇園山笠, 이하 '기온야마카사'라고 함도
그 중의 하나임은 말할 것도 없다.

매년 7월 1일부터 15일까지 하카타쿠 주민들은 무게 1톤이 넘는
야마카사山笠를 7개나 만들어 지정된 코스를 따라 메고 달리는데,
그 장엄하고 화려하며 역동적인 모습은 일본은 물론 세계적으로도
널리 알려져 있다. 그러나 외견상 일사불란하게 움직이는 이러한 전

---

1   시코쿠(四国)의 고치현(高知縣) 고치시에서 매년 8월 9-12일 사이에 개최되
는 참가 그룹들에 의한 춤의 경연으로, 특히 젊은이들에게 인기가 높다. 요사코이마쓰리에
대한 자세한 내용은 김양주의 '도시축제(최인학편, 1997: 279-347)'를 참고하기 바람.

▌그림2-1▌ 구시다신사에 들어가기 위해 줄지어 서 있는 야마카사

통적 도시축제도 오늘이 있기까지 개최와 운영방식을 둘러싸고 다양
한 이해집단의 관여와 대립이 있었다. 그 때마다 적절한 반발과 수용
과정을 거치면서 오늘에 이르고 있다.

　　이 글에서는 일본의 근대국가 성립기인 메이지明治, 1868-1912 이후
현재까지 어떤 세력이나 집단들이 기온야마카사의 개최와 운영방식

에 관여하게 되며, 이 때 기온야마카사는 어떤 형태로 변화되어 유지
·존속되어 왔는지 살펴보고자 한다. 이를 통해 축제에 누가 어떤
의미를 부여하며, 축제는 지역사회 구성원들에게 어떤 식으로 해석
되는지, 이러한 의미부여와 해석이 축제의 전통과 변화에 어떤 방식
으로 영향을 미치는지 알아볼 것이다.

오늘날 대규모의 전통적 도시축제라고 해도 개인화와 세속화, 이
벤트화의 경향으로 특정 축제와 대응하는 '지역사회'라는 윤곽이 불
명확하다는 지적처럼 羽江源太 1998: 60, 오늘날 거대도시 안의 많은 '지
역사회'는 일상세계에서 그 형태와 모습을 좀처럼 드러내지 않는다.
그러나 기온야마카사의 주최와 운영방식을 둘러싸고 전개되어온 여
러 가지 대립과 갈등의 사례는 축제를 매개로 표출되는 지역사회의
성격을 밝히는 데에 대단히 중요한 근거가 될 수 있다. 이는 다름
아닌 축제와 축제를 담당해온 지역사회 사이의 미묘한 상호작용과
지역사회 안의 축제의 변화가 어떤 관계에 있는가를 따져보자는 문
제의식이라 하겠다.

지금까지 축제에 대한 연구는 축제의 기원과 성립, 전파 등에 관한
민속학적 연구牧田茂 1972; 樋口淸之 1978; 歷史公論 1991 를 비롯하여, 지역
사회에 존재하는 축제의 실상과 사회적 관계에 주목한 연구米山俊直
1986; 森山三朗 1990, 도시축제의 전통성과 의례성에 주목함으로써 독자
적인 전통문화의 가치체계를 규명한 것和崎春日 1987, 1970-80년대의
지역활성화라는 측면에서 본 사회·문화·경제적 기능에 대한 연구

農文協編 1998 등, 아주 다양하게 존재한다. 특히 가장 마지막의 축제에 대한 구조기능주의적 입장의 접근은 축제가 지역활성화를 도모하기 위한 최대의 전략 중의 하나로, 환경정비나 인재육성, 지역산업과의 연계, 지역이나 단체 간의 제휴 등에 깊은 관련이 있다는 판단에서 비롯된 것으로 볼 수 있다. 최근에는 관광대상으로의 축제가 생산되어 소비되는 과정에 참여하는 다양한 세력들상공회의소, 지자체, 근린조직, 각종 사회단체, 교통기관, 여행사 등의 상호관계를 규명하는 연구도 김양주 2004 등장했다. 그러니까 축제의 다양성만큼이나 축제를 문제 삼는 시각과 접근방식도 다양하다는 말이다.

기온야마카사를 포함한 일본의 축제는 위와 같은 다양한 연구시각에도 불구하고, 축제의 존립의 근간인 지역사회와의 상호작용에 의한 변화나 문화변용acculturation 대해서는 별 관심을 보이지 않고 있다. 기온야마카사에 대한 연구성과도 이 점에 관한한 예외가 아니다. 이하 지역사회의 다양한 관여에 대한 기온야마카사의 수용과 반발이라는 측면에 주목하면서 이 문제를 풀어보고자 한다.

2
하카타기온야마카사博多祇園山笠의 개요

1 발생과 나가레流

　하카타는 고대로부터 한반도를 포함한 중국과의 대외교류의 거점이었다. 시내 중심을 남에서 북으로 흐르는 나카가와那珂川 하구의 오른 쪽에 항구가 열리고 도시로서의 면모를 갖춘 것은 11세기 후반으로 알려져 있다川添昭二 1988: 18-19. 그 후 헤이케平家의 서국지배가 본격화됨에 따라 하카타는 급속도로 발전했으며, 하카타를 수호하기 위한 여러 사찰과 신사도 정비되었다. 가마쿠라鎌倉, 1185-1333와 무로마치室町, 1336-1573 시대에는 규슈의 행정과 방어의 중심으로 부상하며 도시로서 한층 발전하게 된다. 이처럼 하카타는 대외무역의 거점기능을 비롯하여 행정의 중심으로 부와 인적 자원을 집중시킴으로써 도시주민의 위세를 과시할 수 있는 수단을 모색하게 된다. 다름 아닌 기온야마카사의 탄생배경이 된 것이다.

　기온야마카사는 가마쿠라시대인 1241년에 시작되었다고 하지만, 기온야마카사의 기본인 '나가레流'가 시작된 것은 그보다 한참 뒤인 에도江戸 시대의 1587년이었다博多祇園山笠振興会 2004: 10, 이하 '振興会'라 함. 당시 도요토미豊臣秀吉에 의한 행정구역 개편으로太閤町割り, 현재의 후쿠오카시 하카타쿠와 기온야마카사가 성립되었다. 여기서 나

가레는 하카타쿠의 옛 거리나 몇 개의 초町를 불록으로 나누어 대표
명으로 붙인 것이다. 당시 하카타지구에는 가로축으로 3개福神, 惠比
須, 大黒, 세로축으로 4개東町, 吳服町, 西町, 土居, 모두 7개의 나가레가
있었는데, 1966년에 시행된 마치町의 경계와 이름의 정비 등으로,
종래의 에비스惠比須와 다이코쿠大黒, 도이土居의 세 나가레와 히가
시초東町 나가레를 중심으로 한 히가시나가레東流, 니시초西町 나가
레를 중심으로 한 니시나가레西流, 2차대전 후 새로 태어난 나카스나
가레中洲流와 지요나가레千代流가 합쳐져 '하카타 나나나가레博多七流'
가 성립되었다보다 자세한 내용은 4장을 참조. 그 후 상호 접촉을 통해 부분
적으로는 모방하거나 동화되기도 했지만, 기본적으로는 독자적인 발
자취를 따라 오늘에 이르고 있다.

2 행사개요

기온야마카사는 7월 1일 시내 곳곳에 세워진 가자리야마飾り山의
전시로 시작되어, 15일 새벽 "하나! 둘! 셋! 야아!"하는 우렁찬 함성소
리와 함께 5km에 이르는 정해진 코스를 따라 쏜살같이 내달리는
장엄하고 활기 넘친 레이스를 끝으로 막을 내리는데, 그 중요한 내용
을 요약하면 〈표2-1〉과 같다.

▌ 표2-1 ▌ 기온야마카사의 일정과 내용

월/일	행사내용
7/1	각 지구별 가자리야마(飾り山, 장식야마)²의 일반공개(7월 15일 0시까지). 해당년 도 도반초(町)의 오시오이토리(お汐井とり, 바다모래 퍼오기). 하코자키하마(箱崎浜)까지 달려가 바닷물 속에서 채취한 모래로 몸의 부정을 씻고, 하코자키구(箱崎宮)를 참배한 후, 구시다신사까지 달려가 마쓰리의 무사진행과 안전을 기원함.
/9	각 나가레별 도반초의 오시오이토리와 동일하나 전 나가레가 참가. 도착 시의 혼잡을 피하기 위해 각 나가레별로 출발시간을 조정함(1개 나가레에 최소 500명, 계 3,500명 이상이 참가). 이 날 하카타지구는 시메코미(締込, 훈도시)와 다양한 무늬의 핫피(法被, 마쓰리 때 입는 겉옷)를 입은 참가자들의 이색 복장과 함성, 그리고 때지어 달리는 참가자들의 열기를 식히기 위해 연도에서 퍼붓는 물세례(勢い水) 등으로 질펀한 비일상의 세계가 연출된다.
/10	나가레카키(流舁き) : 각 나가레별로 야마카사를 메고 자신의 구역을 순회함.
/11	아사야마(朝山) : 슈기야마(祝儀山) 혹은 엔기야마(縁起山)라고도 함(각 지구별 순회). 이 때 가마 위에 올라가는 사람은(3명) 마쓰리의 공로자들(대개 원로). 다나 가레카키(他流舁き): 이 날은 다른 나가레를 처음으로 방문하여 격려함. 그 중에는 구시다이리(櫛田入り, 신사경내를 돌아 나오는 것)를 연습하러 가는 나가레도 있다.
/12	오이야마나라시(追い山ならし) : 7월 15일에 행해지는 마쓰리의 하이라이트인 '오이야마'를 위한 리허설. 그 해 1번 야마부터 출발하여 5분 간격으로 모든 야마가 구시다신사의 세이도(清道)를 한 바퀴 돌아, 마와리도메(回り止め, 15일의 마와리도메보다 1km 가까운 지점)까지 4km를 질주함.
/13	슈단 야마미세(集団山見せ) : 각 지구에서 출발한 야마는 시내를 동서로 가로지 르는 간선도로인 메이지도리(明治通り)를 고후쿠초(呉服町) 네거리에서 동쪽에 서 서쪽으로 달려, 나카가와(那珂川)를 건너 후쿠오카시청까지. 이 날 처음으로 하카타지구를 벗어남.
/14	나가레카키(流舁き) : 각 나가레별로 자신들의 지역을 순회
/15	오이야마(追い山) : 새벽 4시경 각 지구를 떠나 구시다 신사 앞에서 정해진 순서로 대기. 4시 59분 큰 북 소리에 맞춰 1번부터 7번까지 순서대로 신사경내로 들어감. 1번 야마만 신사 경내에서 멈춰 서서 '이와이메데타이(祝い目出度い)'라 는 노래를 봉납. 2번부터는 경내를 쉬지 않고 오른쪽으로 돌아 나오면, 주최측에 서 통과시간을 측정하여 발표함(대개 30-35초 사이). 이후 스자키초(須崎町) 종 착지까지 질주함(풀 코스의 기록은 대개 30분 전후). 한편 야마가 모두 떠난 뒤인 오전 6시 경내에서는 흥분한 신을 진정시키기 위한 '시즈메노노(鎮めの能, 鎮魂舞)'를 봉납.

위의 표에서 보는 바와 같이 7월 9일부터 15일간 7일간은 하카타구 지역에서 매일 가키야마舁き山, 메고 달리는 가마를 볼 수 있으며, 시내 중심가는 시메코미와 미즈핫피水法被[3] 모습의 남성들로 넘쳐난다. 가장 현대적인 첨단도시가 가장 전통적인 복장과 장치들에 의한 축제공간으로 변신하는 것이다. 이러한 독특하고도 장엄하기까지 한 변신은 하카타라는 지역사회의 성립과 함께 시작된 것이며, 다양한 외부요인에 의한 단절과 연속, 반발과 수용과정을 거치면서 역사적으로 형성된 것이라고 할 수 있다. 이하 이점에 대해 좀 더 자세히 들여다보기로 하자.

2 　　　8번에서 17번까지 10개의 화려하고 거대한 가자리야마가 후쿠오카시의 주요지점에 전시됨. 이 중 8번 가자리야마는 12일과 15일 행사에만 참가하여, 메고 달리는 다른 야마와 색다른 멋을 호소함.

3 　　　야마가사에 참가하는 사람들은 각 마치별로 특별하게 디자인된 나가핫피(長法被)와 미즈핫피를 입는데, 나가핫피는 길이가 무릎 위까지 오는 것으로 야마카사 기간 중의 '정장'으로 외출시나 공식적 모임 등에서도 입을 수 있으며, 같은 모양으로 디자인된 미즈핫피는 야마카사를 메고 달릴 때 입는 것으로 길이가 짧아 활동성이 뛰어나다. 나가레의 모든 마치가 하나로 통일된 미즈핫피를 입는 경우도 있다.

▋그림2-2▋ 하코자키 신사 앞 바닷가(箱崎浜)로 달려가는 기온야마카사 행렬

▋그림2-3▋ 하코자키 신사 앞 바닷가(箱崎浜)에서 바다모래를 담고 있다

3
제2차 세계대전 전의 개최를 둘러싼 대립과 갈등

1 중앙정부와 지역사회

　1868년 260여 년간 지속되어온 에도막부江戸幕府라는 봉건제를 타파한 메이지정부는 구미열강에 대응하기 위해 근대화와 중앙집권화를 강력하게 추진한다. 정치와 경제, 사회, 문화를 포함하는 모든 분야에서 통일을 실현하고자 했으며, 이 때 '쇄국'이라는 닫힌 틀 안에서 온전하게 유지되어온 지역적 차이는 봉건적 잔재로써 타파와 해체의 대상이 되었다. 가장 먼저 지역의 독자적인 연대나 공동성을 도모하는 데에 중요한 수단이었던 지역의 축제가 그 대상이 되었다.

　메이지유신 후 5년이 지난 1872년에 메이지정부는 기온야마카사를 대량의 소비를 유발하고, 풍기를 문란하게 하는 야만적인 풍습으로 규정하고 개최금지령을 발표한다振興会 앞의 책: 14. 말하자면 기온야마카사 역사상 중앙정부라는 외부의 힘에 의해 통제되는 첫 번째 사례가 된 셈이다. 이에 지역사회는 수백 년간 지속되어온 전통의 강조로 그 부당함을 주장하나 받아들여지지 않는다. 이는 메이지정부가 지역사회의 집단의식의 고양과 결속의 기회를 국가관리 하에 두고자 했기 때문이다. 당시 메이지정부는 구미제국의 기독교 사상이 유입되는 것에 위기를 느끼고 있었으며, 이를 극복하기 위해 일본 사회에 오랫동안 관습체계로 남아 있던 신도를 천황을 정점으로 한 국가신도로 격상시켜 국가통합과 국민지배의 중심 이데올로기로 삼으려고 여러 가지 제도적 정비를 서두르고 있었다. 기온야마카사의 금지령은 지역사회의 민중들이 운영해온 대규모의 전통적 축제를 국가제사 안에 편입시켜, 그 독자적 성격을 부정하고 신도제사의 일부로 통일하고자 한 것이다. 그러나 이러한 메이지정부의 의도는 오랫동안 유지되어온 지역의 결속을 해체하는 것으로 전국적으로 큰 반발을 불러왔으며, 군비확장의 재원을 마련하기 위한 중과세와 소비억제에 의한 디플레이션 정책에 의해 국민적 반발이 최고점에 이른 1883년에 그 빛을 잃게 된다振興会 위의 책 15. 무려 11년간의 장기 휴면기가 종언을 고한 것이다.

2 지역사회 내부의 대립

위에서 살펴본 11년간의 금지는 중앙정부와 지역사회 사이에서 일어난 축제개최를 둘러싼 대립이었다. 그러나 재개된 후 15년이 지난 1898년에 일어난 두 번째 금지는 하카타라는 지역사회의 내부 문제가 발단이 되었다. 1890년대의 일본의 경제상황은 경공업을 중심으로 한 산업혁명의 제1기에 해당되며, 같은 시기의 하카타도 1889년 하카타와 지쿠고가와筑後川 간 철도부설을 비롯하여, 1897년

발전소 건설과 하카타 시내 전기부설 등으로 근대적인 산업도시의
면모를 갖추기 시작한다 井上清 1968: 96.

　1898년 시의회는 거의 벌거벗은 상태의 사내들이 대낮에 시내를
질주하며, 전선을 절단하는 기온야마카사는 야만적일 뿐만 아니라
산업발전의 장애가 되는 것으로 중지해야 한다는 결의를 발표한다
竹沢尚一郎 1998: 96. 특히 1897년 경찰전화선이 가설된 후 전기선이
더욱 낮아져 그 피해를 우려한 경찰이 전시용 야마카사의 설치허가
를 내주지 않자 기온야마카사 폐지론이 더욱 힘을 얻게 된다. 이듬해
인 1898년 당시 현지사曾我部가 야마카사의 높이가 높아 가끔 전선
을 절단하고, 거의 발가벗은 상태의 남자들이 시내를 돌아다니고,
폭음폭식이 다반사로 일어난다는 이유를 들어 기온야마카사의 중지
를 제안하자 시의회가 이를 결의하게 된다振興会 앞의 책 16. 이에 반발
하는 존속파들주로 야마카사 참여자들은 1차 금지 때의 '전통계승'이라는
명분을 다시 사용할 수 없게 되자, 당시 시의회와 정치적으로 대립하
고 있던 한 정치결사단체玄洋社에 지원을 요청하게 된다. 이 단체의
주선으로 동경에서 온 규슈일보의 논설주간이었던 고지마古島一揋가
축제단위인 마치町가 세금징수 단위인 점에 착안하여 기온야마카사
가 지방자치의 근간임을 강조함과 동시에, 전선에 방해가 되면 야마
카사의 높이를 낮추면 되고, 시메코미가 나쁘다면 나가레별로 통일
된 핫피를 입으면 되지 않느냐며, 폐지의 부당성을 연일 신문사설을
통해 주장하자 여론은 급반전된다竹沢尚一郎 앞의 책 96. 결국 중지는

철회되고 개최권이 환수된다.

전선이나 전기 등 도시의 근대적 장치계와 불특정 다수의 구경꾼이라는 타자의 등장으로 이들과 공존가능한 변화가 요구되었으며, 근대적 도시문화에 순기능적인 적응으로 다시 존속의 기반을 마련하게 된다. 이를 계기로 메고 달리는 높이가 낮은 가키야마카사舁き山와 높이가 높은 전시전용의 가자리야마카사飾り山笠로 이원화되며, 시메코미에 미즈핫피라는 상의를 추가함으로써 벌거벗은 상태의 이미지를 불식시키게 된다.

■ 그림2-4 ■ 가키야마와 가자리야마의 배치도

▌그림2-5▐ 시내 중심가에 설치된 가자리야마

▌그림2-6▐ 오이야마 때에 시내 중심가를 질주하는 참가자들

지금까지 기온야마카사는 경계가 분명한 특정 공동체내의 자족적
이며 폐쇄적인 공동성이나 결속, 연대만으로 그 존재 의미를 획득해
왔으나, 행정이나 경찰을 비롯한 불특정 다수의 시민구경꾼과 이들이
이용하는 도시의 공공적 시설장치의 등장으로, 이들과 조화롭게 공
존할 수 있는 새로운 의미를 발견하거나 창출해야만 하는 과제를
떠안게 된 것이다. 다시 말해 종래의 축제 운영방식에 대한 변화와
혁신이 요구된 것이다. 그러나 이러한 변화와 혁신도 그 후의 기온야
마카사의 유지 · 존속을 온전하게 보장해 준 것은 아니었다.

3 기온야마카사를 주체적으로 바라보는 개인의 등장

1900년대의 일본은 1890년대의 경공업을 중심으로 한 제1차 산업
혁명의 중대한 전기를 맞이하고 있었다. 이는 1901년 인근의 야하타
시八幡市에 일본 최초의 근대적 제철소가 들어서면서, 전쟁체제 구축
을 위한 중공업화가 급속도로 진행되었기 때문이다野呂永太郎 1954: 88.
이러한 공업화를 배경으로 한 대도시로의 인구이동이 진행되면서,
후쿠오카시에서도 1899년에 전화국이, 1903년에는 규슈대학의 전신
인 교토제국대학 후쿠오카의과대학이 각각 개설되었으며, 1910년에
는 시내에 전차가 개통되면서 도시의 근대화가 한층 진전된다竹沢尚
一郎 1998: 98; 振興会 2004: 17.

여기서 후쿠오카시 당국은 다시 전차의 전력공급선을 절단할 우

려가 있다는 이유로 세 번째 금지 조치를 내린다. 이를 계기로 기온 야마카사의 존속이냐 폐지냐를 두고 지역 언론에서 활발한 논쟁이 일어나는데, 당시 시장이었던 사토佐藤平太郎 는 "시에는 아무런 이익 이 없으며, 지방으로부터 사람들을 불러 모아 득을 보는 것도 있겠지 만, 그들이 쓴 돈은 어디서 보상받느냐, 전차도 생겼으니 이제 그만 두든가, 아니면 전시용 야마카사 정도로 끝낼 수는 없는가"라며福岡 日日新聞 1910.6.16, 기온야마카사가 갖는 경제적 비효율성을 강조했다. 이에 호응이라도 하듯 한 시민은 "남성이 없는 가정에 축제를 위한 기부금을 강제하는 것은 납득이 되지 않는다"는위의 신문 1910.6.20 의견 을 제시하기도 했다. 이에 대해 당시 지역 경제계의 주요 인사였던 와타나베渡辺与八郎 는 "전선이 방해된다면 하카타 변두리의 공원용지 를 개발하여 거기서 개최하자"는 제안을 하기도 했다위의 신문 1910.6. 23. 이를테면 야마카사에 대한 비판적 개인과 이에 대항하는 개인들 사이에서 갑론을박식 논쟁이 벌어진 것이다.

우리는 여기서 중요한 사실을 두 가지 발견하게 된다. 우선 개최 를 둘러싼 대립과 갈등의 주체가 국가와 지역사회에서 지역사회와 지역사회의 산업계라는 집단 간 갈등으로, 다시 개인 간 논쟁으로 변화되었다는 것이다. 다른 하나는 도시화의 진전에도 불구하고 종 래의 도시관리 시스템으로서 축제를 지지하는 그룹과 서구의 행정주 도의 도시관리 시스템을 지지하는 그룹 간의 대립이 표면화되었다는 것이다. 즉 당시의 하카타는 면식사회를 근간으로 하는 소규모 지역

사회의 자치이념에 의해 관리되어온 도시와 행정시스템에 의해 일원
적이며 통일적으로 관리하려는 도시가 경합을 벌이고 있었다는 얘기
이다. 전자는 일상의 삶의 터전인 지역사회의 물리적 시설이나 공간,
특히 도로나 광장은 적어도 축제 기간 중에는 자신의 것이라고 하는
인식이, 후자는 도시의 공간과 인간의 관리는 지역사회가 아닌 국가
나 행정이라는 공권력에 의해 관리되어야 한다는 인식에 각각 근거
한 것이라고 할 수 있다. 이러한 대립과 갈등을 통해 표출되는 다양
한 비판적 시각을 자양분으로 기온야마카사는 끊임없이 진화해온
것이라고 할 수 있다.

4
제2차 세계대전 후의 운영방식을 둘러싼 대립

   2차대전 후 10년간은 기온야마카사의 고난의 역사였다고 할 수
있다. 1945년에 개시된 미군에 의한 일본 본토공격은 후쿠오카시에
도 엄청난 피해를 가져다주었다. 6월 19일 밤에 단행된 후쿠오카
대공습으로 시가지는 거의 괴멸상태가 되었다振興会 앞의 책: 18. 이러
한 피해가 대부분 복구되기까지는 3년이란 세월이 필요했다. 기온야
마카사가 처음으로 재개된 것도 같은 해였으며, 이듬해인 1949년에
는 2차대전 전의 다이코쿠大黒, 고후쿠吳服, 니시마치西町, 에비스惠比

寿, 하가시마치東町, 도이土居, 후쿠진福神의 7개 나가레에 구시다櫛田와 오카岡, 하마浜, 지쿠코筑港, 나카스中洲의 5개 나가레가 새롭게 가세하여 12개 나가레가 참가하게 된다. 2차대전 전보다 양적으로 크게 팽창한 것이다. 그러나 새로 참가한 나가레가 과거 가세이초加勢町로4 취급되어온 하마나 옛 하카타부博多部 밖의 지역에서 참가해온 에비스시現 千代流의 전신 등, 과거의 야마카사에서는 상상할 수 없는 지역이 전후의 '부흥'이라는 명분 아래 참가가 허용된 점은 주목할 만하다. 이는 그때까지 지켜온 700여 년의 전통을 한꺼번에 허문 것이나 다름없으며, 전후의 혼란이나 부흥이라는 비상사태를 배경으로 한 것이지만 축제의 전통으로부터 일탈을 의미하는 것이기 때문이다. 이러한 혼란을 정리하기 위해서 1948년 일종의 협의기구인 하카타기온야마카사기성회博多祇園山笠振興既成会가 결성되는데, 이는 지금까지 도반초当番町가 기온야마카사의 개최와 운영에 관한 모든 책임을 지는 직접 민주주의적인 방식에서 '기성회'가 축제의 개최와 운영을 관리하는 간접 민주주의 방식으로의 획기적인 변화를 시도한 것이나 다름없다고 하겠다. 이후 '기성회'는 기온야마카사의 변화에 중요한 역할을 수행하게 된다. 1955년 이 기성회는 전통을 보존하고 국제문화도시 하카타의 관광자원화를 목적으로, '하카타키온 야마카

4　　　야마카사의 개최와 운영에 직접 참가할 수 있는 자격을 가진 옛 하카타부의 133개의 마치(町) 외에, 이들의 요청에 따라 이른바 '지원부대' 자격으로 참가해온 주변 마치를 가리키는 말이다. 한편 지역단위가 아닌 개인별로 참가하는 사람은 '가세이닌(加勢人)'으로 일컬어졌다.

사 진흥회'라는 이름으로 다시 태어난다.

1 기존 나가레와 가세이초加勢町의 대립

전후의 후쿠오카시민들은 패전 후의 정신적 황폐함으로부터 벗어나 새로운 활력을 찾기 위한 방안을 다각도로 모색하고 있었는데, 그 중 가장 중요한 수단으로 선택된 것이 기온야마카사였다. 그러나 기온야마카사를 2차대전 전의 '하카타'라는 제한적 기능과 의미로는 널리 퍼져 있는 심리적 위축과 침체를 아우르는 데에 한계가 있었다. 다시 말해 옛 하카타부를 포함한 시 전체로 확대된 시민축제로의 승격이 필요했던 것이다. 그러자면 옛 하카타부에 한정된 참가범위를 후쿠오가부로 확대하지 않으면 안 되었다.

이러한 분위기에 편승하여 종전 7개의 나가레에서 12개 나가레로 확대된 1949년 하카타부 외의 신텐초新天町가 기성회의 양해없이 가자리야마를 건설하게 된다. 이것을 계기로 옛 하카타부와 그 이외 지역간에 야마카사 운영을 둘러싼 대립이 발생한다. 즉 옛 하카타부는 오랫동안 기온야마카사를 구시다신사를 공동으로 모신다는 우지코氏子[5] 의식을 기반으로 한 전통의 축제로 인식해온 반면, 그 외

_____

[5]   신사의 제사에 참가하는 사람들을 가리키는 말로, 보통 특정 지역에 사는 사람들로 제한된다. 따라서 이들이 모시는 '우지가미(氏神)'나 '우부스나(産土神)'라고 하는 神도 지역적인 제사권을 형성하고 있어, 성원권이나 지역에 있어서 경계가 분명한 배타적 의식이 강하다(福田アジオ編 1972: 64).

지역 사람들은 전후의 부흥과 시민의식에 근거한 이벤트성 축제로
인식하기 시작한 것이다. 당시 기온야마카사의 중요 이벤트인 '오이
야마追い山'를 후쿠오카부의 오호리공원大堀公園에서 벌이자는 의견
이 제시된 것이나 기온야마카사에 개입되기 쉬운 폭력을 추방하고
경찰의 철저한 단속을 촉구한 것도 フクニチ新聞 1950.5.18, 따지고 보면
기온야마카사를 시민축제화 하자는 측의 입장을 대변한 것으로 볼
수 있다.

이와 같이 기온야마카사의 시민축제화의 움직임은 1953년 규슈지
방을 엄습한 대홍수 때 더욱 표면화된다. 그해 6월 62년만의 대폭우
로 88만 명 이상의 피해자가 발생했으며, 6월 25일에서 28일까지
621mm라는 기록적인 폭우로, 시내 나카가와那珂川를 비롯한 작은
하천들이 범람하여, 시 외곽지역의 일부가 침수되는 등 큰 피해가
발생했다振興会 2004: 19-20. 단 기온야마카사의 운영을 책임지고 있던
하카타부와 그 주변지역은 직접적인 피해를 입지 않았다. 그러나 6
월 29일 이후 지역의 언론들은 행사의 속행이냐 중지냐를 놓고 다양
한 의견을 제시했다. 중지 쪽은 "축제 그 자체를 반대하는 것은 아니
지만, 피해상황을 감안하면 비상식적이며, 시민이 납득하는 수준에
서 진행되어야 한다"朝日新聞 1953.7.8고 하고, 속행 쪽은 "700년의 전
통을 지켜야 한다. 가자리야마를 전시한 후라서 어쩔 수 없다"毎日新
聞 1953.7.8고 맞섰다. 이와 같이 중지와 속행이 팽팽히 맞서는 상황에
서 시와 시의회, 상공회의소 등의 경제계의 주장이 중지 쪽으로 기울

자 대폭 축소된 형태로 겨우 명맥만 유지된다. 기성회는 한 발 더 나아가 수재의연금을 기부하거나, 수해복구를 위한 근로봉사에 참가하는 등, 솔선해서 자숙하는 분위기였다.

이제 더 이상 기온야마카사는 하카타부만의 축제가 아니라 후쿠오카시 나아가 규슈의 축제로 자리매김 되고 있음을 알 수 있다. 2차대전 후 외부에 문호를 개방함으로써 자금과 인력난을 극복하고 화려하게 부활하는 데 성공했지만, 이제 자신들만의 힘으로 운영할 수 있게 되었다고 해서 외부의 시선이나 관여를 무시할 수 없게 된 것이다. 기온야마카사는 보다 확장된 공적 영역의 관여로 시민축제화가 더욱 진전됨에 따라, 폐쇄적이며 자족적인 하카타부의 소규모 지역사회의 축제에서 보다 개방적이며 확장된 시민문화나 문화자원으로써 독자적인 생명력을 획득하게 된 것이다.

2 형식주의와 실용주의의 대립

1954년 신텐초 상점가의 가자리야마 이름標題에 같은 해 칸국제영화제에서 그랑프리상을 수상한 '지옥문'과6 프랑스 동화 '신데렐라 공주'가 등장, 또 한 번 논쟁에 휘말리게 된다. 원래 표제는 일본의 전통예능인 조루리浄瑠璃 나 노能, 교겐狂言, 가부키歌舞伎 등에서 소

6   1953년 고로모가사(衣笠貞之助) 감독 작품(大映京都). 해외영화제에서 수상을 의식하고 만든 일본의 '시대극영화'로 칸국제영화제 외에도 아카데미상에서 의상디자인상도 수상한 바 있다. 이른바 '예술성'이 뛰어난 작품으로 평가되고 있다.

재를 따오는 것이 하나의 관례였다. 이러한 전통에서 보면, 특히 후자인 신데렐라 공주는 파격적이며 기상천외의 표제로 받아들여진 것이다. 더구나 1954년 문부성으로부터 '무형문화재'로 지정받은 직후라서 振興會 2004: 36 '기성회'를 비롯한 향토사가들의 충격이 상대적으로 컸다. 이들은 야마카사 뒷면의 '미오쿠리見送り'에 등장한 신데렐라에 대해서 "서양인형이 등장하다니......, 상가의 번영을 기원하는 것은 좋지만, 어디까지나 기존 축제의 틀 안에서 해야 한다기성회"거나 "이건 야마카사가 아니라 마치 광고탑이나 선전탑과 같다향토사가"는위의 책 37 등의 비판이 제기되었다. 한편 당사자인 신텐초 관계

■ 그림2-7 ■ 만화 '도라에몬'을 주제로 한 가자리야마(飾り山)

자들은 "표제는 항상 변한다. 새로움과 기발함이야 말로 기온야마카
사를 더욱 발전시키는 것으로, 여기에는 상당한 용기와 노력이 필요
하다"고 맞섰다羽江源太 1998: 69.

이러한 대립과 갈등은 기온야마카사의 운영방식을 둘러싸고 문화
제 지정에 한층 고무된 주최 측의 전통주의형식주의와 실제 기온야마
카사를 상가활성화의 계기로 삼고자 하는 상가연합회의 실용주의
상업주의가 맞선 상황에서 발생한 것으로 볼 수 있다. 아울러 이러한
논쟁은 그동안 기온야마카사에 대해 상대적으로 관심이 적었던 일반
시민들의 이목을 집중시켜, 논쟁의 대열에 지역주민이 가세하기 시
작한다. 예를 들면 여성세대주가 집중적으로 살고 있던 히가시나카
스東中洲 일부가 "남자들만이 술 마시고 야단법석을 피울 뿐 우리들
에게는 아무런 관련이 없으며, 이런 술만 마시는 기온야마카사에 기
부금을 왜 내느냐?"福岡日日新聞 1955.8.2며 집단적으로 불참을 결의한
것에서 잘 알 수 있다. 이뿐만이 아니다. 1958년 7월 14일 밤, 서일본
최대의 환락가로 알려진 나카스中洲에서 핫피 복장을 한 취객들이
난동을 부려 수십 명이 경찰서에 연행되는 사건이 발생하자 각 신문
사에서는 일제히 야마카사의 폭력적 성격에 대해 비판적 기사를 내
보내기 시작한다朝日新聞 1958.7.15; フクニチ新聞 1958.7.15; 西日本新聞
1958.7.15. 기온야마카사는 젊은 남성들의 힘에 넘친 함성과 순식간에
나타났다가 사라지는 스피드, 가마 위에 올라탄 위압적인 대형 무사
인형, 24-26명의 남성들이 있는 힘을 다해 들어도 뒷부분이 땅에 끌

릴 정도의 중량감 등으로 보는 사람들을 압도한다. 이와 같은 폭발직
전의 넘쳐나는 에너지가 가끔 예기치 못한 상황으로 반전되는 경우
가 있다. 야마카사가 가지는 폭력성 때문이다.

이상과 같은 기온야마카사에 대한 여론의 비판은 전후 일본의 근
대화 정신에 맞지 않는 것으로, 기온야마카사에 내제되어 온 비민주
적이며 전근대적인 성격에 집중되고 있었다. 그렇다고 해서 축제가
갖는 이러한 전근대성에 대해 모든 사람들이 수긍했느냐 하면 반드
시 그렇지는 않다羽江源太 1998: 70. 기온야마카사는 전통적 축제로서
이를 지키기 위해서는 최소한의 강제는 필요하며, 약간의 폭력적 측
면을 수반하는 탈일상과 반질서의 세계가 축제의 속성의 일부이기도
하다는 인식이 어느 정도 공유되어 있었다는 말이다. 이러한 전통과
근대의 대립은 전통에 대한 사회적 합의가 이루어지지 않은 상태에
서 온 혼란이라고 할 수 있다. 여기서 중요한 사실은 이러한 대립과
혼란 속에 축제 운영주체나 참가자들은 비판을 수용하면서 자신들의
방식을 조금씩 조작의 대상으로 삼고 있었다는 점이다.

3 관광과 문화교류의 자원화

전후의 시가지 부흥과 정신적 활성화라는 사회적 분위기에 편승
하여 기온야마카사는 양적 팽창을 거듭해왔다. 그러나 1960년대에
들어서면서부터 시내중심가옛 하카타부가 거주용 소형 상점에서 사무

용 대형 빌딩으로 개발되면서 거주인구가 급감하는 이른바 '공동화'
가 진행된다. 지연결합에 의해 유지되어온 나가레 조직이 와해되기
시작하여, 참가자와 나가레 수가 감소하기 시작한 것이다.[7] 이러한

▮▮ 그림2-8 ▮ 슈단야마미세 날에 시내를 질주하는 야마카사

[7]　　　1952년 가키야마카사 14대, 가자리야마카사 13대를 정점으로 1957년에
각각 11대와 10대, 1960년에는 9대와 8대로 감소했다.

기온야마카사의 침체현상을 해소하기 위해 1962년 시관광과와 상가
관계자들이 '관광객 유치'와 시민적 활성화를 목적으로 오이야마 개
시시간을 늦추고 기존코스를 변경하여 나카가와를 건너 후쿠오카부
로 하고, 이 때 유명인사들을 태우자다이아가리, 台上がり 는 방안이 제기
된다振興会 2004: 49-50; 羽江源太 1998: 72.

▌ 그림2-9 ▌ 시청 앞의 슈단야마미세, 시장을 비롯한 지역유지들에게 예를 표한 후 돌아감

이는 코스가 옛 하카타부의 좁은 지역에 한정되어 있고, 출발시간이 새벽 5시여서 시외나 현 외에서 오는 사람들에게는 너무 불편하다는 점이 고려된 것이다. 이에 대해 도이나가레를 중심으로 '전통유지'라는 입장에서 "후쿠오카부로 끌고 가는 것은 전례가 없으며, 신사의 봉납행사를 퍼레이드화 할 수는 없고, 인력난으로 지금 규모 이상은 곤란하며, 지금까지 다이아가리에 외부인물을 태운 적이 없다"는 이유를 들어 강력 반대하게 된다振興会 2004: 49; 羽江源太 1998: 72. 그러나 "축제도 시대에 따라 변하며, 시의 발전에도 도움이 된다"는 의견이 다수를 차지해, 그 절충안으로서 등장한 것이 현재의 '슈단야마미세'이다. 이로써 기온야마카사가 단지 술만 마시고 난장판을 벌인다는 부정적 이미지를 불식시키고, 매년 시로부터 지원되는 운영자금의 증액을 요구할 수 있는 근거를 마련하게 된다. 끝까지 참가를 거부한 도이나가레가 있었음에도 불구하고, 처음으로 시도된 슈단야마미세는 연도에 수많은 인파가 몰리는 등 대성공을 거두게 된다振興会 2004: 50.

한편 1975년 신칸센의 개통으로 중앙도쿄의 문화가 유입되면서 기온야마카사는 또 한 번의 변화를 시도하게 되는데, 이 변화는 중앙에 대한 주변지역의 정체성 위기나 지역문화의 상실이라는 위기의식에서 フクニチ新聞 1975.2.20 비롯된 것이다. 그동안 전통공예 산업으로서 강조되어온 하카타인형과 하카타오리博多織와 함께 기온야마카사는 '하카타'라는 지역정체성을 대표하는 상징으로서 재평가된다. 그 이

후 수많은 박람회나 대형 이벤트에 하카타의 대표적 문화재로서 가
키야마가 참가하게 되는데, 나가레라는 현장을 벗어나 탈맥락화 되
어 후쿠오카시의 '문화교류자원'으로서 또 다른 의미를 획득하게 된
다. 이토伊藤亜人가 주장한 주변성을 극복하기 위한 4가지 전략 중
한경구/이토아비토공편 2007: 155, 네 번째의 주변성이 지니고 있는 보편적
가치를 깨닫고 이것을 제시함으로써 새로운 지위를 획득하고자 한
것이라고 할 수 있다. 이제 더 이상 지역에 근거를 둔 폐쇄적이며
자기충족적인 축제가 아니라, 보다 크고 넓은 외부타자에 의한 승인
을 필요로 하게 된 것이다. 이를 통해서만 기온야마카사에 몰입하는
자신의 행위에 대한 평가나 인식이 납득할 만한 수준에서 완성된다
고 하겠다.

4 전통적 자치조직의 해체와 재생

슈단야마미세의 도입으로 쇠퇴일로의 야마카사가 부활의 조짐을
보이는 듯 했으나 1966년 행정개편町界町名의 변경에 따른 각 나가레의
반발로 다시 혼란과 침체의 길로 접어들게 된다. 이 행정개편은 도요
토미豊臣秀吉의 다이코와리太閤割り, 지역구분 이래 도로를 사이에 두고
마주보는 집들을 하나의 그룹으로 구분하는 이른바 '세와리背割り' 방
식으로 나뉘어진 133개의 마치町를 도로를 경계로 나누는 '가이쿠
街区, 블록' 방식으로 바꾸어 새로운 이름으로 행정구역을 개편하는

것이었다. 이렇게 되면 기존 133개의 마치가 24개의 마치로 통폐합
되어, 7개 나가레의 전통적 하부조직인 마치가 모두 사라지게 된다.

이 개편안에 대해 1957년에 이미 '진흥회'에서는 "수백 년 전통의
자치조직의 근간을 허문다"는 이유로 시에 청원서를 제출한 바 있으
며振興會 2004: 54, 특히 도이나가레는 남북으로 길게 뻗어 있는 도이도
리土居通의 양쪽 집들로 구성되어 있어, 블록방식의 경계구분이면 모
두 사라지게 될 위기에 놓여 있었다. 그 동안 전통방식에 가장 집착
해왔던 도이나가레로서는 심각한 상황이 아닐 수 없었다. 10년 전부
터 옛 마치의 존속운동을 펼쳐왔지만 시의 강행방침이 알려지자 10
개의 조나이카이町內會의 결의로 '해산'을 결정하게 된다振興會 2004:
53. 이에 대해 나가레 내의 젊은이 그룹에서 "町名 변경의 이유로
나가레를 해산하는 것은 받아드릴 수 없다"며 반발했으나, "한 번
정해진 것은 번복할 수 없다"는 조나이카이의 강력한 의지에 결국
물러서게 된다. 이러한 와중에 또 다른 동호회 그룹들이 '도이나가레
보존회'를 만들어 진흥회에 참가를 요청했으며, 이것이 받아들여지
게 된다. 그 후 1967년에는 옛 10개 마치를 단위로 정식으로 참가하
게 된다. 이러한 도이나가레의 내부혼란과 반발의 배경에는 시내중
심가의 공동화로 인한 자금난과 인력난이 자리 잡고 있었던 것으로
보인다.

이상에서 살펴본 봐와 같이, '나가레'와 '마치'라고 하는 전통적 지
연조직에 의해 지지되어온 기온야마카사는 고도경제성장기의 도심

개발에 따른 공동화로 그 존립기반이 약화된 반면, 근대화에 따른 전통적 가치의 상대적 상승에 따라 문화재 지정에 의한 행정의 지원을 얻게 된다. 그만큼 행정의 의존도가 높아진 것이다. 시의 행정통폐합은 바로 이런 시점에서 단행되었으며, 나가레별로 수용과 반발의 정도가 전혀 다른 형태로 나타난 것이다.

여기서 우리가 주목해야 할 점은 행정개편에도 불구하고 도이나 가레를 포함한 에비스, 다이코쿠 나가레가 옛 마치를 단위로 재구성될 정도로 기온야마카사를 매개로 전승되어온 지연결합의 전통이 외부의 여러 충격에도 불구하고 유지·계승되어 오고 있다는 것이다. 혼란과 쇠퇴일로에 있던 기온야마카사는 1970년대에 들어오면서 참가자의 부족을 아르바이트의 대체요원에서 내부와 연결된 외부의 희망자로 보충하는 형태로 문호가 개방된다. 이에 따라 불특정 다수의 '개인'의 등장으로 참가자가 급증하게 되며羽江源太 1998: 77, 이들은 지연을 바탕으로 한 '집단'에서 각 마치의 중요인물과의 '관계'를 바탕으로 한 '네트워크'에 의해 축제조직이 결성되는 변화를 일으킨다. 여기에 새롭게 등장하는 개인들은 기온야마카사를 자신의 인생에서 아주 의미 있는 것으로 인식하는 자발적이며 적극적인 참가자들이라는 점에서 종래의 참가자들과는 구별된다. '○○마치의' '○○나가레의' 야마카사에서 '나의' 기온야마카사로의 질적 변화가 일어난 것이다. 기온야마카사에 대한 가치부여나 평가가 특정 개개인의 자유의사에 의해 이루어지게 된 것이다.

5 여성의 차별

얼마 전까지는 해도 각 마치의 쓰메쇼詰所, 집회소 입구에는 "부정한 자는 출입을 금한다不浄の者は立ち入りべからず"는 입간판이 서있었다. 이 입간판은 10여 년 전부터 여성을 멸시하는 내용을 담고 있다는 이유로 비판의 대상이 되어 왔는데, 특히 지역의 여성단체나 인권옹호위원 등이 진흥회나 후쿠오카시에 차별적 표현이 들어 있는 입간판은 제거되어야 한다는 주장을 펴기 시작한 것이다. 이에 진흥회는 총무회의 자문을 받아 2003년 6월 1일 임원총회에서 전폐하기로 만장일치로 의결한다振興会 2004: 150.

이 입간판의 문제는 이미 20년 전인 1987년 7월 9일 서일본신문 석간, '사회부 110번'에서 한 익명의 여성독자에 의해 제기된 적이 있다. "인권존중의 시대에 더구나 기온야마카사는 하와이까지 해외 원정 경험도 있고, -중략- 국제화도 진전되었다. 축제의 관례전통라고 해도, '부정한 자'라고 하는 차별적인 용어를 언제까지 사용할 생각인가. 시대착오적 발상이라고 밖에 할 수 없다"는 내용의 글이 투고된 것이다. 이런 갑작스러운 문제제기에 대해 같은 신문 13일자에 한 여성 인류학자는 "많은 축제에서 여성은 부정한 존재로서, 특정 맥락에서 배제되어 왔지만, 그 배제의 의미는 여성의 출산능력이 상징하는 풍요성이나 남성에 대한 영적 우위성, 보호능력의 확인이라고 하는 종교상의 인식에 근가한 것이다. 그러나 종교나 신앙이

생활에서 유리되어 축제가 단순한 쇼나 이벤트로서만 사람들에게 받아들여지고 있는 지금 여성의 배제는 '차별'의 의미밖에 없다"고 보다 객관적이며 학술적인 근거에 의한 문제점을 지적했다.

당시의 히구치樋口武之助 회장은 "표현을 바꿀 필요가 있을지는 모르겠다"고 전제한 뒤, "부정의 의미도 시대에 따라 변화하며, 옛날 같은 차별관은 없다. 여성이 쓰메쇼에 출입하는 일이 많아졌고, 나오라이直会, 음복잔치 준비 등도 여성의 손을 빌리지 않고는 불가능하다. 현재는 육친을 잃은 상중喪中의 사람만을 의미한다"며 이해를 촉구했다振興会 2004: 92. 한편 여성들도 "기온야마카사는 남자들의 축제로서, 여성이 시메코미 복장으로 참가할 수는 없는 일이다. 그러나 실제 많은 여성들이 요리나 세탁 등 직간접적으로 다양하게 참가하고 있어, 지나치게 민감하게 반응할 필요는 없다"며西日本新聞夕刊, 1987. 7.11 진흥회 측의 주장에 동조하기도 했다. 이 당시만 해도 비판에 대한 옹호의 목소리가 나름대로 지분을 갖고 있었던 관계로 더 이상 확대되지는 않았다.

하지만 최근의 도시축제는 대부분 참가자들만이 '하는' 것에서 구경꾼이 '본다'는 측면이 강조되면서 의도적인 기획이나 연출이 시도되고 있다. 이 과정에서 지금까지 의식하지 못한 문제점이 노출되기도 한다. 이는 본래 축제에 참가하는 사람들의 집단적 결의와 약속사항이었는데, 이제 이를 보는 사람이 어떻게 받아들일 것인가에 대한 성찰이 필요해졌음을 의미한다. 2003년 고토後藤久義 회장도 제안연

설에서 "기온야마카사는 청정한 신사제의에 대한 마음가짐에서 '不
淨'을 멀리하고자 한 것으로 결코 여성을 차별하거나 멸시하는 의미
는 담고 있지 않았다"고 하면서 振興会 2004: 150, "전통도 시대에 따라
변하지 않으면 안 된다"고 강조했다. 그러나 실제 글쓴이가 기온야마
카사에 참가하는 사람들에게 확인한 결과 아직도 대부분의 참가자들
은 '부정'에는 여성의 '붉은' 부정과 장례의 '검은' 부정이 있다고 설명
하고 있다. 또한 2006년 조사 때 일부 마치의 쓰메쇼에는 여전히
이 입간판이 서 있는 것이 확인되었다. 외부의 눈을 의식한 의도적인
행위와 행위자들에 의해 오랫동안 인식되어온 전통적 가치관 사이의
일탈이 존재한다는 말이다. 오히려 두 가지 종류의 부정에 대한 지식
이 참가자 내부의 교양으로써 강조되는 측면도 있다. 여기서 여성의
'붉은' 부정은 기온야마카사의 역동성에 신체적으로 부적합한 여성
을 제한하는 이데올로기로서 기능하는 측면도 있다고 하겠다.

  여기서 주목해야 할 점은 위의 두 가지 부정 외에 최근 또 하나의
'부정'이라는 의미가 부각되고 있다는 점이다. 거의 외부 참가자들에
의해 운영되는 현재의 기온야마카사는 1951년 처음으로 구시다신사
경내를 돌아 나오는 데에 걸리는 시간을 발표한 후 스피드를 다투는
스포츠 성격을 띠게 되었는데, 여기서 스피드에 지나치게 집착한 나
머지 부상자가 속출하는 사태가 발생하게 되었다. 이를 경계하기 위
한 제3의 부정의 의미가 가미된 것이다. 즉 비록 남자들이라고 해도
부상에 의한 '붉은' 부정은 경계의 대상임과 동시에 기온야마카사의

'최고의 수치'로 강조된 것이다. 여기서 우리는 기온야마카사의 운영
방식과 참가자들의 성격변화 등, 사회·문화적 조건과 상호작용을
통한 축제의 변화라는 중요한 사실을 확인하게 된다.

5
축제의 변화

일본은 역사적으로 봉건제를 기반으로 한 지방분권이 오랫동안
유지되어, 지역사회를 단위로 한 연대와 통합을 위한 다양한 수단들
이 모색되어 왔는데, 그 대표적인 것이 축제라고 할 수 있다. 이러한
일본의 축제는 지역공동체의 성원이 대부분 참가하여, 첫째 지역의
독자적인 전통을 창조적으로 계승하는 데에, 둘째 과소화過疎化를 극
복하고 지역을 활성화하는 데에 지역산업의 부흥과 관광자원화, 셋째 지역의
문화적 정체성을 확립하고 이를 바탕으로 지역사회를 새로이 연대하
고 통합하는 데에 적극적으로 활용되고 있다. 이러한 의미에서 일본
의 지역 축제는 현재 일본사회의 다양한 측면들을 포괄적으로 반영
하고 있다고 할 수 있다.

이 글은 이러한 일본의 지역 축제가 가지는 다양성을 하카타라는
특정 '지역사회'의 변화라는 역사적 맥락에서 2자간 상호작용을 중심
으로 살펴보는 데에 주안점을 두었다. 그 결과 야마카사는 전통과

근대의 끊임없는 대립과 타협 속해서 자신의 모습을 조금씩 변화시
켜온 것으로 밝혀졌으며, 이 전통과 근대를 조종하는 주체는 중앙정
부에서 지역내 산업계, 진흥회, 향토사가, 행정, 시민, 언론, 개인 등
아주 다양하게 나타나고 있었다. 이들은 각각 전통과 근대를 달리
인식하고 있으며, 그러한 불일치가 축제의 개최와 운영방식을 둘러
싼 논쟁과 대립으로 나타난 것이다. 이것으로 미루어 보아 축제를
주최하고 운영하며, 참가하는 사람들의 광범위한 심정의 배후에는
또 다른 의미의 투쟁이 일어날 것으로 예상된다. 이러한 의미의 투쟁
안에는 어쩌면 산업화사회의 한 특징인 개실화個室化와 개체화 사회
에서 힘겹게 살아가는 사람들의 지역사회 부활에 대한 절실한 희망
이 갈무리되어 있을지도 모르는 일이다.

기원전승의
성립과 전개

III

일본의
축제와 지역사회

1
기원전승과 제례의 관계

기온야마카사는 가마쿠라시대鎌倉時代인 1241년仁治 2년에 시작되었다고 하나, 그 기원에 관한 전승은 1241년 설 외에도 3가지가 더 있을 정도로 확실하지 않다. 구시다신사 경내에는 상설의 가자리야마飾り山가 있는데, 그곳의 안내문에는 "어느 것도 확실하지 않다"는 4가지 기원에 대한 전승이 기록되어 있다.[1] 이것으로 우리는 일본의 대표적인 도시제례인 기온야마카사에 대한 기원이 현재까지 분명하게 밝혀져 있지 않다는 사실을 확인할 수 있다. 그러나 분명한 것은 위의 4가지 기원설이 모두 현재의 기온야마카사의 모습을 상당한 정도로 반영하고 있다는 사실이다. 이는 무엇을 의미하는 것일까?

이 글은 분명히 밝혀지지 않은 기온야마카사에 대한 기원을 역사적 기록을 더듬어 규명하거나 기존의 4가지 설에 대한 진위 여부를 따지려는 것이 아니다. 글쓴이가 가지고 있는 자료의 한계는 말할

1   첫째 오코다이조에(往古大嘗会)의 시루시노야마(標の山)를 끌고 돌아다녔다는 것을 모방한 때부터. 둘째 헤이안시대(平安時代)인 941년(天慶 4년) 오노요시후루(小野好古)가 전승(戦勝)을 위해 야마시로노쿠니(山城国祇園社, 京都八坂神社)의 제신(祭神)인 스사노오노미코토(素盞嗚尊)를 구시다신사에 모셔왔을 때부터. 셋째 가마쿠라시대인 1241년(仁治 2년) 하카타의 쇼텐지(昇天寺)를 창건한 쇼이치국사(聖一国師)가 당시 하카타에서 유행하던 역병을 퇴치하기 위해 기도수법의 하나인 세가키다나(施餓鬼棚)에 올라 하카타지역을 돌아다닌 것에서. 넷째 무로마치시대(室町時代)인 1432년(永亨 4년) 6월(음력)에 구시다와 기온사의 제례 때, 오미코시(お神輿)가 지나간 뒤 야마카사 12대를 만들어 메고 시가지를 돌아다닌 것에서. 이상의 설이 있으나 어느 것도 확실하지 않다(출처 : 구시다신사 경내 '가자리야마' 상설전시 안내간판).

것도 없고, 근세를 지나 중세, 다시 고대까지 거슬러 올라가야 하는 역사적 작업은 글쓴이의 능력의 한계를 훨씬 뛰어넘는 것으로서 일본의 민속학이나 역사학의 연구성과에 맡기고, 이 글에서는 기온야마카사의 기원전승이나 그와 관련된 기록에 한정해서, 우선 기온야마카사의 기원전승이 제례형식의 정착과정에 어떤 영향을 미쳤으며, 반대로 제례의 형식과 내용이 기원전승의 완성도를 높이는 데에 어떤 역할을 담당했는지 살펴보고자 한다. 이는 기온야마카사의 기원에 관한 불확실하지만 그럴듯한 여러 주장들이 서로 경합을 벌이는 과정에서, 시대적 배경이나 상황에 따라 당시의 제례의 실제 모습과 연동되어 끊임없는 상호작용을 했을 것이라는 판단 때문이다. 여기서 특히 주목해야 할 점은 기원전승과 제례형식과의 상호작용을 부추기고 조정하는 세력들의 존재이다. 현재 공식적으로 채용된 기원전승은 다양한 세력들의 경합의 결과물이기 때문이다.

이러한 문제의식을 가지게 된 결정적인 근거는, 우선 기온야마카사가 특정 지역의 공동체신産土神, 氏神 을 오미코시 お神輿 에 태워, 해당 지역을 돌아다니다가 원래 있던 곳으로 되돌려 놓는 일본의 대부분의 마쓰리祭り 와는 구별된다는 것이다. 이것을 좀 더 구체적으로 지적하면, 첫째 7개 지구에서 만들어 메고 달리는 야마카사는 자신들이 모시는 신을 태운 오미코시가 아니며, 둘째 4개의 다리에 6개의 봉을 연결하여 상판을 얹은 다음, 그 위에 무사인형 등의 장식을 하고 사람이 올라타는 '야마카사'라는 독특한 장치를 사용하며, 셋째

신사의 제례임에도 불구하고 하카타 지역의 3곳의 사찰에 봉납한다는 점이다. 이러한 3가지 차별적 특성에 주목함으로써 4가지 기원전승의 성립과 전개과정 상호경합 을 보다 효과적으로 규명하고자 한다. 이러한 문제제기는 기존의 기원설에 대한 공방이나 사회문화적 현상으로서의 제례적 특징에 대한 연구에서 다루어지지 않는 '만들어지는 역사와 전통'이라는 새로운 의미의 해석과 평가를 가능하게 할 것이다.

2
기온야마카사의 성립기원에 관한 전승

기온야마카사와 관련된 기원전승은 에도시대 江戸時代, 1603-1868 부터 2차대전 후의 쇼와시대 昭和時代, 1926-1989 까지 여러 형태가 전해지고 있는데, 그 대표적인 것을 중심으로 살펴보면서 위에서 밝힌 3가지 차별성과의 관련성을 규명하고자 한다. 이 글에서 다루는 기원전승은 기온야마카사의 기원을 서로 다른 시기로 잡고 있으며, 더구나 어는 것도 확실하지 않은 관계로, 우선 기원전승에 대한 체계적인 이해를 돕기 위해 등장한 시기에 따라 검토한 후, 그들 사이의 상호 관련성을 규명해 보고자 한다.

1 1432년永亨 4년 **가자리야마**飾り山 **운행설**

기온야마카사의 기원전승으로 제시할 수 있는 문헌상의 기록이
처음 등장하는 것은 1601년慶長 6년 구사노草野入道玄厚가 저술한 것으
로 알려져 있는 〈규수군기九州軍記〉이다.[2] 이 문헌에는 "永亨 4년
1432 6월 15일, 하카타의 구시다신사의 제례가 있었는데, 3대의 오미
코시를 해변가까지 가지고 간 다음, 산 모양의 12대의 조형물을 만들
어, 위에 인형 같은 것을 장식하고, 이것을 메고 돌아다녔다. 지금까
지 없던 일로서 구경꾼이 수천만에 이르렀다"고[3] 기록하고 있다.

1432년은 현재 하카타기온야마카사진흥회이하 '진흥회'라 함의 공식
입장인 1241년仁治 2년에서 190년이 경과한 시기로, 연구자들 사이에
서는 이 〈규수군기〉의 기록을 지지하는 자가 많은데, 그 근거로서
'신행神幸'을[4] 중심으로 한 '기온에祇園会'는 이전부터 존재했으나, 화
려한 장식 등으로 꾸민 가마作り山의 행렬이 가미되어 기온야마카사

---

[2]   기온야마카사의 기원을 밝힌 현존하는 최고의 문서로, 가마쿠라 말기부터
도요토미 히데요시(豊信秀吉)의 규슈정벌까지를 다룬 규슈전란의 역사를 기록한 것이다.
현재 사본이 후쿠오카현립도서관이 소장하고 있는 『福岡県史資料』제6집(伊藤尾四郎編,
1936, 福岡県)에 들어 있다.

[3]   永亨4年六月十五日, 東津(博多)櫛田祇園ノ社祭アリ。三社ノ御輿ヲ沖
ノ浜へ御幸ノ後、山ノ如く十二双ノ作り物ヲカラクミ、上ニ人形ノヤウノ物ヲスへ
テ、是ヲササゲモテ行。前代カッテ無リシ事ナレバ、見物ノ貴賎数千万ト云数ヲ知ス
(草野道玄厚、1601、『九州軍記』2巻目; 博多祇園山笠振興会 2004: 11에서 재인용).

[4]   신사에 모셔져 있는 신이 제례 때 다른 곳으로 이동해서 며칠간 머물다가
(御旅所), 다시 원래의 신사로 돌아오는(還幸) 것을 의미한다. 이때 神体는 사람들이 메는
오미코시(お神輿) 위에 태워져 이동된다.

가 된 것이 1432년이라는 것이다. 야나기타柳田国男 의 지적처럼1969: 76-192, 순수한 종교적 의례인 신사의 '마쓰리'가 구경꾼의 눈과 흥행을 의식하여, 화려한 '제례'로 변화된 것에 주목하고 있으며, 이것이 현재의 기온야마카사의 형태와 가장 유사한 것으로 본 것이다.

당시의 야마카사는 받침대 위에 야마를 설치하고, 소나무 등으로 신목을 세웠으며, 주위에 인형을 장식한 다음, 많은 사람들이 들거나 메고 다녔던 것으로 교토의 기온샤祇園社, 八坂神社 의 '야마보코山鉾'와 비슷한 모양으로 추측된다. 그러나 갑자기 많은 사람을 동원한 대규모 행사의 개최가능성에 대한 의문과 '수천만의 구경꾼'이라는 다소 과장된 표현도 있어 그 신빙성에 의문이 가는 곳도 있다.

당시는 무로마치시대室町時代, 1336-1573 가 열린 후 45년이 지난 해로, 명나라와의 국교성립 후 양국간 무역이 확대되고 있었으며이른바 勘合貿易, 하카타는 西国의 실력자였던 오우치大内義隆 의 지배하에 오사카 주변의 사카이堺와 함께 화려한 번영을 구가하고 있었다読売新聞西部本社編 2004: 44-48. 교토의 문화를 동경하고 있던 오우치가 기온에를 모방하여 화려한 장식의 가마행렬을 재현한 것으로 볼 수 있다. 당시 교토의 기온에를 모방한 가자리야마는 하카타 이외의 지역에서도 유행했다는 기록이 있어,[5] 〈규수군기〉의 가자리야마 운행설은 가

---

5   가이바라(貝原益軒)는 1709년『筑前国続風土記』(1988, 伊藤尾四郎校訂, 文献出版)에서, "주변 야마구치(山口)에서도 매년 7월 14일이 되면 '기온마쓰리(祇園祭り)'라 하여, 하카타와 같이 21개의 장식 가마를 만들었는데, 이는 오우치의 전성기 때, 교토의 '기온마쓰리'와 하카타의 기온야마카사를 모방한 것(周防国山口にも十四日には毎

장 신뢰할 만한 기록이라고 할 수 있다.

　한편, 단순 기록이 아닌 기온야마카사의 실상을 확인할 수 있는 자료는 에도시대인 1662년寬文 2년의 것으로, 당시의 상황을 기록한 〈석성지石城誌〉에는[6] 1662년의 야마카사를 아주 구체적으로 묘사하고 있다.[7] 이것으로 미루어 보아, 적어도 17세기 중반 에도시대에는 현재의 야마카사가 확실하게 존재했음을 알 수 있다.

2 941년天慶 4년 기온샤권청설祇園社勧請説의 등장

　이 설은 1872년明治 5년 정부의 방침에 따른 후쿠오카현의 '기온야마카사 금지령'에振興会 2004: 14[8] 대해, 지역사회가 강하게 반발하면

年、祇園の祭りとて、二十一の飾り山を作ること、博多のごとし。是大内氏全盛時、京都をまなびし事多かりしかば、都の祇園をまなびにや、又博多の山をまなびつくりしや)이라고 했다(宇野功一 2007: 46에서 재인용).

6　　　　이 책은 하카타의 의사였던 쓰다(津田元顧)와 그의 양자 元貫에 의해 1765년(明和 2년)에 만들어진 博多地誌로, 第6巻「歳時 6月15日条」에 이날의 야마카사의 順路가 기록되어 있다(津田元顧・津田元貫/桧恒元吉監修, 1977. 石城誌, 九州公論社).

7　　　　"속설에 의하면 다케다신겐(武田信玄)의 인형을 만들어 야마카사에 장식하면 반드시 재앙이 발생한다는 이야기가 있는데, 이는 1662년(寬文 2년)에 고야마마치가 신겐의 인형을 만들어 域内를 돌아다니던 중, 무슨 영문인지 어떤 사람 집 앞에서 넘어져 크게 부서지고, 그 집은 화재로 소실되는 사건이 발생한 이후에 생긴 것이다(里俗の説に、武田信玄の人形を山に作れば必ず災ありと云。是は寬文2年、小山町当番に信玄を作りけるが、竹若番を昇通りける時、いかにしたりけん、堅粕屋藤三朗という者の家に倒れかゝりて、山笠摧け損じかり、其日、堅粕屋一軒焼亡せり、かゝる事より忌来れるなるべし。振興会 2004: 12에서 재인용).

8　　　　이 금지령은 근대화를 표방하는 메이지 정부의 정책에 따른 것으로서, 당시의 기온야마카사가 많은 수의 인원과 경비에 의해 운영되는 낭비적 측면을 가지고 있었다는 것과 국가신도의 확립이라는 통일된 이데올로기 창출에 민간의 전승(풍속)이 장애요소

서 금지령의 철회를 요구하는 탄원서에서 공개적으로 제기된 것으로, 구체적 내용을 살펴보면 다음과 같다.

구시다신사에는 정면에서 보아 가운데의 다이묘진大明神, 大幡主命을 중심으로 오른쪽에 아마테라스오미카미天照皇大神의 다이진구大神宮, 왼쪽에 스사노오노미코토素盞嗚尊의 기온구祇園宮가 각각 자리잡고 있다. 이 가운데 다이묘진은 구시다신사의 제신이며, '기온구'는 헤이안조平安朝, 794-1185의 941년天慶 4년에 오노小野好古가 후지와라藤原純友의 난을 진압하기 위해, 야마시로노쿠니山城国의 기온샤의 제신인 스사노오노미코토를 모셔온勧請 것으로 전해지고 있다.[9] 이후 교토의 '기온에祇園会'를 모방하여 기온야마카사를 시작했다는 것이다. 여기서 '기온에'는 헤이안시대인 869년貞観 12년 교토에 질병이 유행했을 때,[10] 이것이 고즈텐노牛頭天王의[11] 저주 때문인 것으로 여겨져, 당시의 세이와清和 천황이 전국의 나라 수만큼 66개의 호코鉾를[12] 만들어 제를 올린 것에서 비롯된 것으로 알려져 있다長浜広之

로 작용한다는 것, 마지막으로 새로운 국경일의 제정으로 국민들의 관심을 한 곳으로 집중시키려는 의도에서 비롯된 것으로 볼 수 있다.

9   博多山笠の儀、天慶年中、小野好古朝臣、叛賊藤原純友征伐として西征の節、朝敵追討の祈願に東洛祇園社勧請の時より権興候とも申し伝う(振興会 2004: 10-11; 保阪晃孝 2003: 230)

10   기온마쓰리와 질병과의 관련은 인근 후쿠오카현의 교바시시(行橋市)의 이마이기온마쓰리(今井祇園祭)에서도 발견되는데, 이 마쓰리는 1254년(建長 6년) 지역사회에 질병이 유행했을 때, 지역유지들이 교토의 야사카신사를 참배하고, 기온샤(祇園社)를 모셔온 것에서 시작되었다고 한다(http://www.yukuhashi-guide.jp/y0101_gion.htm, 2009. 11.13)

11   고즈텐노라는 것은 인도의 기온쇼자(祇園精舎, 석가모니와 그 제자들이 수도를 한 僧坊)의 수호신으로 일본에서는 스사노오노미코토가 여기에 해당된다.

1994: 41.

교토의 기온샤는 876년貞観 18년에 창건되었다고 전해지며,[13] 이
시기는 간무桓武 천황이 나라奈良에서 교토平安京로 수도를 옮긴 지
80여 년이 지난 때로, 수도 이전과 함께 시작된 급격한 인구증가로
주위의 산이 남벌되어 잦은 홍수와 범람이 발생하면서, 원인 모를
질병이 유행했던 것으로 보인다長浜広之 1994: 42. 당시의 시민들은 이
러한 불안정한 상태를 다양한 형태의 기도로 극복하려 했는데, 이러
한 움직임을 통합해서 공동으로 제를 올린 것이 기온에의 시초가
된 것이라고 할 수 있다. 이것이 점차 관례화되어 876년 질병신疾神
으로서의 고즈텐노를 야사카신사八坂神社의 제신으로 모신 것이 기
온샤의 시작인 것이다酒井直行 他)編 2007: 116. 그러니까 기온샤의 제례
인 기온마쓰리는 일반적으로 오곡풍요를 기원하는 농촌사회의 마쓰
리와는 달리, 도시사회의 역병을 물리치는 도시의 마쓰리로 성립된
것이다.

이 기온마쓰리가 하카타에 전래된 것은 앞의 '각주1'에서 언급한
것과 같이 전쟁에서의 승리를 기원하기 위한 것으로 보이나, 왜 질병
신인 스사노오노미코토를 모셔왔는지에 대해서는 그 이유가 분명하

....

12   양날의 검에 긴 손잡이를 단 창으로, 청동기 시대와 철기시대의 대표적인
무기였으나, 그 후 실용적 가치가 떨어짐에 따라 주술적 힘을 지닌 것으로 종교의례용으로
사용되어 왔다.
13   656년(斉明天皇 2년)에 창건되었다는 설도 있다(井上博義・川塚錦造・
薬師洋行 2009: 7)

지 않다. 중요한 문제는 하카타에 교토의 기온샤가 정착할 수 있었던 이유이다. 하카타는 일본의 중국·한반도와의 교역이나 교류의 관문으로 일찍부터 상업도시의 면모를 갖추고 있었는데,[14] 이러한 인구밀집에 따른 갑작스러운 도시화는 여름철의 태풍이나 질병 등에 의한 사회적 불안으로 연결되었으며, 이를 해소하기 위한 여러 민간신앙이 교토의 기온샤와 기온마쓰리를 자연스럽게 수용했을 것으로 추측된다. 그러니까 교토에서 기온샤의 제신이 구시다신사에 모셔진 후, 다시 기온마쓰리가 전해지면서 기온야마카사가 발생했다는 이야기가 된다. 그러나 위의 설은 단지 구시다신사에서 전해지는 이야기에 불과하며, 신사의 건립연대宝字元年, 757 자체도 확실하게 규명되지 않은 상태이기 때문에 사실여부는 분명하지 않다. 다만 우노宇野功ー에 의하면 구시다신사는 가마쿠라 전기인 1230년대에는 확실하게 존재했던 것으로 보인다2007: 43. 중요한 것은 역사적 사실여부가 아니라, 앞에서 언급한 정부의 금지령에 대한 반발의 명분으로써, 신사의 전승을 활용했다는 사실이다.

　하카타 지역사회의 유력인사들은 1873년明治 6년 5월에서 7월에 걸쳐 이 금지령의 철회를 집요하게 요구하는데宇野功ー 위의 논문: 57-58, 振興会 1975: 85, 그 이유로 기온야마카사는 전통적 '신사제의'로서 당시

---

[14]　　하카타는 헤이안시대 말기에 대송무역을 위한 전진기지로 개척되었으며, 이후 가마쿠라와 무로마치시대를 거치면서 물류의 거점과 무역항으로 번영을 구가하자 전국시대(戦国時代)의 장수들에 의한 쟁탈전의 대상이 되었다(石橋清孝 2007: 122).

조정에 위협이 될지도 모르는 '후지와라의 난'을 진압하기 위해 교토
의 기온샤의 제신인 스사노오노미코토를 모셔온 마쓰리임을 강조함
으로써, 국가신도의 확립에 아무런 지장을 주지 않는다는 점을 진정
한 것이다. 말하자면 제례의 지속적 개최를 위한 전략적 선택으로
고증이 뒷받침되지 않은 기원전승을 들고 나온 것이라고 할 수 있다.
941년에 오노小野好古 가 규슈에 와 '후지와라의 난'을 진압했다는 역
사적 사실에 근거하여, 그가 전쟁승리를 위해 기온샤의 제신을 모셔
왔다는 신사의 전승기록을 철회의 명분용으로 전면에 부각시킨 것으
로 보이며, 사실 여부는 지금까지 확인되지 않고 있다.

3 998년長德 4년 다이조에大嘗会의 시루시노야마설

다이조에의 '시루시노야마標の山'는 에도시대 말기인 1830년元保 원
년 기타무라喜多村信節 의 에도시대 풍속백과사전인 〈희유소람嬉遊笑
覧〉에 나오는 것으로長浜宏之 1994: 41에서 재인용, 다이조에는 천황이 즉
위한 후 처음으로 조상에게 올리는 제사를 말하며, 시루시노야마는
다이조에 때 햇곡식을 제전斎田 신에게 바치는 쌀을 재배하는 경작지 에서 운반
하기 위해 화려하게 장식한 다시山車, 수례를 말한다.
1890년明治 23년 1월에 발행된 하카타의 역사서인 〈석성유문石城遺
聞〉에서 향토사가 야마자키山崎藤四郎 는 "나가노長野誠翁 에 의하면 먼
옛날 다이조에때 시루시야마標山 를 만들어 장식한 다음 끌고 다녔는

데, 그 모습이 오늘날의 야마카사와 비슷하며, 하카타의 야마카사는
이것을 모방해서 시작했다"고山崎藤四郎編 1890 한다. 또한 역사학자
하야시야林屋辰三郎 는 998년長徳 4년 에 이치조천황一条天皇 시대에 교
토에서 예능잡기를 보여주는 부코쓰牙骨 라는 사루가쿠호시猿楽法師
가15 다이조에의 시루시야마와 같은 것을 만들어 끌고 다녔으며, 이
것이 현재의 '야마카사'의 기원이 되었다 주장한다長浜宏之 1994: 41에서
재인용. 이에 대해 지역의 향토사가인 하시즈메橋詰武生 는 "덴지 원년
天治元年 1124 6월 14-15일에 교토에서 성대하게 개최된 기온에祇園会
의 부흥을 위한 임시 大祭에 사람들의 이목을 끌기 위한 볼거리로
등장한 시루시야마가 하카타기온에에 유입된 것"으로振興会 2004: 11
추측하고 있다. 교토의 기온에의 영향에 대해서는 앞에서 언급한 권
청신勧請神 의 얘기와 일치하지만, 그 시기에 있어서 '941년 설'과는
180여 년의 차이가 있고, 언제 어떻게 하카타에 전래되었는지에 대
해서는 언급하고 있지 않아, 역시 그 논거가 분명하지 않다고 할
수 있다.

위에서 살펴본 다이조에의 '시루시노야마설'이나 하야시야의 사루
가쿠호시에 의한 '시루시야마설' 등은 어디까지나 야마카사의 외형
적 특징에 주목한 야마카사의 원형이나 기원에 대한 그럴 듯한 설명

15　　헤이안시대에서 가마쿠라시대에 걸쳐, 길거리에서 대중을 상대로 재미 있
는 말이나 행위, 도구 등을 사용하여 사람을 웃기는 행위를 직업적으로 하는 사람으로,
이들은 대개 유명 사찰이나 신사에 소속된 직업예능인이었다.

으로 보이나, 복잡하고 다양한 형태로 전개되는 기온야마카사라는 제례 자체의 기원에 대해서는 아무런 시사점을 제공해 주지 못하고 있다.

4 1241년仁治 2년 **쇼이치국사聖—国師의** **세가키다나施餓鬼棚 사용설**

이 설은 현재 '진흥회'에서 공식적으로 채용한 설로서, 가마쿠라시대인 1241년 당시 쇼텐지承天寺를 창건한 '쇼이치국사'가[16] 하카타에서 유행하고 있던 역병퇴치를 위한 기도수법으로, 주민들이 봉을 끼워 어깨에 메고 돌아다니는 '세가키다나'에[17] 올라 정화수祈祷水를 뿌린 것이 기온야마카사의 효시가 되었다는 설이다振興会 2004: 10. 야마카사가 바퀴가 없는 형태로 많은 사람들이 메고 다닌다는 점에 있어서는 앞에서 줄을 매달아 끄는 교토의 '다시山車'와 결정적으로 다르지만, 야마카사 위의 받침대와 그 주위의 사방을 둘러싼 삼나무막杉垣 등은 세가키다나와 유사하며, 야마카사에 쇼텐지의 부적을 매달거나 야마카사의 행렬이 쇼텐지 앞을 돌아 나오는 것 등은 모두

---

[16] 쇼이치국사(聖一国師, 辯円)는 1235년(天福 3년) 남송에 유학하기 전인 1233-1234년 사이에 하카타에 머물렀으며, 6년간 유학한 후 1241년(仁治 2년) 7월에 하카타로 돌아와, 그 다음 해인 1242년 쇼텐지를 창건하고 주지가 되었다. 이후 1243년(寛元 원년) 조정의 유력자인 규조(九条道) 집안의 부름을 받고 상경한 후, 교토를 중심으로 활동하다가 1280년 세상을 떠난 것으로 알려져 있다(宇野功— 2007: 42)

[17] 기근에 고통을 받고 있는 생물이나 무연고 망자(亡者)의 영혼을 달래기 위해 먹이나 제물을 차려놓은 상.

이 기원전승과 관련이 있는 것으로 보고 있다.

여기서 흥미 있는 일은, 엄밀하게 말하면 기온야마카사는 기온샤에 봉납하는 제례인데 불교사찰에도 봉납한다는 사실이다. 야마카사가 쇼텐지 앞을 '돌아 나오는 것舁き込み'은 야마카사를 쇼텐지에 봉납하는 것으로, 쇼이치국사에 대한 보은의 표시로 해석되고 있다는 점이다. 다시 말해 1674년延宝 2년에서 3년간 하카타에 대기근이 발생하자, 당시 쇼텐지의 주지였던 쇼이치국사가 죽을 쒀 민중들에게 나눠준 것에 대한 보답으로, 야마카사 행렬이 쇼텐지에 들러 경의를 표시한 것이 현재의 '가키코미舁き込み'의 기원이 되었다는 것이다竹田定直他編 1982: 378-379. 한편 도초지東長寺는 중세의 어느 시기부터 신불습합神仏習合 시대였던 메이지 초기까지 구시다신사를 관리하는 상급기관이었기 때문에 봉납해 왔다고 하며, 세 번째의 세이후쿠지聖福寺는 야마카사 행렬의 순행코스 바로 옆에 있는 관계로 자연스럽게 지나가는 것으로, 별 다른 문제가 제기되지 않고 있다.

그러나 쇼텐지 역사에 정통한 히로와타広渡正利는 쇼이치국사의 수제자인 데쓰규鉄牛円心, 1254-1326의 연보 등을 참고로, "국사는 간겐 원년寛元元年 1243 2월에 상경한上洛 후, 교토에서 주로 활동했으며, 세가키다나를 타고 기도를 했다면 유학 전인 1233-1234년일 가능성이 크다고"長浜宏之 1994: 44에서 재인용하며, 1241년 설의 의문을 제기하고 있다. 또한 당시 역병이 유행했다는 기록이 없으며, 불교와 관련된 행사에 무사인형이나 깃발旗指し物을 장식하는 일은 아주 예외적

인 경우로, 이 설 자체를 부정하는 의견도 있다振興會 2004: 10. 또한
이 설이 처음 제기되었을 당시의 상황을 면밀히 분석한 우노에 의하
면 1898년明治 31년 오이야마追い山, 앞서 출발한 야마카사를 뒤의 야마카사가 쫓아
가는 것 때의 사망사고를 계기로 만들어진 이야기에 지나지 않는다고
하며宇野功一 2007: 41, 사실 자체를 부정하고 있다.

　여기서 한 가지 분명한 사실은 역병의 창궐이나 기근의 대유행과
같은 역사적 사실의 진위와 관계없이 당시의 하카타가 교토와 같이
인구의 급격한 증가에 의한 도시화의 진전으로, 사회적 불안이 증폭
되고 있었다는 것이다. 또한 정화수와 현재 야마카사행렬에 뿌리는
이키오이미즈勢い水는 뿌리는 방향이 다를 뿐, 물을 사용한다는 점에
있어서 유사하므로, 쇼이치국사의 세가키다나 사용설은 한층 지지를
받고 있는 것으로 보인다. 나아가 야마카사와 세가키다나, 이키오이
미즈와 정화수의 유사성을 비롯하여 신사의 제례인 야마카사의 행렬
이 쇼텐지를 방문한다는 사실로 미루어, 이 쇼이치국사의 세가키다
나 사용설은 '진흥회'에서 공식적으로 채용된 것으로 보인다. 이상에
서 살펴본 바와 같이 시기적으로 가장 오래된 '941년 설'과 가장 나중
의 '1241년 설' 사이에는 300년간의 차이가 있으며, 어느 것도 확실하
게 고증이 뒷받침된 것이 아니라는 점에 한계가 있다고 하겠다.

　이하 이상의 4가지 기원설이 등장하는 사회적 배경과 경합과정에
대해 살펴보면서, 기원전승과 제례가 어떻게 서로를 상호규정하면서
변화되어 가는지 살펴보기로 하겠다.

3
기원전승과 제례의 상호작용

위에서 살펴본 4가지 기원 전승 중, 우노에 따르면 첫 번째를 제외한 나머지 3가지는 메이지 시대에 들어와 제기된 것이며, 에도시대까지는 첫 번째의 1432년永亨 4년 성립설 밖에 존재하지 않았다고 한다. 즉 〈규슈군기九州軍記〉와 축전국속풍토기筑前国続風土記 1709 의 '1432년 설'만이 존재했다는 것이다宇野功- 2007: 48. 이는 문헌상의 기록이나 전승이 기온야마카사의 기원을 밝히고자 하는 주장에 동시대적으로 반영되지 않았음을 의미한다. 기록은 단지 기록으로써만 존재해왔다는 말이다. 여기서 문제가 되는 것은 이러한 문헌상의 기록이 실제 하카타 지역의 민중이나 기온야마카사 관계자들에게 어느 시기에 어는 정도 인식되기 시작했으며, 또한 그러한 인식 정도가 기온야마카사의 형식과 운영에 어떤 영향을 미쳤는가이다. 다시 말해 기원전승에 대한 인식과 실제 행하는 제례의 형식과 운영방식 사이의 상호작용이 어떤 형태로 이루어졌는가이다.

일본의 에도시대 말기에서 메이지시대 초기는 근대적 학문의 성립과 발달, 대중매체의 대량생산과 유통 등으로, 세상을 움직이고 소통하는 보편적 상식이나 지식이 광범위하게 유통되기 시작하는 시기라고 할 수 있다. 이른바 근대화의 여명기였다. 이 시기에는 사회를 지배해온 통념이나 상식, 지식에 대해 과학적으로 입증하거나 그 근거를 찾는 움직임이 활발하게 전개되는데, 기온야마카사를 둘러싼 기원전승에 대한 검증도 예외가 될 수 없었다. 가장 먼저 문제가 된 것은 세 사찰에의 가키코미였다.

1 가키코미의 중지와 쇼텐지의 탄원

신사의 제례이면서 도초지와 쇼텐지, 세이후쿠지의 세 사찰에 야마카사를 가키코미하는 이유는 무엇일까? 세 사찰에 대한 야마카사의 가키코미는 앞의 '각주8'에서 언급한 1765년明和 2년에 작성된 하카타 지지地誌인 〈석성지〉에 야마가사의 운행코스가 기록되어 있을 정도로 津田元顧·津田元貫/桧恒元吉監修 1977, 아주 구체적으로 전해지고 있다. 그러나 주의해야 할 점은 이 시기의 가키코미 형식은 운행코스를 따라 달리다가 세 사찰 앞에서 일단 정지하는門前での据え置き 것이었으며, 이 '일단정지'도 스피드를 다투는 경주의 성격이 강화되면서 가끔 생략되었다는 점이다 原田安信編 1976: 291-292. 특히 에도말기에서 메이지 초기에는 일단정지의 생략에 대해 도초지와 쇼텐지로부터 항의가 있었던 것으로 보아 山崎藤四郎編 1910: 37, 계속과 중단을 반복한 것으로 보이며, 이것으로 하카타주민들의 기원전승에 대한 인식과 그것을 몸소 실천하는 가키코미가 일치되어 있지 않았음을 알 수 있다.

이러한 계속과 중단을 반복하는 가키코미에 대해 쇼텐지 측에서

는 에도말기인 1848년嘉永 원년 에 '지샤호코寺社奉行'에게[18] 가키코미
를 엄히 준수하도록 제례집단을 지도해 줄 것을 탄원하자 지샤호코
는, 왜 쇼텐지에 가키코미를 해야 하는지, 그 이유를 밝히라고 한다.
쇼텐지는 같은 해 6월 14일 그 이유를 밝힌 답신서를 보내게 되는데,
그 내용을 중요한 것만 요약하면 다음과 같다. 첫째 1243년寬元 원년
의 官寺化를 계기로 주민들이 축하의 의미로 가키코미를 시작했으
며, 둘째 쇼텐지가 1432년 하카타지역의 역병퇴치를 기원하는 제례
를 올려준 것에 대해願掛け, 제례의 덕분으로 역병이 물러나자 그에
대한 보답으로願解き 가키코미가 있었으며, 셋째 엔포시대延宝時代
1673-1680에 유행한 역병에 대해 번의 명령으로 역병퇴치를 위한 기
도를 해주었는데, 그것에 대한 사례로 가키코미가 행해졌다는 것이
다広渡正利編著 1977: 194-195. 기온야마카사의 유래나 기원에 대해서는
확실하게 밝히고 있지 않으나 1243년에 사찰에 대한 보은의 표시로
야마카사의 봉납이 시작된 것으로 기록하고 있는데, 이 답신서의 내
용은 이후 전개되는 기원전승의 변화에 중요한 근거와 기준이 된다.

　이 답신서를 상세히 분석한 우노에 의하면, 우선 당시 쇼텐지에서
도 가키코미의 이유를 제대로 인지하지 못하고 있었으며, 둘째 가키
코미를 사찰의 지위를 내외에 과시하는 수단으로 간주하여, 확실하
지 않은 여러 기록을 참고로 작성했으며, 셋째 이 답신서는 무가武家

18　　　가마쿠라 막부 이후 신사나 사찰의 영지(領地)나 건물, 승려, 신관(神官)과
관련된 직무를 수행했던 무가(武家)의 직명(職名).

의 관리자에게 제출되었으나 일반 민중에게는 공개되지 않아 별 다른 파급효과가 없었다는 것이다宇野功− 2007: 51-57. 결국 에도말기까지는 기원전승에 대한 내용이나 제례와의 관련성 등은 관공서나 절, 제례참가자 모두에게 거의 인식되어 있지 않았으며, 가키코미가 미칠 영향을 일찍 간파한 쇼텐지 측에서 만들어낸 이야기로 보아도 큰 무리가 없다는 것이다. 이 사건이 시사하는 바는 당시 하카타 지역사회에서는 그럴듯한 기원전승만이 기온야마카사의 운영방식을 보증하는 지표가 될 수 있다는 인식이 널리 퍼져 있었으며, 이러한 인식은 기온야마카사의 운영을 둘러싼 위기적 상황에서 더욱 힘을 얻고 있었다는 점이다.

❷ 기온야마카사의 금지령과 '941년 설'

1872년明治 5년 11월에 정부는 기온야마카사를 대량소비를 유발하고 풍기를 문란하게 하는 야만적인 풍습으로 규정하고 '개최금지령'을 내리지만, 하카타 지역사회의 조직적인 반발과 철회요청에 부딪치게 된다振興会 2004: 14. 우선 1874년明治 7년에 관아에 제출한 '야마카사 제조원山笠製造願'에서 제례집단은 구시다신사의 기록社伝을 근거로振興会 2008: 74, 941년에 '후지와라藤原純友 의 난'을 진압하기 위해 교토에서 모셔온 이후의 전통적 신사제의임을 강조하게 된다. 말하자면 2번째 기원설이 제례담당자들에 의해 공식적으로 제기된 것이다. 이는 기존의 유일한 '1432년 설'을 제쳐놓고 기온야마카사와 조정天皇과의 관련성을 부각시킴으로써 천황제국가 창출에 하카타 지역사회가 이바지할 수 있음을 강조하여, '금지령'을 철회시키고자 의도적이며 전략적으로 선택한 기원전승이라 할 수 있다. 그 결과 이듬해인 1875 明治 8년 금지령은 철회된다. 이후 1876년에서 1882년까지 다시 금지되었다가 1883년 본격적인 기온야마카사가 재개될 때까지 금지와 철회를 반복하게 된다.

　기온야마카사는 에도말기에서 메이지 초기에 전성기를 맞이하게 되는데, 그 높이가 16m에 이르렀으며, 대단히 정교한 장식물이 부착되었다고 한다山崎藤四郎編 1890: 30-31. 그러나 1883년이 되면, 시내에 전신주가 세워지고 전선이 가설되어 전성기의 높이로는 통과할 수 없게 되자, 약 1/4의 높이로 축소하게 된다. 또한 같은 해 처음으로 '오이야마나라시追い山馴らし, 본행사를 위한 예행연습'도 시행되어 보다 기동성이 뛰어난 야마카사가 필요하게 되었다. 그 결과 금지에서 재실시 이후의 기온야마카사는 규모나 형식면에서 축소되고 단순화되었으며, 5km의 운행코스인 도초지와 쇼텐지에의 가키코미도 생략되었다宇野功一 2007: 60. 특히 가키코미의 생략은 1874년 신불분리神仏分離 정책에 따라 구시다신사는 도초지의 관리와 감독으로부터 완전히 자유롭게 된 것과 관련이 있으며, 1848년 '탄원' 이후의 일시적 재개와 중단의 연장선상에서 일어난 것으로 볼 수 있다. 그러니까 이 때가지만 해도 기원전승과 재례의 운영방식과의 관련성을 충분히 입증하지

못하고 있었다는 것이다. 그러나 가키코미의 생략은 사찰의 권위약화로 이어질 가능성 때문에, 1848년 가키코미의 지속을 탄원했던 쇼텐지의 기온야마카사에의 적극적 개입을 초래하게 된다.

3 쇼이치국사 기온야마카사 개시설의 등장

1891년明治 24년에 들어가면서 기온야마카사의 운영방식에 있어서 2가지 중요한 변화가 일어나는데, 하나는 에도시대까지 관례였던 두 사찰의 가키코미의 복원이고, 다른 하나는 야마카사의 높이가 4m에서 9m까지 회복된 것이다福岡日日新聞 1891.5.21-23. 두 사찰에의 가키코미 재개는 당시 쇼텐지의 주지였던 다카기야마橅山円徑, 1842-1914의 관심을 끌기에 충분했다広渡正利編著 1977: 22-23. 왜냐하면 당시 쇼텐지는 1888년明治 21년의 판적봉환版籍奉還이나 폐번치현廃藩置県으로19 번정기藩政期의 영지를 잃어 경제적 기반이 크게 흔들리고 있었기 때문이다. 다카기야마는 기온야마카사와 쇼텐지를 관련시켜 지역 주민들의 관심 경제적 지원을 끌 필요가 있었다. 그러니까 1848년嘉永 원년에 관아에 제출한 탄원서와 같은 맥락인 셈이다.

19　판적봉환은 1869년(明治 2년) 전국의 각 번주들이 자신의 영지(籍)와 인민(版)을 조정(朝廷)에 반환한 것으로, 메이지 정부에 의한 중앙집권 강화를 위한 개혁으로 폐번치현(廃藩置県)의 전제가 되었다. 폐번치현은 1971년(明治 4년) 메이지 정부가 중앙집권화를 도모하기 위해 전국 261개의 번을 폐지하고 부현(府県)을 설치한 행정개혁을 말한다.

그는 자신의 일기 明治 24年 7月 18日条 에서 쇼텐지에의 가키코미는 역병퇴치에 대한 보답顧解き으로 시작되었으며, 쇼이치국사가 기온야마카사를 시작했다고 기록하고 있다. 같은 달 21일 〈후쿠오카신문福陵新聞〉에 '쇼이치국사 야마카사개시설'이 보도된 것을 보면, 쇼텐지의 주지와 당시의 신문사에서는 이 설이 유포되어 있었음을 알 수 있다. 그러나 무엇을 근거로 쇼이치가 기온야마카사를 창안했다고 하는지에 대해서는 여전히 불분명하다. 또한 기온야마카사 제례 전체의 기원을 밝힌 것이 아니며, 이러한 개시설이 일반 참가자들에게까지 침투되었다는 기술이나 증거도 없다. 가키코미도 재개 이후에 엄격히 지켜지지 않았고 종종 생략된 적이 있었기 때문이다『樵山和尚日記』 1892.7.8.

한편 메이지 이후 제례의 전통형식에 대한 자유화 바람에 편승하여, 1893년明治 26년 기온야마카사의 운영주체인 각 도반초의 원로들이 쇼텐지를 찾아와 향후의 제례운영에 대해 다카기야마 주지에게 자문을 구하게 되는데, 그는 이를 사찰의 권위강화와 경영난 타개에 절호의 기회로 이용한다. 그는 원로들에게 오우치大內義隆 시대에 괴질이 돌자, 쇼텐지에서는 천황의 칙원勅願에 따라 대반야大般若 기도를 행했으며, 그것이 효과가 있자 쇼이치국사가 보답으로 소나무 등으로 장식한 야마카사를 메고 큰 소리를 지르면서 돌아다니도록 지시했는 것이다위의 일기 1893.6.13. 이렇게 하여 다카기야마 주지는 앞에서 언급한 '가에이嘉永 원년의 답신서'의 내용 일부를 수정·보

완하여 기온야마카사 행사 전체의 기원을 보다 구체적으로 명시하
고, 쇼텐지의 종교적 의례를 기온야마카사와 결합시키는 데 성공한
다. 다카기야마는 현재의 야마카사의 장식품과 "옷쇼이! 옷쇼이!"라
는 구호를 기원전승에 투영하여, 시각적으로 청각적으로 상상하기
쉬운 기원전승을 완성한 것이다.

　1891년明治 24년 5월 19일에 마치소다이町総代 에 의한 가키코미의
재개결의가 있었던 터라 위의 일기 1891.5.19, 1893년 도반초 원로들의
쇼텐지 방문은 다카기야마의 설교내용을 지역주민들 사이로 널리
퍼지게 한 중요한 계기가 되었다. 쇼텐지 측에서는 이떻게든 하카타
지역 주민의 절대적 지지를 받고 있는 기온야마카사와 자신들을 결
부시켜, 사찰의 권위를 강화하고 메이지 이후 근대화에 따른 탈종교
화세속화를 막으려고 한 것이다. 여기서 우리가 주목해야 하는 것은
기원전승의 수정보완이라는 구체화 작업이 일본인의 신관념, 즉 신
에게 소원성취를 기도한 후願掛け, 이것이 이루어졌을 때 그 보답으로
신에게 무언가를 바치는願解き 2자간dyadic 거래나 교섭transaction 에 기
반을 둔 민간신앙의 기본적 구조에 근거하고 있다는 점이다. 이것이
또한 사찰에 대한 야마카사의 봉납을 정당화시킬 수 있는 근거가
되고 있는 것이다.

　당시의 기온야마카사 운영과 관련하여 주지에게 자문이나 중재를
요구한 것은 도반초의 장로들만이 아니었다. 에도시대부터 終戰까
지 기온야마카사에 정식으로 참가할 수 있는 자격은 7개의 나가레

流에 한정되어 있었으며, 그 외 3개의 나가레가 가세이초加勢町로써 보조적으로 참가하고 있을 뿐이었다福陵新聞 1893.6.8/7.5. 그런데 1893년 히가시초나가레東町流와 여기에 가세이초로 참가해오던 하마나가레浜流의 3개 지역 사이에 가키야마를 둘러싸고 분규가 발생하게 되는데, 이 문제는 히가시초나가레뿐만 아니라, 나머지 6개 나가레 전체의 문제로 비화되었다위의 신문 1893.6.8. 그러자 각 도반초의 대표들이 쇼텐지를 찾아가 다카기야마에게 기온야마카사의 전통과 운영방식에 대해 자문을 구하게 된다. 다시 말해 운영방식의 자연스러운 변화를 바라는 가세이초와 기득권을 지키려는 7개의 나가레 사이에 긴장과 대립관계라는 위기상황이 발생하자 그 해결책을 쇼텐지의 주지에게 찾고자 한 것이다. 당시 기온야마카사의 운영방식과 관련하여 쇼텐지와 주지가 갖는 위상을 가늠해 볼 수 있는 대단히 중요한 사건이라 하겠다. 이것을 계기로 쇼이치국사 야마카사개 시설은 한층 강화된 주지의 권위와 위상에 힘입어 제례집단 전체로 인지도를 높여갔으며, 하카타 지역사회에서 하나의 공유된 지식으로 자리잡게 된다.

4 쇼이치국사 세가키다나施餓鬼棚 사용설의 등장

기온야마카사의 변화는 지금까지 살펴본 사찰의 개입 외에도 메이지 이후의 시가지의 급격한 외형변화와 함께 행정의 개입이라는 또 하나의 장벽과 연동되어 일어났다. 전자를 내적 요인이라고 한다면 후자는 외적 요인이라고 할 수 있다. 이미 살펴본 1872년의 제1차 금지령에 이어, 1896년 히가시나카쓰東中州에 발전소가 건설되고, 그 이듬해 전등선과 전화선이 가설되자 이를 보호하기 위한 '제2차 금지령'이 내려진다. '제1차 금지령'의 이유와 마찬가지로 거의 벌거 벗은 남자들이 대낮에 시가지를 떼 지어 돌아다니는 것은 야만적인 행위이며, 폭음과 폭식은 비위생적이며 비효율적이라는 점이 강조되었다落石栄吉 1961: 275-277. 그러나 제례운영 측은 〈규슈일보九州日報〉에 금지령의 철회를 주장하는 여론을 조성해 줄 것을 부탁해 관철시킨다. 1910년明治 43년 시내에 노면전차가 개통되자 교통장애와 풍속, 위생의 문제를 들어 후쿠오카현 경찰부장과 시장, 시의회의장의 주도로 '제3차 금지령'이 발동된다. 그러나 일부 나가레의 도반초에서는 이에 굴하지 않고 가키야마 대신에 노상에 전시상태로 놓아두는 스에야마据え山, 나중에 飾り山로 변화의 형태로 존속과 강행의지를 내외에 표명하기도 하는 등, 존속파의 노력으로 1년 만에 재개된다위의 책: 288-290. 2번에 걸친 수난의 과정을 겪으면서 제례집단 스스로 변화와 혁신을 시도하는데, 그 예로 우선 마치별로 통일된 의상法被을 마련하여 벌거벗은 이미지를 불식시키고, 다음으로 높고 화려한 종래의 야마카사를 운행용과 장식용으로 이원화하여 시가지 전선보호에 앞장섰으며, 셋째 1911년明治 44년부터 제례기간을 음력에서 양력으로 변경하는 등위의 책 290, 이른바 제례의 근대화를 도모하게 된 것이다. 이는 아무리 전통성에 근거한 도시제례라 할지라도 그 기반

을 도시에 두고 있는 한, 도시라는 문명의 자기표현장치와 충돌하면
서는 존속될 수 없다는 사실을 인식한 결과이며, 나아가 불특정 다수
의 '구경꾼'을 의식한 전략적이며 시각적인 연출이었다고 할 수 있다.

다이쇼시대大正時代, 1914-1926에 들어가면, 지역의 신문이나 서적
등이 기온야마카사의 기원전승에 대한 정보를 대량으로 발신하게
되는데, 그 예로 우선 1913년大正 2년 7월 13-16일까지 후쿠오카일일
신문福岡日日新聞에 연재된 '하카타키온 야마카사 무카시 바나시博多祇
園山笠昔譚'와 1920년大正 9년에 발행된 〈하카타기온 야마카사 모노가
타리博多祇園山笠物語〉에서는 1432년 설이 부정되고1913.7.13-14, 야마
자키山崎藤四郎의 시루시야마원형설이 인정되며, 세가키다나를 야마
카사의 원형으로 보고, 이것의 운행은 역병퇴치를 위한 기도라 했다
竹田秋楼 1920: 120. 다음으로 1929년昭和 4년 같은 신문의 6월 28일자
'하카타야마카사의 유래'와 다음날 '하카타야마카사의 변천'에서는
기온야마카사의 시작을 정확한 연대를 밝히지 않은 채, '오우치씨大内
義隆의 전성기'로 규정하고 있으며, 구체적으로는 쇼이치국사가 송나
라에서 귀국해서 얼마 되지 않은 시기에 당시의 세가키다이施餓鬼台
를 빌려 여러 가지 장식을 한 다음 메고 돌아다닌 때부터라는 것이
다. 그러나 오우치씨의 전성기는 남북조의 동란기로 14세기 중엽
이후이며, 지쿠젠筑前까지 세력을 확장한 것은 그보다 늦은 15세기
에 들어와서이므로, 쇼이치국사의 귀국1241년과는 시기적으로 맞지
않는다. 중요한 것은 기온야마카사를 단순히 쇼이치국사가 시작했

다는 것이 아니라, 세가키다이를 사용해서 시작한 것으로 규정하고
있다는 점이다.

또한 '하카타야마카사의 변천'에서는 쇼이치국사의 세가키다나 사
용설 외에 1432년 설도 등장하는데, 처음에는 쇼텐지의 세가키다이
등을 사용하다가 나중에 신불습합 시대의 구시다구櫛田宮의 기온에
祇園会에 화려한 장식의 야마카사를 메고 나타나게 되었다는 것이다.
즉 기온야마카사는 〈규슈군기〉의 기록처럼, '기온에'의 보조행사나
파생적인 볼거리인 '쓰쿠리야마作り山'로 시작된 것이 아니라 원래 기
온야마카사가 있었고, 신불습합에 따라 기온에의 쓰쿠리야마로 전용
되어 등장한 것으로 기술하고 있다. 서로 다른 기원전승이 상호관련
적인 요소를 매개로 적당히 통합되었음을 알 수 있다. 특히 주목할
만한 사실은 첫째 지금까지의 어떤 기원전승도 구시다신사와의 관련
성을 언급하지 않았는데, 1929년昭和 4년의 신문기사가 처음으로 주
장하고 나섰다는 사실이다. 둘째 1929년 이전까지는 쇼이치국사의
야마카사 개시설이 세가키다나 사용설로 바뀌는 한편, 1432년 설도
함께 존재했다는 사실이다. 그리고 941년 야마카사 개시설은 1872
明治 5년 제1차 금지령에 대한 탄원서 이후 한 번도 등장하지 않는데,
이는 하카타지역 주민들의 기억에서 완전히 사라졌다는 것을 의미
한다.

이러한 기원전승에 대한 다양한 주장은 제례 자체가 제2차 세계대
전 후 잠시 중단되었다가1945-1948년까지 다시 부활된 것을 계기로 활

발하게 제기된다. 그 중심적 위치에 있었던 것이 1949년昭和 24년에 결성된 '하카타기온야마카사기성회이하 '기성회'라 함'였다. 이는 기온야마카사에 참가하는 모든 나가레에 대해서 운영상의 지원과 지도의 권한을 가지는 조직으로, 기온야마카사의 조직과 운영의 이정표를 제공하게 된다. 당시의 기원전승에 대한 기록은 우선, 1949년 '기성회'에서 발행한 '야마카사 복권'[20] 뒷면에 '하카타기온야마카사의 유래'라는 제목의 글에는 '쇼이치국사의 세가키다나 사용설과 〈규슈군기〉의 1432년 설이 동시에 제시되고 있으며, 단 세가키다나 사용설에는 '약 700년 전'이라는 수식어가 가미되어 있고, 하카타기온은 교토기온을 모방했다는 이야기가 첨가되어 있다. 이는 1950년대 기성회 성립 후의 기원전승은 세가키다나 사용설을 중심으로 1432년 설이 동시에 존재했음을 알 수 있다. 그러나 '약 700년 전'이라는 표현에서 알 수 있듯이 특정 연도를 확정하지는 않고 있다. 그러다가 1950년에 이르러 세가키다나 사용설의 연도가 나오는데, 하나는 1241년 설이고, 다른 하나는 이보다 2년 뒤인 1243년 설이다.

5 1241년仁治 2년 쇼이치국사 개시설의 채용

1950년 〈신큐슈新九州〉 7월 3일자 기사에서 "지금부터 700여 년

---

20   기온야마카사쿠지(祇園山笠くじ)라는 이름으로, 당시 2만매가 발행되어 협찬한 가게 등에서 판매되었다고 한다(落石栄吉 1961: 335-336).

전인 가마쿠라시대 仁治 2年 1241년에 하카타에 괴질이 떠돌 때, 쇼
텐지의 開山 쇼이치국사가 병마를 물리치기 위한 기도를 행하기 위
해 주민들이 메고 다니는 세가키다나에 올라 하카타지역을 돌아다닌
것이 기온야마카사의 시작이다"고 지적하고 있다. 즉 세가키다나에
봉을 부착한 것이 야마카사의 원형이며, 이것을 시작한 사람이 쇼이
치국사라는 것이다. 이런 주장이 처음으로 제기된 것은 그로부터 약
50여 년 전인 1898년明治 31년 8월 2일 오이야마 행사 때, 히가시초나
가레東町流의 4번 야마카사가 지금의 도이나가레土居流 구역인 고몬
도마치古門戶町에서 사망사고를 일으키고 난 다음이었다. 당시의 후
쿠오카일일신문 8월 7일자 기사를 보면, 수 명의 하카타상인연합회
회원들은 당일 사고로 죽은 하라原為吉를 위해 쇼텐지에서 다이세가
키大施餓鬼를[21] 개최하며, 사고를 일으킨 도반초의 야마카사다이山笠
台와 봉은 다음 도반초에 전하지 않고, 공양을 위해 쇼텐지에 보존하
기로 했다는 것이다.

기온야마카사는 보통 행사시작 전에 구시다신사의 신관神官이 와
서 '신이레神入れ, 신넣기'의 제를 올리는데, 이것으로 신사의 제신에게
봉납하는 신성한 것으로 가치전환이 이루어진다. 그런데 당시 히가
시초나가레의 야마카사는 사망사고로 제례참가자들이 꺼리는 구로

21   다이세가키(大施餓鬼)나 세가키에(施餓鬼会)는 7월 15일 경 조상의 명복
을 비는 우란본(盂欄盆) 행사 때, 사찰에서 아귀도(餓鬼道)에 빠져 굶주림에 고통 받는
무연불(無緣仏)이나 생물에게 바치는 독경이나 공양.

후조黑不浄에 의해 더럽혀진 것으로, 이것을 관례에 따라 다음 도반 초에 넘기는 것에 저항감이 있었던 것으로 보인다. 하라의 동업자들 은 이 야마카사를 물려받아 이것을 세가키다나로 사용하고, 하라를 위한 세가키에 施餓鬼会를 개최해 줄 것을 부탁하게 된 것이다. 다시 말해 더럽혀진 야마카사를 사망자의 공양을 위한 세가키다나로 전용 하고자 한 것이다. 4개의 다리가 달려 있고 그 위에 공양용 제물을 올려놓을 수 있는 야마카사의 구조가 세가키다나와 아주 유사한 데 서 이 제안은 큰 무리 없이 수용된 것으로 보인다. 이렇게 되면 그 반대의 전용, 즉 세가키다나에 메고 달릴 수 있는 봉을 끼워 넣으면 야마카사로의 용도변경이 가능하다는 얘기가 성립되는 것이다. 이 것을 계기로 쇼이치국사 야마카사 개시설에 쇼이치국사 세가키다나 사용설이 첨가되어 보다 구체적인 기원전승이 완성된 것이다. 여기 서 중요한 사실은 현실의 기온야마카사의 운영방식이나 야마카사의 구조가 불확실한 기원전승을 하나씩 하나씩 보완하는 데에 중요한 참고나 근거로 활용되고 있다는 점이다.

이어서 1952년昭和 27년 향토사가인 오치이시落石의 〈하카타기온 야마카사 곤자쿠모노가타리博多祇園山笠今昔物語〉에서, 〈규슈군기〉에 근거한 1432년 설 1241년의 쇼이치국사의 세가키다나 사용설이 동 시에 언급되고 있으나落石栄吉 1952: 23, "700여 년 전 여름에 괴질이 유행했을 때, 다이세가키大施餓鬼를 행한 후, 세가키다이에 법기法旗 를 꼽고, 승려와 주민들이 시내를 돌며 기도를 하니 괴질이 물러갔다"落石栄吉 위의 책: 41 는 기술에서 1241년 설과 세가키다나 사용설을 좀 더 강조하고 있다. 당시 이 책의 상당수의 양이 인쇄되어 배포된 것으로 보여, 이를 계기로 1241년 설은 하카타 지역사회에 널리 침투되었던 것으로 판단된다.

1954년昭和 29년 3월 20일 기온야마카사는 문부성의 문화재보호위원회에 의해 국가지정문화제에 선정되었다가 같은 해 새로 공포된 문화재보호법 개정에 따라 지정에서 해제되는 사태에 직면하게 된다. 여기서 하카타 사회는 국가지정이라는 행정이나 법적 지위에 근거한 제례의 위상을 높이기 위해 보다 과학적인 조사와 연구를 시작하게 된다. 그 결과 같은 해 〈하카타기온야마카사 연표博多祇園山笠年表〉가 완성되었는데, 여기서 기온야마카사의 시작은 1243년寬元 원년으로 기록되었다. 2년 뒤에 향토사가 오치이시는 〈하카타기온야마카사 사담博多祇園山笠史談〉 1961 에서 "가마쿠라의 仁治 2年 1241년 에 유행한 괴질은 쇼텐지의 쇼이치국사가 감로수를 지역내에 뿌려 부정을 씻어내자, 그 공덕에 의해 물러갔다고 한다"며 落石栄吉 1961: 37 1241년 설을 다시 강조하게 된다. 이렇게 하여 오늘날 일반적으로 통용되는 1241년 쇼이치국사 세가키다나 사용설이 완성되게 된다.

1964년昭和 39년 3월 27일 문화재보호위원회가 기온야마카사를 '기록작성 등의 조치를 취해야 할 무형민속자료'에 선정하자,[22] 진흥회

22   1979년(昭和 54년) 3월 3일에 이르러 기온야마카사는 문화재청으로부터 국가중요무형민속문화재로 지정되었으며, 관계자들의 오랜 숙원사업이 해결되는 성과를

는 7월 12일 '하카타기온야마카사 기록작성위원회'를 정식으로 발족
하고 조사활동을 개시하게 된다振興会 1985: 117-118. 그 결과 1241년
설 이외에 1243년 설이 있음을 밝혀내고落石栄吉 1967 : 299, 최종적으
로 이 1243년 설을 채용하는 등 약간의 혼란을 야기한다. 1241년과
1243년 설의 2년의 차이는 쇼이치가 송나라에서 귀국한 해와 귀국하
고 나서의 행적에 대한 뚜렷한 고증이 결여된 것에서 오는 것으로,
근거로 삼는 기록을 어느 것으로 하느냐에 따라 달라진 결과이다.
결국 조사의 성과는 1965년昭和 40년 3월에 문화재보호위원회에 제출
되었으며, 10년 후인 3월에 〈하카타기온야마카사 기록博多祇園山笠記
録〉1975 으로 간행되었다. 그러나 기록작성위원회의 1243년 설에 대
한 향토사가 오치이시의 의문은 1974년 〈하카타기온야마카사 안내
서〉博多祇園山笠のしおり 에서23 1241년 설이 정설이라는 점을 밝힐 때까
지 여러 차례 표명되었으며, 그 후 진흥회에서도 오치이시의 주장을
공식적으로 수용하게 되어, 큰 논란 없이 오늘에 이르고 있다. 이상
의 내용을 등장배경과 관련시켜 정리한 것이 〈표3-1〉이다.

거두게 된다.
23   매년 기온야마카사 기간 중에 진흥회에서 대량으로 만들어, 하카타 각
지역에 무료로 배포하는 광고지.

▌ 표3-1 ▌ 기원설의 등장배경과 경합과정

시기	기원전승	등장배경
에도 시대 1603-1868	①1432년(永亨4년) 가자리야마 운행설 1243년(寬元元年) 가키코미 개시설(1432년에도 가키코미 실행)	〈九州軍記, 1601〉과 〈前国続風土記, 1709〉, 〈石城誌, 1765〉의 기록 쇼텐지가 관아에 제출한 가키코미의 이유를 밝힌 1848년(嘉永 元年)의 '답신서'
메이지 시대 1868-1912	②941년(天慶4년) 祇園社勸請説 ③998년(長德4년) 大嘗会의 標山説 쇼이치국사 개시설 쇼이치국사 개시설	1872년(明治 5년) 금지령에 대한 탄원서 1830년(元保元年)〈嬉遊笑覽〉을 근거로 1890년(明治 23년) 향토사가 야마자키의 〈石城遺聞〉 1891년(明治 24년) 福陸新聞 7월 21일자 1893년(明治 26년) 제례운영집단의 자문요구에 대한 쇼텐지의 응답
다이쇼 시대 1912-1926	①의 1432년 설을 부정하고, ③의 998년 설을 수용	1913년(大正 2년) 福岡日日新聞 7월 13-16일자, 동 9년(1920)〈博多祇園山笠物語〉
쇼와시대 1926-1989	쇼이치국사 세가키다나 사용설, ①의 1432년 설 인정, 처음으로 구시다신사 관련성 주장 쇼이치국사 세가키다나 사용설과 ①의 1432년 설을 모두 인정 ④1241년(仁治 2년) 쇼이치국사 세가키다나 사용설, 1243년(寬元元年) 쇼이치국사 세가키다나 사용설 ①의 1432년 설과 ④의 1241년 설을 동시에 언급 1243년 설 인정 ④의 1241년 설 주장 1243설 인정 ④의 1241년 설 공식 채용	1929년(昭和 4년) 福岡日日新聞 6월 28일자 1949년(昭和 24년) 博多祇園山笠既成会 결성 1950년(昭和 25년) 신문〈新九州〉7월 3일자 1952년 향토사가 오치이시(落石)의 〈博多祇園山笠今昔物語〉 1954년 국가지정문화재 선정(博多祇園山笠年表) 1961년 향토사가 오치이시(落石)의 〈博多祇園山笠史談〉 1964년 무형민속자료지정 기록작성위원회 1974년 향토사가 오치이시의 주장 수용

6 최근의 동향

매년 기온야마카사 기간 중에는 지역의 신문이나 TV방송국 등에서 특집기사나 방송을 내보내고 있는데, 이 때 반드시 기온야마카사의 기원에 대한 내용이 언급되어 있다. 진흥회가 발간하여 가두에 무료로 제공하는 안내서나 판매용 출판물, 지역신문의 호외 특집판 등에는 1241년 설을 유력한 기원설로 기록하고 있다.[24] 단 구시다신사의 신관神官, 宮司 이 쓴 문장에는 기온야마카사의 기원에는 여러 설이 있다는 점을 전제로, 구시다신사의 기록社伝 에 의하면 제신의 하나인 기온다이진祇園大神 을 모셔온 것이 941년天慶 4년으로, 이 때 시작되었다는 설도 있음을 강조하고 있다笠振興会 2008: 74. 그러나 같은 진흥회가 발간한 〈戦後50年・博多祇園山笠史〉1995 에는 '하카타기온야마카사, 750년 略史'라는 연표가 실려 있는데, 그 제1조에는 1241년 설이 제2조에는 1432년 설이 나란히 게재되어 있다. 이것을 종합하면 1241년에 시작된 기온야마카사 행사가 1432년에 이르러 구시다신사의 기온에 통합되었음을 시사하고 있다. 이런 혼란을 염두에 둔 탓일까, 같은 해 쇼텐지에 건물의 일부를 개축하는

----

24   2008년 〈西日本新聞〉 6월 30일『博多祇園山笠特集(号外)』에서는 2면에 "쇼이치국사가 하카타 사람들의 무병식재(無病息災)를 위해, 1241년(仁治 2년)에 행한 역병 물리치기가 기온야마카사의 기원으로 전해지고 있다. 사람들이 메는 세가키다나에 올라 정화수(祈祷水)를 뿌린 것이 기온야마카사의 원형이라고 한다"고 쓰고 있다. 이 외에도 비슷한 내용이 『博多祇園山笠』(2008: 45, 71)에도 기록되어 있다.

공사가 있었는데, 이 때 칙사문勅使門과 산문山門을 연결하는 길에 비석을 세우고 '야마사카 발상지山笠発祥之地'라는 글을 새겨 넣었다宇野功— 2007: 99. 이것으로 쇼텐지는 기온야마카사 기간 중은 물론이고, 평소에도 기온야마카사와의 관련성을 홍보하거나 표명할 수 있게 되었다. 2003년에는 히가시나가레東流의 가키야마에 쇼이치국사를 형상화한 인형이 등장기도 했다宇野功— 위의 논문: 100. 또한 2005년에는 2차대전 전에 조직된 것으로 보이는 '쇼텐지의 청도회昇天寺清道会' 멤버들이 쇼텐지가 소장하고 있던 '세가키다나'를 새로 만들고, 거기에 끼워 넣어 들 수 있는 2개의 봉과 함께 쇼텐지에 봉납했다. 겨우 한 사람이 올라탈 수 있을 정도의 크기이며, 2개의 봉도 야마카사의 반 정도에 지나지 않는 작은 것을 사용한 것이다. 이것을 기온야마카사 기간 중에 비석 바로 앞에 옮겨 놓고, 오이야마나라시나 오이야마 날에 주지로 하여금 올라가게 한 다음 각 야마카사의 다이아가리들로부터 목례를 받게 했다. 기원전승의 일부가 실제 행위로 그럴 듯하게 재생된 것이다. 말하자면 기억이나 기록으로만 존재하는 봉납의례의 시각화가 일어난 것이다. 2010년까지 이러한 관행은 아주 자연스럽게 이어지고 있다. 이렇게 하여 설왕설래해오던 기온야마카사의 기온전승은 제례집단에 의해 조직적이며 구체적인 실천으로 옮겨지는 단계를 맞이하게 된다.

4
지역사회와의 관계

기온야마카사는 교토의 기온샤의 제신을 모셔와 설립한 구시다신사의 제례로써, 시기는 불분명하지만 기온샤의 제례를 모방한 신행神幸을 중심으로 하는 기온에祇園会가 시작되고, 이것이 정착된 후에 신행을 보다 화려하게 꾸며서 구경꾼들에게 보이기 위한 일종의 가장행렬이라고 할 수 있는 '쓰쿠리야마'의 기온야마카사가 시작된 것으로 추측할 수 있다. 그 후 26-28명이 무게 1톤이 넘는 화려한 야마카사를 지정된 코스를 따라 메고 질주하는 현재의 모습으로 정착하기까지 추측에만 머물러 있던 기원전승이 다양하게 제기되었는데, 이 기원전승과 당시의 제례형식의 끊임없는 상호작용의 결과가 현재의 기온야마카사라고 할 수 있다.

기원전승이 완성되기까지는 우선 〈규슈군기〉의 가자리야마 운행설1432년을 근거로 1848년嘉永 원년의 '답신서'에서 사찰에의 봉납에 대한 기원과 쇼이치국사 개시설이 주창된 후, 다시 소나무 등으로 장식된 야마카사를 메고 '큰 소리'를 지르면서 돌아다녔다는 이야기로 구체화되고, 이어 1898년明治 31년의 사망사고를 계기로 세가키다나 사용설이 등장했으며, 마지막으로 연대까지 확정된다. 이 과정에서 현재의 야마카사의 구조나 모양, 운행코스사찰에의 봉납, 운행방식, 가케고에함성 등은 불확실한 기원전승을 하나씩 보완하여 완성해 가는 데 중요한 참고자료로 활용된다.

여기서 주목해야 할 점은 기원전승과 제례의 상호작용에는 쇼텐지를 비롯한 향토사가, 신사, 제례집단 등, 지역사회의 다양한 세력들이 관여하게 되는데, 특히 그 중심에는 쇼텐지라는 사찰이 자리하고 있다는 사실이다. 쇼텐지는 역사적 관련성을 근거로 신사의 제례에 적극적으로 개입함으로써 기온야마카사에 쏠린 하카타 사회의 대중적 참여와 지지를 바탕으로 사회적 위신이나 문화적 권위를 획득하고자 한 것이다. 이러한 사찰의 개입은 일본의 일반적인 신사의 마쓰리와 구별되는 것으로서, 기온야마카사의 기원전승의 성립과 전개과정을 비롯하여, 제례적 특성을 규명하는 데에 가장 중요한 단초를 제공한 것으로 평가할 수 있다. 또한 제례집단에 대한 사찰 측의 불만가키코미의 시행과 중단이나 운영방식을 둘러싼 제례집단 내의 갈등과 같은 위기상황이 기원전승과 제례형식과 관련된 보다 다양한 새로운 정보와 지식을 생산하고 유통시키는 계기가 되었다는 사실이다.

기원전승의 성립과 전개과정에서 사찰 다음으로 주목해야 세력은 지역의 언론이라고 할 수 있다. 다이쇼시대 이후 2차대전 전까지, 다시 말해 제례집단의 공식 자치기구인 기성회나 진흥회가 발족되기 전까지 지역의 언론은 과거의 기록이나 향토사가의 견해를 종합하여 기원전승에 대한 보도를 빈번하게 함으로써 사실여부와 관계없이 지역사회 주민들에게 보편적인 지식이나 여론으로 정착시키는 데에 대단히 중요한 역할을 했다는 것이다. 1950년쇼와25년 〈신큐슈〉의 보

도 이후 쇼이치국사의 1241년 설이 정식으로 제기되면서 다른 기원
전승은 거의 자취를 감춘 것이 이를 반증하고 있다.

　1241년 설이 진흥회의 공식 입장으로 최종 확정되기까지 향토사
가들의 존재와 활동도 무시할 수 없는데, 특히 제례의 운영을 책임지
고 있는 진흥회의 구성원을 겸하고 있는 향토사가의 주장이나 의견
은 제례집단 내부의 미묘한 역학관계 속에서 항상 일정한 지분을
확보하고 있었던 관계로, 공식입장의 채택에 상당한 영향력을 행사
했을 것으로 보인다.

　기온야마카사는 하카타라는 지역사회의 정서와 역사, 관여 세력
들 간의 경합, 언론 등에 의한 정보의 생산과 유통 등, 완전히 지역사
회에 밀착되어 이들의 변화와 유기적으로 연동되어 있었다. 이것으
로 미루어볼 때 기원전승은 앞으로도 하카타라는 지역사회와 기온야
마카사와의 끊임없는 상호작용을 통해 새로운 의미와 내용이 가미될
것으로 예상된다. 따라서 기온야마카사는 앞으로 제례의 운영에 있
어서 '전통'이라는 이름 아래 하나의 고정된 틀을 고수하기보다는
새로운 사실의 발견과 현실적 운영방식의 유기적인 관련 속에서 새
롭고 다양한 의미의 창출과 획득을 통해 새로운 전통을 만들어 갈
것으로 보인다.

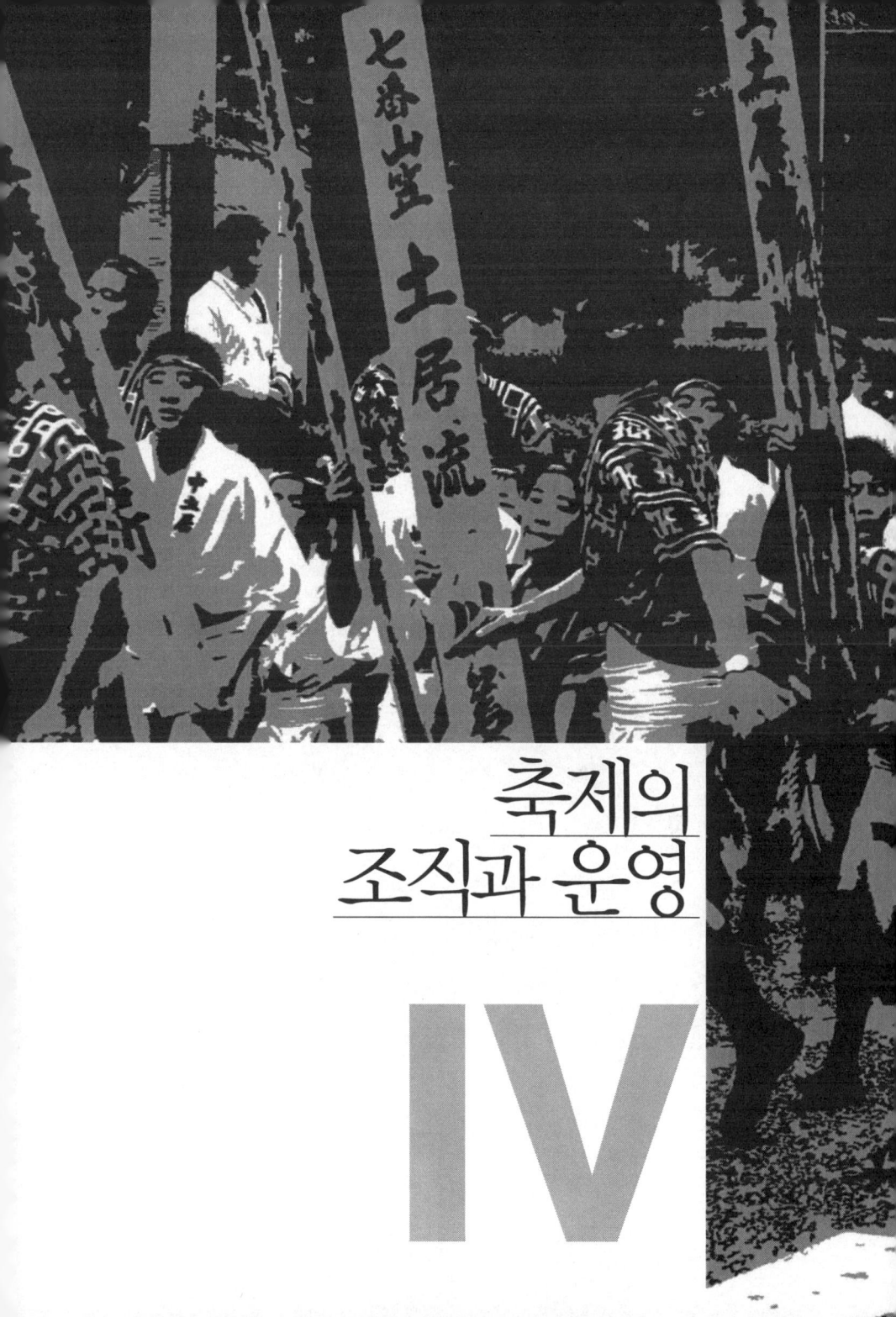

축제의
조직과 운영

IV

일본의
축제와 지역사회

1
축제를 관리하는 주체

후쿠오카시 기온야마카사는 이 지역의 수호신鎭守神, 産土神인 구시다신사櫛田神社의 제례로, 매년 7월 1일부터 15일까지 하카타쿠博多区 전역에서 펼쳐진다. 이 제례에는 보통 '야마'로 일컬어지는 일종의 다시山車, 가마를 7개 지구에서 메고 나와 시가지를 돌아다니거나 구시다신사에 봉납奉納하는 등, 화려하고 활기찬 모습으로 하카타지역을 온통 탈일상의 축제공간으로 탈바꿈시킨다. 한 대에 무게가 1톤이 넘는 야마에 500-700명 정도의 가키테舁き手, 가마를 메고 달리는 사람들가 가담하니까, 하루에 적게는 3,500명 많게는 5,000명, 7월 1일과 9-15일 사이 계 8일간 연인원 3-4만 명이, 그것도 가장 전통적이라고 할 수 있는 시메코미締め込み, 훈도시 복장으로, 시가지를 질주하면서 내뿜는 열기와 함성, 에너지는 연도에 늘어선 수많은 구경꾼들을 완전히 압도하고도 남음이 있다. 보기에는 무질서하고 난장판 같은 광경이지만, 주의 깊게 관찰해보면 아주 치밀하고 엄정한 규칙과 방식에 따라 거대한 무리들이 질서 있게 움직이고 있다는 것을 알 수 있다. 다시 말해 기온야마카사는 다른 많은 일본의 제례와는 달리, 거대도시 안에서 개체로만 존재할 것만 같은 수많은 개인들이 대거 참가하여, 그것도 일사분란하게 움직이는 조직상의 치밀함과 정교함을 보여주고 있기 때문에 제례의 조직과 운영이 지역사회와 어떤

관련을 맺고 있는가에 대해 검토하기에 아주 유효한 대상이 될 수 있다는 말이다.

후쿠오카는 초현대적인 거대도시이다. 산업화나 정보화에 따른 도시화로 전통적 공동체가 해체되고, 인간소외나 개체화, 개실화個室化가 심각한 사회적 문제로 대두된 것은 이미 오래 전의 일이다. 여기서 우리는 개채로만 존재하는 도시사회 사람들이 기온야마카사라는 거대 이벤트를 어떻게 조직하여 운영하는 것인지에 대한 강한 의문을 가져볼 수 있다. 이 글은 이러한 의문에서 기온야마카사라는 초현대적 도시축제가 어떻게 조직되어 작동되고 있는지, 그 내부의 운영 메커니즘을 분석하는 데에 목적이 있다.

지금까지 기온야마카사를 비롯한 일본의 전통적 도시축제에 대한 연구들이 축제의 특성상 쉽게 들어나는 표면적 현상에 지나치게 집착하면서 의례의 특징이나 상징적 가치, 전통성, 사회·문화적 의미나 기능에 주로 관심을 보여 왔다. 예를 들면 축제의 기원과 성립, 전파 등에 관한 민속학적 연구를 牧田茂 1972 비롯하여, 지역사회에 존재하는 축제의 실상과 사회적 관계에 주목한 연구 米山俊直 1986, 도시축제의 전통성과 의례성에 주목함으로써 독자적인 전통문화의 가치체계를 규명한 것 和崎春日 1987, 1970-80년대의 지역활성화라는 측면에서 본 사회와 문화, 경제적 기능에 대한 연구 農文協編 1998 등, 아주 다양하게 존재한다. 그러나 축제를 실제로 운영하고 관리하는 보이지 않는 주체들에 대한 관심은 상대적으로 적었으며, 그 결과 축제의 운영과 관련된 조직적 특성, 특히 지역사회의 새로운 연대나 통합을 규정하는 다양한 방식과 관련된 연구는 상대적으로 축적되지 못했다. 기온야마카사에 대한 지금까지의 연구도 예외가 아님은 말할 것도 없다.

이 글은 위와 같은 문제의식에서 기온야마카사의 조직과 운영에 대해 그 실상을 가능한 한 자세히 기술하고, 다양한 주체와 운영방식이 기온야마카사의 전통과 변화를 어떻게 규정하고 있는지에 대해 중점적으로 분석하고자 한다.

2
나가레流의 성립과 구성

기온야마카사는 기본적으로는 에도시대江戸時代의 번제촌藩制村 당시의 하카타부博多部, 현 행정구역상으로는 후쿠오카시 하카타쿠의 지역축제이다. 번제촌 당시의 후쿠오카는 중앙을 남북으로 가로지르는 나카가와那珂川 동쪽의 상인지역町人の町인 하카타부와 서쪽의 조카마치城下町인 후쿠오카부福岡部로 나뉘어져 있었으며保阪晃孝 2007: 124, 이 중 하카타부의 수호신総鎮守인 구시다신사를 모시는 우지코氏子의 제례로 성립되어, 2차대전 후 또 하나의 남북으로 흐르는 이시도가와石堂川의 동쪽 지역인 지요초千代町를 포함한 하카타 전

지역의 축제로 확대되었다.

현재 후쿠오카시의 행정구역은 우선 기온야마카사의 담당구역인 하카타쿠를 포함하여 하가시쿠東区와 미나미쿠南区, 주오쿠中央区, 조난쿠城南区, 사라쿠早良区, 니시쿠西区의 계 7개 지구로 이루어져 있다. 각 쿠 안에는 다시 수십 개의 마치町가 있으며, 이 마치를 단위로 한 자치조직인 조나이카이町内会 가[1] 구성되어 있다. 조나이 카이는 조나이카이초町内会長나 마치소다이町総代라고 하는 자치회 장에 의해 운영·관리되고 있다.

기온야마카사의 운영조직이나 단위를 설명할 때, 기온야마카사의 하부단위로서 이러한 마치町나 초町에 주목하지 않으면 안 된다. 기온야마카사의 운영모체인 나가레는 마치를 단위로 구성되며, 이를 기반으로 운영되기 때문이다. 그러면, 이러한 마치가 어떤 식으로 결합하여 기온야마카사의 운영조직으로서 기능하는지, 글쓴이가 2006년부터 직접 참가하여 관찰하고 있는 도이나가레土居流의 사례 를 중심으로 살펴보도록 하겠다.

나가레는 기온야마카사의 지역단위이며 운영모체이다. 즉 7개 지 구나가레에서 각각 1개의 야마를 만들어 운영한다는 말이다. 이 나가 레는 일본의 전국시대戦国時代 말기인 1587년 도요토미豊臣秀吉에 의

 1 　　　　조나카이는 자치회나 町会, 区会, 部落会 등으로 일컬어지는 주민의 자치적 생활조직으로서, 지방행정기구상의 법적 지위는 갖지 않으면서, 말단 행정의 보조기능을 담당하고 있다. 이와 관련된 자세한 내용은 이시재의 "일본의 생활조직연구-町内会를 중심으로(1993, 『지역연구』 2권 3호, 서울대학교 지역종합연구소, pp.95-108)"를 참고.

해 하카타 지역이 장악된 후 거의 폐허가 된 것을 부흥시키기 위해, 도요토미의 명에 의해 새로운 자치조직으로 만들어진 것이다博多町割. 이 나가레를 다시 10여 개의 '마치'로 나누어 상부상조의 생활자 치조직을 만든 것이다振興会 2004: 25. 말하자면 현재의 교구자치회나 앞에서 말한 조나이카이에 해당된다고 하겠다. 현재의 행정구분과 다른 점은 도로를 경계로 나가레를 구분하는街区割り, 블록방식 것이 아니라, 도로를 사이에 두고 마주보는 집들이 한 나가레에 포함되는

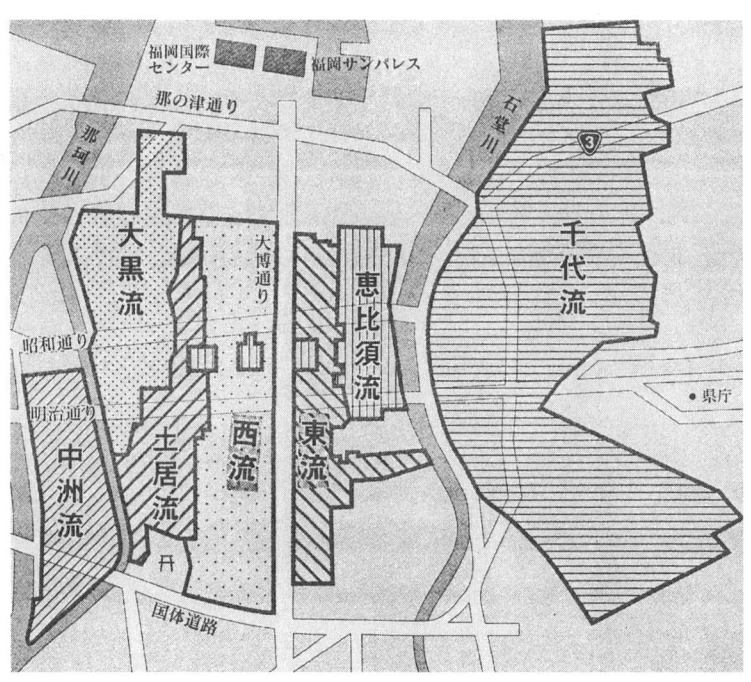

▌그림4-1▌ 기온야마카사를 운영하는 7개의 나가레 지역

이른바 세와리背割リ 방식으로 나누었다는 점이다.

이렇게 하여 당시 하카타지구는 가로축으로 3개福神, 恵比須, 大黒, 세로축으로 4개東町, 呉服町, 西町, 土居, 계 7개의 나가레가 만들어졌으며, 1966년에 시행된 마치町 의 경계와 이름의 정비 등으로, 종래의 에비스恵比須 와 다이코쿠大黒, 도이土居 의 세 나가레와 히가시초東町 나가레를 중심으로 한 히가시나가레東流, 니시초西町 나가레를 중심으로 한 니시나가레西流, 2차대전 후 새로 태어난 나카스나가레中洲流 와 지요나가레千代流 가 합쳐져 '하카타나나가레博多七流'가 성립되었다. 그 후 두 차례의 행정구역 개편에 따라 현재의 7개 나가레로 재편되었으며, 상호 접촉과 교류를 통해 부분적으로 동화되기도 했지만, 기본적으로는 독자적인 형태로 남아 오늘에 이르고 있다.

이하 7개 나가레의 위치나 구성, 운영방식 등에 대해 살펴보면서 나가레의 조직과 운영상의 특성들을 분석하고자 한다. 각 나가레별 자세한 기술은 생략하고, 비교 가능한 몇 가지 항목을 설정하여 중요한 내용만 요약해서 제시해 보았다표 4-1.

▌표4-1▐ 7개 나가레의 특성

나가레 (流)	특 성
나카스 (中洲)	· 위치: 시내 중심 나카가와의 동쪽 연안, 서일본 최고의 환락가 지역 · 구성: 5개의 신 행정구역으로 구성, 1949년 탄생, 주민의 감소로 외부인 다수 참가 · 운영: 대표만 도반초(当番町), 운영은 나가레 전체 · 의상: 흰 바탕에 나카스(中洲)로 표기, 흘러가는 듯한 세련된 도안으로 인기, 의상 통일 · 전통: 전통적 가키야마(舁き山)가 메이지 이후 가자리야마를 겸용 · 강조점: "50년의 역사가 아롱진 세련미 넘치는 풍류"
다이코쿠 (大黒)	· 위치: 나카가와의 지류인 하카타가와 하구 동쪽, 상업도시 하카타의 발상지, 도심 유통업의 진출로 시가지의 근대화가 진전됨 · 구성: 新旧 12개 마치로 구성 · 운영: 마치토반제 · 의상: 마치별로 구분되는 디자인 · 전통: 11일 이른 아침의 슈기야마(祝儀山)의 의상 · 강조점: "전통적 관례를 충실히 고수해온 나가레"
도이 (土井)	· 위치: 구시다신사 앞을 지나 남북으로 길게 뻗어 있는 도이도리 주변, 오피스 빌딩으로 주민 감소 · 구성: 옛 10개 마치로 구성, 1966년 행정개혁에 반발 일시 해체 · 운영: 옛 10개 마치에 의한 마치토반제 · 의상: 감색 바탕에 각 마치별로 독특하게 고안된 디자인을 채용 · 전통: "전통의 도이나가레", 11일 아사야마(朝山, 祝儀山) 종료 후 신구 임원에 의한 지쿠와(ちくわ)의 네지키리(捩じ切り, 비틀어 끊음) 의식 · 강조점: "전통의 마치 이름과 독창적으로 고안된 핫피"
니시 (西)	· 위치: 하카타역에서 북쪽으로 뻗어 있는 다이하쿠도리(大博通)의 서쪽, 현대적 오피스 빌딩가와 전통적인 도소매상가가 밀집된 지역 · 구성: 신 4개 마치로 구성, 1966년 오카, 후쿠진, 에비스, 고후쿠, 오키하마 나가레의 일부가 합병 · 의상: 통일성을 기하기 위해 같은 디자인의 핫피 · 운영: 마치토반(4개 마치의 5개 도반초제) · 전통: 야마의 해체 시 장식품을 차지하기 위한 치열한 경쟁 · 강조점: "참가자는 많지만 마음은 하나"
히가시 (東)	· 위치: 다이하쿠도리(大博通)의 동쪽 지구, 니시나가레의 길 건너 편 · 구성: 옛 히가시초를 중심으로 고후쿠, 구시다 나가레의 일부가 합류하여 발족, 옛 17개의 마치가 참가

	· 운영: 나가레 토반제, 매년 3회 17개 마치의 임원들이 모여 정기모임을 가짐(弁天講) · 의상: 통일성을 기하기 위해 1968년부터 핫피(法被) 통일 · 전통: 구역내에 두 개의 신사와 한 개의 사찰이 있어 길지로 통하며, 그와 관련된 의례가 있다. · 강조점: "통제된 통일된 움직임이 최고의 자랑"
에비스 (恵比寿)	· 위치: 이시도가와 서쪽, 옛 주택지 밀집지역, 유서 깊은 곳 · 구성: 블록토반제(옛 11개 마치가 5개 블록으로), 도심 공동화로 참가자 부족, 인근 4개 마치가 가세이초(加勢町)로 참가 · 의상: 마치별로 각각 다른 디자인 · 전통: 자신의 구역을 표시하는 '시메오로시(注連下ろし)'를 한 달 빠른 6월 1일에 · 강조점: "소수 정예로 안정된 구시다이리(櫛田入り)가 자랑"
지요 (千代)	· 위치: 이시도가왜(石堂川) 동쪽, 신 행정구역인 千代校区, 신흥 주택단지 지역 · 구성: 34개 마치 중 24개 참가, 대규모의 참가자, 어린이들이 대거 참가 · 운영: 소수의 몇몇 마치에 의한 마치토반제 · 의상: 전 나가레가 통일, 일체감 형성 · 전통: 7월 1일 토반초만의 시오이토리(汐井取り)에 전 나가레가 참가 · 강조점: "강한 단결력과 힘에 넘친 야마"

〈자료〉 '진흥회'의 『50年史』와 '진흥회'에서 행사기간 중 발간한 각종 팸플릿의 내용을 참고하여 글쓴이가 정리한 것임.

위의 표에서 알 수 있는 바와 같이, 우선 나가레의 결합형태와 방식은 아주 다양한 모습을 보여주고 있는데, 그 대표적 형식은 마치토반제町当番制와 블록토반제, 그리고 나가레토반제流当番制 이다. 도이나가레의 경우, 현재 가미신카와바타마치上新川端町, 교노초行町, 사이호지마에초西方寺前町 등, 10개의 마치로 구성되어 있으며, 정해진 순서대로 돌아가며 나가레를 주도하는 마치토반제를 채용하고 있다. 그러나 1990년대 후반부터 2005년까지 10개의 마치가 3개의 블록으

로 나누어 각각 가미블록上ブロック과 나카블록中ブロック, 하마블록浜ブロック이라 칭하고, 이 3블록이 1년마다 윤번제로 토반을 맡아 나가레의 운영을 책임지고 있었다. 그 후 차츰 각 마치가 블록에서 독립하여 2006년부터 1개의 마치에 의한 마치토반제로 변경되었다.

2차대전 전까지 나가레를 구성하는 마치가 재정이나 호수의 규모 등, 기반이 안정되어 있을 때 1개 마치에 의한 토반제가 주류였으나, 고도경제성장기와 함께 도심의 공동화가 진행되고, 거주자가 급감하게 되면서 몇 개의 마치가 블록을 형성하여 공동으로 토반의 임무를 수행하게 된다. 이른바 마치토반제에서 블록토반제로의 변화이다. 1990년대 후반까지 이러한 블록토반제를 취하고 있던 나가레는 도이나가레 이외에 니시나가레西流와 지요나가레千代流, 에비스나가레惠比須流가 있었다. 그러던 것이 2000년대에 들어 자발적으로 참가하는 외부인이 급증하면서 대부분 마치토반제를 다시 채용하게 되었다. 그 결과 현재는 에비스나가레의 블록토반제와 히가시나가레의 나가레토반제를 제외하고는 모두 전통적 방식인 마치토반제를 채용하게 되었다.

이러한 변화는 2차대전 후, 급속한 도시화에 따른 주거조건의 변화와 행정개혁에 의한 나가레의 재구성 등으로, 대규모의 인적·물적 자원을 필요로 하는 나가레의 운영기반이 불안정하게 된 때문이라고 할 수 있다. 이는 후쿠오카시의 상권의 중심이 하카타지구에서 서쪽의 텐진天神 쪽으로 서서히 이동하는 변화와 맞물려 있으며, 그런 변화에 가장 민감하게 반응한 결과라 할 수 있다. 따라서 전통적 도시축제인 기온야마카사는 후쿠오카의 경제를 포함한 사회·문화적 변화를 반영하는 지표인 셈이다.

이 외에도 각 나가레에서는 공동의 연대나 정체성을 확립하기 위해 끊임없이 상징을 조작해 왔는데, 예를 들면 의상의 통일이나 고유의 디자인, 특별한 의례 등을 통해 미세한 차이를 강조해온 것이다. 여기서 주의해야 할 점은 이러한 조작이 통일성을 훼손하는 것이 아니라, 오히려 "다른 나가레와 다르다"는 차별성을 강조함으로써 자신들만의 정체성을 형성하는 데에 기여하고 있다는 점이다. 그럼 여기서 나가레 안의 마치는 기온야마카사를 위해 어떻게 조직되어 운영되고 있는지, 살펴보도록 하겠다.

3
마치町의 조직과 운영

1 역할분담과 위계구조

나가레를 구성하는 마치가 1966년 행정개편 이후, 옛 마치와 신마치, 신구 혼합형태라는 3가지 방식으로 재구성되었는데, 특히 도이나가레의 경우 평상시는 각각 다른 조나이町內로서 활동하다가 기온야마카사 때만 1966년 이전의 마치로 통합되는 이중구조의 결합 형태를 보이고 있다. 이는 오랫동안 뿌리내린 자치조직의 역사가 기온야마카사와 함께 그대로 이어지고 있음을 의미한다. 전통적 마치가 신 행정구분을 가로지르기cross-cut 하면서 도이나가레 전체가 보다 긴밀한 연대관계로 재구축되며, 그 중심에 기온야마카사가 자리잡고 있는 것이다. 히가시나가레도 옛 17개의 마치로 구성되어 있는데, 마치 이름은 도이나가레와 마찬가지로 1587년 다이코히데요시太閤秀吉의 마치분할 이래 420여 년간 사용해온 것으로서, 현재의 행정제도에서는 사용되지 않는다. 1966년 행정구역 개편으로 새 명칭이 일반적으로 사용되지만, 옛 마치의 이름은 기온야마카사에 참가하는 사람들의 의식 속에 여전히 살아 숨 쉬고 있다. 어쩌면 기온야마카사 때마다 의식적으로 기억하며 그 속에 자신이 속해 있다는 생각을 강하게 하고 있는 것인지도 모른다. 옛 마치의 이름은 기온야마카사와 이들의 정체성을 인식하고 확인하는 회로라고 할 수 있다.

마치의 조직은 대개 같은 나가레 내의 마치에서는 비슷한 구조를 보이고 있으나, 나가레의 범위를 넘어서면 약간의 차이를 보인다. 도이나가레의 교노초行町의 예를 들어 살펴보기로 하겠다표 4-2.

우선 소다이는 마치를 대표하고 간접적으로 통솔하는 자로서, 도반초의 경우는 소다이 중 1명을 총무로 임명하고 나가레 전체를 통솔하게 한다. 기온야마카사에는 예로부터 엄격한 연령계층제age-grading system에 의한 위계hierarchy가 확립되어 있는데, 그 최상층부를

■ 표4-2 ■ 교노초의 구성

임원명	인원	역할	구분(머리띠)
소다이(総代)	5	마치의 대표	흰 바탕에 청홍(青紅)
하치교카이(八行会)	4	원로급 주민 중 공식임원이 아닌 자	
구 임원(旧役員)	4	과거에 도리시마리나 아카테노고이를 지낸 자	흰 바탕에 갈색과 청색
도리시마리(取締)	3	기온야마카사 운행의 실질적 책임자	홍백(紅白)
아카테노고이(赤手拭い)	4	기온야마카사를 실제 움직이는 사람들(舁き手)의 대표	모두 붉은 색
베테랑	15	대개 10년 이상의 경력자	흰 바탕에 감색
와카테(若手)	7	기온야마카사를 실제 움직이는 대원	〃
중견(中堅)	44	5-10년 사이의 경력자	〃
신인	17	5년 이하의 경력자	〃

차지하고 있는 것이 바로 소다이이다. 하치교카이는 도이나가레의 교노초에 오랫동안 살면서, 여러 가지 임원을 거친 자들로서 원로나 장로에 해당되는 사람들이다. 구 임원은 현재 특별한 역할을 맡고 있지 않지만, 과거의 임원 경험을 바탕으로 간접적으로 분위기를 이끌거나 신인들에게 지도조언을 하는데, 그들만의 식별가능한 데노고이手拭い, '데누구이'의 하카타 방언를 가지고 있다.

다음으로 도리시마리와 아카테노고이는 마치의 직접적 통솔자로서 기온야마카사를 직접 움직이는 책임자들이다. 야마카사의 조립이나 오이야마追い山[2] 때, 다이아가리台上がり[3] 등의 임무를 수행한

2 　오이야마는 7월 15일 기온야마카사의 마지막 날의 행사로, 이 때 5분 간격으로 7개의 야마가 출발하며, 5km 코스에서 앞의 야마를 따라잡기 위한 레이스가 펼쳐진다.

3 　26-28명이 메고 달리는 야마 위에 올라타는 것으로, 앞뒤 3명씩 계 6명,

다. 특히 아카테노고이는 실질적으로 야마카사를 메고 달리는 와카
테들을 직접 지도하고 통솔하는 사람들로서, 흔히 '기온야마카사의
꽃'으로 일컬어진다. 이들은 금전의 관리나 나오라이直会, 뒤풀이의 준
비와 뒷정리, 코스별 진행, 위생이나 교통 등의 역할을 적임자에게
배분하는 등, 야마카사가 움직이는 상황과 관련된 모든 일을 챙기고
지휘한다. 그들의 머리에 두르거나 목에 걸치는 '붉은색의 수건'을
'아카테노고이'라고 하는데, 이 선명한 붉은 색상과 이리저리 분주히
뛰어다니는 활동성으로 인해 기온야마카사에 참가하는 사람이면 누
구나 한 번은 맡아보고 싶어 하는 선망의 역할이기도 하다.

그 밖의 베테랑이나 중견, 신인 등은 보통 합쳐서 와카테라고 하
며, 본인의 의지와 체력, 기술력에 따라 특별히 지정된 코스와 역할
이 아니면 자유롭게 야마카사의 행렬에 참가할 수 있다. 마치에 따라
서는 '일반인'이나 '일반참가' 등으로 분류되며, 기온야마카사의 최하
층 조직으로서, 뒤풀이를 위한 좌석배치나 요리배분, 설거지 등, 주
로 허드렛일을 담당한다. 이 때 연령이나 사회적 지위의 고하 등은
일체 무시되며, 오직 기온야마카사의 참가경력에 따라 우열이 가려
진다. 다시 말해 기온야마카사 기간 중, 각 마치에서만 통용되는 기
온야마카사의 연공서열적 위계구조가 뚜렷하다는 말이다.

앞뒤 1명씩 계 2명이 타는 코스로 나뉘어져 있다. 특히 7월 15일 오이야마(追い山) 때,
구시다신사 경내를 돌아 나오는 '구시다이리(櫛田入り)' 때의 다이아가리는 기온야마카사
에 참가하는 사람들에게 최고의 명예로 통한다.

이상에서 살펴본 역할과 지위는 〈표4-2〉에서 보는 바와 같이, 특별히 고안된 데노고이에 의해 구별된다. 이 데노고이는 '진흥회'의 관리와 감독 하에 하카타시보리博多絞り 의[4] 전문점에서 제작되며, 진흥회의 허가 없이는 어느 누구도 사용할 수 없다. 데노고이에는 신이 머물 뿐만 아니라神の依り代, 기온야마카사에 참가하는 사람들의 정신과 혼, 나아가 하카타 지역의 정체성이 함께 갈무리되어 있는 것으로 볼 수 있다. 이 데노고이 제도는 홋카이도의 아시베쓰시芦別市 에서 1988년 기온야마카사를 도입할 때 모방의 대상이었는데, 진흥회에서 기온야마카사의 고유성과 정체성을 훼손한다는 이유로 반대한 적이 있었다松平誠 2008: 99-132. 기온야마카사의 고유성에 대한 집착과 모방을 허용하지 않는 폐쇄성을 들어낸 것이며, 데노고이 제도 그 자체가 바로 기온야마카사의 가장 본질적인 부분이라는 인식의 표출이기도 하다그림4-2.

다음으로 에비스나가레의 시모다테초下堅町 의 경우를 보면, 나가레위원과 건설위원, 토리시마리, 위생, 아카테노고이, 와카테, 일반으로 구성되어 있다. 나가레의 운영은 옛 11개 마치가 5개의 블록으로 나뉘어, 각 블록별 1명씩의 나가레 위원계 5명과 마치의 대표 11명, 계 16명이 에비스나가레의 운영을 책임지고 있다. 복수의 마치로

4　　　시보리는 '시보리조매(絞染)'의 준말로, 염료가 퍼지지 않도록 천의 여러 곳을 실로 묶어 흰 부분을 염색하지 않고 남기는 염색법으로 하카타 고유의 방식으로 전해지고 있다.

▌그림4-2▐ 각종 데노고이를 두른 사람들

구성된 블록의 경우, 그 안의 한 마치가 혼토반초本当番町가 된다. 한 가지 특이한 것은 나가레의 최고책임자인 총무가 도반블록과 관계없이 독립적인 윤번제로 선정된다는 점이다. 기온야마카사 운영상 다양한 잡무까지 처리해야 할 도반블록과 최고책임자인 총무가 각각 다른 마치에서 선출된다는 점에 큰 불편이 예상되지만, "전통을 그리 쉽게 바꿀 수 없다"는 이유로 현재까지 지속하고 있다. 이는 마치 출신 참가자들이 급감한 데서 비롯된 제도로, 인구와 호수의 변화에 탄력적으로 적응한 결과이기도 하다.

마치 안의 조직은 앞의 도이나가레의 교노초에 있었던 소다이가 보이지 않는 점이 눈에 띄고, 대신 나가레위원과 건설위원이 그 자리를 차지하고 있는데, 이들은 교노초의 소다이에 해당되며, 특히 건설위원은 야마카사 건설을 책임지는 사람으로, 야마카사가 완성되어 움직이고 나면 끝날 때까지 특별한 역할이 없으며, 표면적으로는 존재가치가 부각되지 않는다. 또한 건설위원은 기온야마카사로부터 실질적으로 은퇴한 원로들에게 주어지는 역할이며, 나머지 원로들은 공식적인 역할은 맡지 않지만 다양한 장면에서 지도와 조언으로 일정한 영향력을 행사하고 있는 것으로 보인다. 원로들에게 주어진 이두 가지 역할도 2002년부터 폐지되고, 마치소다이를 정점으로 하는 조직으로 개편되었다. 이는 특이한 이름과 역할로 다른 마치와의 의사소통에 지장을 주는 것으로 판단한 때문이다. 마지막으로 위생은 부상자의 간호나 교통정리가 주된 임무이며, 교노초에서는 별도로 임명하지 않고 매일매일 와카테 중에서 선정하는 역할이다.

기온야마카사의 역할 중, '꽃중의 꽃'이라고 할 수 있는 아카테노고이는 어떤 사람들이 될까. 우선 지역주민地元の人 으로서 현재 살고

있거나 과거에 살았던 사람들 중에서, 기온야마카사 기간 중에 전과
정을 소화할 수 있는 자영업자가 가장 유리하다. 그렇다고 해서 외부
인은 아카테노고이가 될 수 없다는 말은 아니다. 외부인도 열과 성의
로 기온야마카사에 참가하여, 소다이나 도리시마리로부터 인정을 받
게 되면 아카테노고이가 될 수 있다. 그만큼 대부분의 나가레의 경
우, 도심의 공동화로 주민의 수가 급감했기 때문이다. 와카테에서
아카테노고이로의 승진은 임원회의에서 결정되며, 그것을 사전에 예
상하거나 인지할 수 있는 계기가 있다. 야마를 메고 달릴 때 야마위
에서 가키테舁き手, 가마꾼들을 고무하고 지시하는 '다이아가리'가 있는
데, 여기에 선정되어 처음 올라타게 되면 아카테노고이가 가까이 와
있다는 것을 의미한다. 그만큼 다이아가리는 아무나 할 수 있는 것이
아니며, 참가자들에게 있어서는 대단한 명예가 되며, 지역사회에서
자신을 소개할 때 중요한 경력이 되기도 한다. 또한 아카테노고이는
장차 보다 위의 계급인 도리시마리나 소다이로 가는 필수 코스이며,
조직의 구조적 측면에서 보면 최고위 통솔자와 와카테를 포함한 일
반참가자와의 가교역할인 중간관리층에 해당된다고 보면 된다.

　야마를 움직이는 실전부대의 리더로서, 이들의 지도와 모범적인
실천에 의해 1톤이 넘는 거대 야마가 움직이게 되는 것이다. 대부분
체력이 소진될 때까지 필사적으로 메고, 뛰고, 밀고, 서툰 자들을
큰 소리로 독려하면서 전 코스를 분주히 뛰어 다닌다. 그야말로 기온
야마카사의 견인차요 꽃인 것이다. 이들은 기온야마카사에 대한 남

▌그림4-3 ▌ 아카데노고이와 도리시마리가 모여 주의사항을 듣고 있다

다른 열정과 축적된 경험에 근거한 기량, 7일간 매일같이 계속되며 밤잠을 설쳐야 하는 강행군에 견딜 수 있는 강인한 체력이 뒷받침되어야 함은 말할 것도 없다.

이상에서 보는 바와 같이, 나가레 내의 각 마치는 다양한 참가자들에게 차별적으로 배분된 위계구조와 권위체계에 따라 조직되며, 그것을 내외에 과시하기 위한 데노고이제도로 그러한 위계체제를 더욱 확실한 것으로 만들고 있다. 기온야마카사에 참가하는 사람이라면 어느 누구도 이러한 위계체계로부터 자유로울 수 없다. 일상적 삶 속에서 개인이 획득한 다양한 지위나 명성은 기온야마카사의 위계구조 안에서는 아무런 의미를 갖지 못한다. 완전히 무장해제 된 상태에서만 참가할 수 있기 때문이다.

2 참가자격의 획득

기온야마카사에 처음 참가하는 사람들은 대개 '일반'이나 '일반인' 등으로 일컬어지는데, 이들은 예로부터 하카타의 주변 지역으로부터 하카타 주민들의 의뢰를 받고 보조적으로 참가해온 '가세이슈加勢衆'의 전통을 계승하고 있으며, '가세'라는 명칭이 조금 딱딱해서 '일반 참가자'로 일컬어지게 된 것이다. 이들은 대개 각 마치의 주민이나 지도자의 소개로 참가하며, 대부분 마치 밖에서 살고 있는 사람들이다.

교노초의 경우에 신참자는 반드시 특정 이에家로부터 추천을 받아야 참가할 수 있다. 이들은 첫 인사시, "○○家로부터 추천을 받아 나왔습니다"는 말로 자신을 소개한다. 신참자들에게 추천권을 행사할 수 있는 이에는 현재 7개가 있으며, 모두 교노초에서 예로부터 가업대개 상업이나 서비스업을 가지고 살아왔거나, 가게를 가지고 오랫동안 영업을 해온 사람들이다. 흔히 "기온야마카사는 하카타 상인의 축제"라고 하는데, 이를 두고 하는 말일 것이다. 7개의 이에 중, 세 이에가 전체의 80%를 넘는 사람들을 추천했을 정도로2007년 7월 현재 103명 중 84명, 교노초에서 중심적 위치에 있다고 하겠다. 이들은 각각

여관과 요정, 도장·인쇄업에 종사해온 사람들이고, 나머지 네 이에
는 묵시화가墨詩畵家, 도장·인쇄업, 병원업을 하고 있으며, 묵시화가
나 병원업은 비교적 늦게 개업한 경우로, 이들이 추천한 자는 모두
합해서 10여 명 정도에 지나지 않는다. 중심적 위치에 있는 요정이
나 여관, 도장·인쇄업 등은 시가지가 공동화되기 전에 이 지역에서
번성했던 업종으로 교노초의 상권의 중심을 이루고 있었다. 그러나
요정과 여관업은 현재 폐업 중이며, 도장·인쇄업이 겨우 명맥을
이어가고 있다. 최근 새로 등장한 병원업이 상권의 중심으로 부각되
고 있으며, 병원장이나 그 후계자가 적극적으로 참가하면서 그들과
관련된 사람들이 이들의 추천을 받아 참가하는 경우가 늘어나고 있
다. 요정이나 여관 등에서 일하던 사람들과 이들과 다양한 인간관계
를 바탕으로 참가한 사람들이 가장 많으며, 특히 H가의 추천자 중
학원장인 Y씨는 자신이 경영하고 있는 학원의 강사주로 규슈대학 재학생
나 거기서 재수를 하고 대학에 들어간 제자들을 대거 H가의 이름으
로 추천하여 가장 많은 39명의 '대가문'을 이루고 있다.

　일본사회는 근대화와 함께 사회의 조직원리가 집단중심에서 개인
중심으로 급격하게 이동하고 있다는 논의가 1980년대에 등장했는데
栗田靖之編 1987: 12-24, 기온야마카사에 참가하는 사람들의 양상을 분석
해 보면 이 개인들이 독립된 개체로만 존재하는 것이 아니라, 다양한
인연이나 연고를 매개로 네트워크화 되어 있음을 알 수 있다. 즉
밑변이 지워진 삼각형의 형태로 수평적 연대보다는 특정 이에나 개

인을 중심으로 상하로 연결된 네트워크가 기온야마카사의 조직과 운영에 보다 효과적으로 기능하고 있다 하겠다.

3 연령계층구조와 역할배분

다이코쿠나가레는 1966년 후쿠오카시에 의한 옛 하카타지역의 행정개편으로 나가레의 구역과 그것을 구성하는 마치가 큰 폭으로 변화했음에도 불구하고, 현재 12개의 신구 마치가 매년 돌아가며 당번을 맡은 마치토반제를 채택하고 있다. 이와 같이 여러 가지 변화에도

▌그림4-4▌ 연령계층에서 가장 아래 단계의 어린이들

불구하고 예로부터 마치토반제를 엄격하게 지켜오고 있다는 이유로, 다른 나가레의 블록토반제나 나가레토반제에 대해 "전통을 굳게 지키고 있다"는 의식을 강하고 가지고 있다.

나가레 내의 조직은 각 마치별로 1명씩 12명의 마치소다이요리町總代寄와 같은 수의 도리시마리요리取締寄가 있으며, 마치소다이는 각각 6명씩의 기온야마카사위원과 후쿠오카시의 또 하나의 전통축제인 하카타마쓰바야시博多松囃子 위원으로 나눠지며, 경력자 중심의 기온야마카사위원이 보다 중시되고 있다. 도반초의 소다이가 양 축제의 나가레총무를 맡아 최고통솔자의 역할을 수행한다.

마치 내의 조직을 요약하면 종래의 지역주민町の人, 本町人의 연령계층제에서 가세인에 의한 연공서열제로 변화했다고 할 수 있다. 마치의 사람들 사이에서는 연령계층제가 보이며, 대개 유소년층의 고도모구미子供組와 청년층의 와카모노구미若者組, 15-25세 사이의 독신, 중장년층의 주넨구미中年組, 25-50세의 기혼, 노년층의 로진구미老人組, 50세 이상로 나눠진다. 이러한 연령계층은 지역주민 사이에서만 기능하고, 외부에서 참가한 가세인들에게는 적용되지 않는다. 또한 이 지역에서 전출한 뒤 계속 참가하는 사람들에 대한 대우는 불명확하며, 마치 밖의 장년과 노년의 구별도 극히 애매모호하다. 따라서 현재 70-80% 정도 차지하는 가세인의 비율을 감안하면 사실상 참가자들 모두에게 적용되는 연령계층제는 거의 붕괴된 상태로 봐야 할 것이다. 대신 참가경력이나 정도에 따라 차등적으로 배분되는 역할이나 임무를 어느 정도 충실하게 수행하느냐에 따라 '임원'과 '일반인'으로 분류되어, 기온야마카사의 위계조직에 편입된다고 할 수 있다. 이 때 중요한 것은 바로 기온야마카사의 참가경력과 질적 수준이다.

다이코쿠나가레의 고토부키도리寿通의 경우 소다이와 도리시마리, 아카테노고이, 와카테, 일반으로 구성되어 있으며, 이들의 역할과 임무는 다른 마치와 큰 차이가 없다. 소다이와 도리시마리 경험자 중, 연배의 사람들에게는 '장로'라는 칭호를 붙여, 임원을 경험하지

▌그림4-5▌ 초등학교 고학년이 든 마네키이타(招き板) 뒤에 저학년이 뒤따르고 있다

않는 사람들과 구별한다. 소다이와 도리시마리는 장로간 합의에 의해 주넨구미에서 선출하며, 아카테노고이는 도리시마리가 장로나 소다이의 자문을 받아, 주넨구미의 젊은층에서 임명한다. 그러나 이와 같은 임원의 종류와 연령집단간의 상관관계는 명백한 것이 아니며, 또한 수적으로 제한되어 있어 모든 참가자가 연공서열적으로 맡는 것도 아니다. 따라서 아무런 임원도 맡아보지 못한 채, 10-20년을 참가해온 사람들도 있다. 축제기간 중, 전 일정을 소화하지 않고 적당히 편의적으로 참가하는 사람들이 각 마치마다 60-80명 정도 있는 것으로 보면 된다. 이른바 '일반'으로 분류되며 중요한 역할과 임무가 할당된 임원의 외연을 두껍게 형성하고 있다. 이들은 지역주민의 연령계층제로부터 비교적 자유로운 사람들이다. 참가하기까지는 엄격한 위계구조와 지역민에 의한 소개나 추천 등, 상당히 폐쇄적인 구조와 마주치지만, 일단 참가가 허용되면 각자 자신의 입장이나 사정에 따라 참가정도를 자유롭게 조정할 수 있는 열린 구조를 동시에 갖추고 있는 것이다. 이러한 폐쇄성과 개방성이야 말로 기온야마카사가 가지는 양면성으로서, 사회적 변화에 따라 그 강도가 적당히 조정되면서 적응이나 진화를 거듭해왔다고 할 수 있다. 750년이 넘는 긴 역사를 지탱해온 것도 따지고 보면 바로 이러한 유연한 양면성 때문이라고 할 수 있다.

4 자치연합회의 역할과 이질성의 통합

기온야마카사는 기본적으로 구시다신사의 제례인데, 지요나가레 千代流는 쿠시다 신사의 우지코가 아니기 때문에, 1978년 이후 행정구인 지요초千代町 자치연합회의 행사로 진행되어 온 점이 다른 나가레와 구별된다. 이런 이유로 자치연합회 회장이 나가레의 소다이 중 1명을 담당하고, 다른 1명은 시의회의원 등 행정구의 유지가 담당한다. 운영자금도 자치회비에서 일정부분을 충당하고 있다. 이와 같이 지요나가레는 기본적으로 자치회행정구 단위로 운영되고 있으나, 실제 참가하고 있는 자치회는 전체 34개 중 24개에 불과하다. 더구나 여기서 말하는 자치회는 각 행정구를 바탕으로 만들어진 기온야마카사 운영조직을 가리킨다. "공동체 신에게 봉납한다神への奉納"고 하는 기온야마카사의 종교적 성격이나 자치회의 규모, 각 자치회 간 관계의 성격에 따라 10개의 자치회가 지금까지 참가를 유보하고 있으며, 이 또한 그대로 자치연합회로부터 인정되고 있다. 기온야마카사라는 문화적 권력이나 중심에로의 모방과 수용이 아닌 반발과 배척의 태도를 보이고 있는 것이다.

34개 자치회 중 24개만이 참가하는 가장 큰 이유는 바로 2차대전 전부터 지속되고 있는 하코자키구箱崎宮의 '우지코 의식같은 신을 모시는 사람들의 자기동일성'이라고 할 수 있다. 예로부터 지요교구는 하코자키구의 우지코여서 전전까지 구시다신사의 우지코마쓰리氏子祭り인 기온

야마카사에는 참가하지 않은 것이다. 그러나 젊은이들 사이에서는 화려하고 박력이 넘치는 기온야마카사에 대한 관심이 증폭되어 왔으며, 이러한 열정이 전후의 체제가 정비되지 않은 혼란기에 교구단위로 참가할 수 있는 기회로 연결된 것이다. 그 결과 1950년 정식으로 기온야마카사진흥회기성회에 가입하고 지요초의 일부가 지요나가레로서 참가하게 된다. 현재 기온야마카사에 참가하고 있는 많은 사람들은 구시다신사의 종교적 성격이나 지위에 대해서 큰 의미를 부여하지 않고 있으며, 하나의 이벤트나 시민축제로서 기온야마카사의 의미를 강조하고 있다. 즉 우지코의 제례에서 시민축제로 변화했다는 것이다. 그러나 지요나가레의 사례에서는 이러한 견해가 적용된다고 할 수 없다.

그 이유를 찾아보기 위해, 여기서 지요나가레의 역사적 경과에 대해 조금 살펴볼 필요가 있을 것 같다. 지요나가레가 1948년 오즈상점가大津商店街의 이름으로 기온야마카사에 처음 참가하게 되는데, 당시 이 지역은 패전 후 대륙으로부터 일본으로 귀국하는 사람들과 대륙으로 돌아가는 사람들로 서일본 최대의 암시장을 형성하고 있었다竹沢尚一郎 1998: 150. 이러한 활력으로 옛 하카타부 지역보다 우월적 지위에 서게 되었다. 이것이 1950년 새로 발족한 '진흥회기성회'의 개방적 정책에 힘을 받아 정식참가로 이어지게 된다. 이 배경에는 중심지역옛 하카타부의 쇠퇴와 주변지역의 팽창이라는 지역사회의 구조적 변화와 더불어 전통방식과는 다른 새로운 연대와 통합이 요구

되는, 이른바 다양성을 수용하는 민주주의적 가치관이 자리잡고 있
었다. 옛 하카타부의 획일적인 전통의 고수와 근대화에 따른 다양성
의 추구는 서로 대립되는 관계에 있었으며, 이러한 대립구조 속에서
지요나가레는 이질적이며 다양한 존재를 포용하면서 중심부에 대한
동화를 동시에 모색하고 있었다. 이는 결국 자기부정으로 이어져,
심각한 정체성 위기에 빠져 들게 된다. 1971년 블록토반제가 해체된
후 6년간이나 도반초가 공백인 대혼란 상태가 지속된 것이다. 그
후 철저한 내부반성에 따라 통합을 위한 변신을 도모하지만 아직도
몇몇 소수의 마치에 당번이 집중되는 등, 축제가 가지는 대동단결의
공동성에는 이르지 못한 것으로 보인다.

　이상과 같이 특수한 역사적 과정을 거쳐 탄생한 지요나가레는, 첫
째 행정구로서의 자치회와 깊은 관련이 있다. 예를 들면, 나가레를
대표하는 소다이에 지요초 자치연합회장이, 도반초를 대표하는 총무
에 도반초 구역의 자치회장이, 각 마치의 대외적 체면유지를 위한
'상담역'에 각 지역의 자치회장이 취임하는 관례를 들 수가 있다. 둘
째 나가레 운영의 실질적 책임을 지는 도반초는 다른 나가레와 같은
윤번제가 아니라, 몇몇 마치가 일정한 규칙 없이 맡아오고 있는 점이
다.[5] 그 이유는 지요나가레는 참가자 수가 2,000명에 이를 정도로

5　　　　　1978-1997년까지 20년간 지요조 3초메(丁目)가 14회(70%), 그 중에서도 5
구와 7구가 7회(50%)를 차지할 정도로 특정 자치회에 집중되어 있다. 3초메는 시가지의 동쪽
지구를 남북으로 흐르는 미가사카와를 사이에 두고 에비스나가레와 마주보고 있다. 4초매는
20년간 단 1번밖에 하지 않는 등 각 마치별로 편차가 심하다(竹沢尚一朗 1998, p.150).

다른 나가레와 비교할 수 없을 정도로 많고, 토반제를 실시한지 아직 30년 정도밖에 되지 않고, 더구나 24개라는 마치의 수에도 불구하고 규모에 있어서 차이가 심하고, 또한 전입자나 샐러리맨들의 주택단지가 많아, 기온야마카사를 완전히 이해하는 사람들의 수가 각 마치별로 편차가 심해 단독으로 기온야마카사를 운영할 수 있는 마치가 한정되어 있기 때문인 것으로 보인다.

셋째, 지요나가레는 결집력 강화를 위해 1977년 '지요나가레운영위원회'를 결성하여 운영해오고 있다는 점이다. 이들이 주도하는 도반초제는 특정 소수의 마치가 도반초를 주로 담당하는 형태로 모든 마치가 평등하게 참여하는 전통적 방식인 '토반초제'와는 다르다. 이들은 지역사회의 명망가나 유지가 가지는 지도력이나 리더십, 권력을 나가레의 통합을 위한 집단의 권력으로 승화시켜, 세력이 약한 도반초를 보좌함으로써 지금까지 자력으로 도반초의 임무를 수행할 수 없었던 마치에 기회를 제공하고 있다. 그 결과 보다 많은 마치가 도반초를 경험하게 되었으며, 장차 전통적인 도반초제로의 전환도 기대되고 있다.

위의 지요나가레에서 살펴본 통일성의 추구는 히가시나가레에서도 관찰된다. 히가시나가레는 1966년 새로운 행정개편에 따라 구시다나가레櫛田流와 고후쿠나가레呉服流의 동쪽 지역이 하가시초나가레東町流로 합병된 뒤 탄생되었다. 이런 이유로 1968년에는 나가레 내의 다양하고도 이질적인 성격들이 부딪치며 조정에 실패한 나머지

참가를 일시 보류하다가 다시 번복하는 사태가 발생하기도 했다竹沢
尚一朗 1998: 158. 이는 새로운 이름의 나가레 아래 통일된 연대의식이
형성되지 않은 것에서 비롯된 것이다. 이를 극복하기 위해 다양한
장치가 마련된다. 예를 들면 미즈핫피와 나가핫피를6 나가레 전체로
통일하거나 다른 나가레에서 일반적인 도반초제를 채용하지 않고,
나가레토반제를 도입해서 히가시나가레만의 전통과 통일성을 추구
해온 것이다. 1968년부터 흰 바탕에 '東' 자를 비스듬하게 넣은 미즈
핫피로 통일하고, 마치를 구별하기 위해 각각 고유의 견장肩章 을 부
착하여 외견상의 통일성을 확보했다. 또한 1966년부터 도반초제를
폐지하고 7개 나가레 중 유일하게 도반초가 없는 나가레 전체에서
당번을 맡는 나가레토반제를 채용했다.

이 밖에도 합병 직후의 다양한 의견의 충돌이나 대립을 극복하기
위한 다양한 장치가 마련되는데, 예를 들면 나가레 전체가 공동으로
하는 작업에 각 마치에서 같은 지위의 사람들을 동원함으로써 보다
자연스러운 교제나 의사소통이 가능한 수평적 연대를 강화한 것이
다. 공동작업의 종류가 다양하고, 다양한 계층의 참가자들이 교류하
게 되니까, 이러한 수평적 연대가 다시 상하로 확장된 것이다. 나가

---

6   미즈핫피(水法被)라는 용어는 야마를 메고 달릴 때 입는 의상으로 연도에
서 뿌리는 물로 항상 젖은 상태로 있는 것에서 비롯되며, 나가핫피(長法被)는 미즈핫피보다
소매가 길고 전체 길이가 무릎 위까지 와서, 훈도시 상태로 노출된 하반신을 보이지 않게
하는 기온야마카사의 정장이다. 기온야마카사 기간 중에는 이 나가핫피로 공적 행사에 참
가할 수 있다.

레의 일을 한 개의 마치가 중심이 되어 처리하는 마치토반제 하에서
는 다른 마치의 사람들과 교류하는 기회가 제한될 수밖에 없다. "히
가시나가레는 팀웍이 좋다"는 말은 바로 이러한 나가레토반제의 결
과라고 할 수 있다. 그렇다고 해서 기온야마카사의 기본적 특성이라
고 할 수 있는 나가레별 · 마치별 대항의식이나 경쟁의식이 전혀 없
는 것은 아니다. 특히 "부상을 당해서 다른 마치에서 피를 흘리는
일"에 대해서 극도로 경계하고 있는 것이나, 가끔 "통합 전의 구시다
나가레를 부활해야 한다"는 소리가 들릴 정도로, 여전히 통합 속의
긴장은 어는 정도 존재한다고 봐야 할 것이다.

4
축제공동체의 출현

　지금까지 750여 년간 지속되어온 일본의 대표적 도시축제인 기온
야마카사에 대해, 그것을 운영해온 주체들나가레와 마치의 성격과 운영
방식을 중심으로 몇 가지 관점에서 분석해 보았다. 특히 사회편성원
리가 집단중심에서 개인중심으로 이동해온 일본사회, 그것도 초현대
적 산업도시에서 기온야마카사라는 전통축제 안에 개인은 어떤 형태
로 존재하며, 어떻게 기능적 집단action group 을 형성하는지 구체적
사례를 통해 살펴보았다.

이를 종합하면, 첫째 각 나가레와 마치는 자신들이 최적이라고 생각하는 방식대로 참가자들을 분류하고 조직해서 축제의 전통과 계승구조에 편입시켜 왔는데, 여기서 중심적 역할과 권위를 행사해온 주체는 오랫동안 이 지역에서 생계와 가업을 이어온 '토박이들'이며, 대다수를 차지하는 외부참가자들은 오직 이들과의 다양한 사회관계나 연고에 따라 축제조직의 최하층구조 속에 편입되어, 기온야마카사에 대한 자신들의 열정과 몰입 정도에 따라 차등적으로 배분되는 위계구조 속에서 기온야마카사를 지탱해오고 있다.

둘째, 기온야마카사는 전후의 도시사회의 변화, 특히 행정구역의 개편과 주변지역의 팽창, 도심의 개발 등과 끊임없는 상호작용을 통해, 현대 도시사회의 여러 특성들을 두루 반영하면서 차별적이며 배타적인 우지코의 제례에서 평등하고 개방적인 시민축제로 변화되고 있지만, 내부의 조직과 운영이라는 측면에서는 여전히 토박이 중심의 폐쇄적 구조가 유지되고 있다. 한편 기온야마카사에 대한 규칙과 기술은 거의 문자화되어 있지 않아서, 오랫동안의 경험이 없으면 인맥과 숙련도를 겸비한 지도자나 임원이 될 수 없다. 그러니까 축제의 특성이 비언어적 커뮤니케이션에 기초하기 때문에, '몸으로' 느끼고 익히는 과정이 대단히 중시되고 있다는 말이다. 옛날에는 이곳에서 태어나 어릴 때부터 기술을 자연스럽게 터득할 수 있었으나, 현재는 이곳에 사는 사람들이 거의 없어, 자연스러운 교제와 접촉을 통한 학습과정은 확보되지 않는다. 따라서 모든 참가자는 기온야마카사

기간 중, 마치나 나가레별로 개최되는 연수회나 직접참가를 통해 스스로 터득하지 않으면 안 된다. 그 만큼 기온야마카사에 대한 관여나 접근도 대단히 제한적이라고 할 수 있다.

셋째, 기온야마카사는 상당 기간 동안 하카타의 전통적 축제로서 타인의 접근을 허용하지 않는 독립적이며 완성도가 높은 문화적 권위나 권력을 지닌 상징적 자본이었다. 이 상징적 자본이 갖는 권위나 권력은 곧 하카타의 도시문화의 우월적 지위를 의미한다. 이러한 우월적인 권위와 권력에 하카타 지역의 주변부인 지요초가 흡수·통합됨으로써 기온야마카사의 외연은 더욱 확장되었으며, 이 외연의 확장은 지요초라는 공간적 경계를 넘어 개체화된 개인의 네트워크로 더욱 세력을 넓혀 가고 있다. 전통적 공동체가 거의 해체된 거대도시 안에서 더욱 소외되고 있는 개인은 기온야마카사라는 새로운 형태의 공동체, 이를테면 축제공동체 속에서 재결합되고 있는 것으로 볼 수 있다.

축제의
스포츠적 성격과
의미

V

일본의
축제와 지역사회

1
축제와 스포츠

일본의 도시축제는 같은 지역의 사람들이 자신들이 모시는 신을 오미코시お神輿에 태워, 비교적 조용하게 거주지역을 돌아다니는 소규모의 농촌지역 마쓰리와는 달리, 야마기타柳田国男가 지적한 구경꾼을 의식한 화려한 장식과 요란한 행렬로 풍류를 다투는 '제례적'인 요소가 강하다고 하겠다1969: 76-192. 그 대표적인 사례가 잘 알려진 바와 같이 신행제神幸祭와1 야마보코山鉾2 행렬로 장관을 연출하는 교토의 기온마쓰리祇園祭이다. 이 행렬은 화려하고 다채로운 장식으로 꾸며진 야마보코를 수백 명이 끌면서 시가지를 천천히 행진하는 모습으로, 대단히 우아하고도 장엄한 의식을 연출한다. 그러나 같은 전통적 도시축제인 기온야마카사는 1톤이 넘는 한 대의 야마카사山笠, 가마를 26명이 메고, 500-1,000명 정도가 앞과 뒤에서 함성을 지르며 일사분란하게 노도처럼 질주하는데, 이 때 5분 간격으로 출발한 7대의 야마카사총 인원 3,500-5,000명는 앞을 따라잡고, 뒤를 따라잡히지 않게 혼신의 힘을 다해 5km를 달리며, 마와리도메廻り止め,

---

1 　　　신사에 모셔놓은 신체(神体)를 마쓰리용 수레에 태워 다른 곳으로 이동시키는 의식.

2 　　　일본 마쓰리에 흔히 등장하는 다시(山車, 장식수레)의 일종으로, 수레 위에 산 모양의 조형물을 장식하고, 장검 등을 세운 것, 사람이 올라타서 음악을 연주하기도 하고 춤을 추기도 한다. 교토의 기온마쓰리의 야마보코는 그 화려한 장식과 규모면에서 국제적으로도 널리 알려져 있다.

결승점까지 얼마나 빠른 시간 안에 도착하는지를 치열하게 다툰다. 말하자면 타임 레이스time race 나 타임 트라이얼time trial 경기와 유사하다는 것이다. 이러한 특성이 일본의 다른 수많은 도시축제와 구별되는 점이다.

일본의 도시축제는 기본적으로 평상의 따분함을 해소시켜주는 탈일상의 세계로서 축제적 성격이 강하지만, 기온야마카사는 정교한 조직과 관료적 위계를 바탕으로 다양한 규칙에 따라 운영되기 때문에, 스포츠적 성격이 대단히 강하다고 하겠다. 이러한 성격에 대한 이해 없이는 인구 140여 만의 초현대적 대도시가 연출하는 화려하면서도 역동적인 장면들을 제대로 설명할 수 없다고 하겠다. 지금까지 도시축제의 스포츠적 특징에 대해서는 체육학이나 스포츠인류학 분야에서 극히 일부의 연구성과가 발표되었으나[3] 단편적인 사실에 근거한 기술적 분석과 개괄적 설명의 수준에 그치고 있다는 느낌을 지울 수 없다. 이 글은 이러한 문제의식에서 우선 글쓴이가 4년 동안 직접 참여관찰을 통해 경험하고 수집한 정보들을 기술적 자료로 제시하고, 몇 가지 관점에서 분석해보고자 한다.

---

3   예를 들면 다카노(高野一宏)의 "민족스포츠, 하카타기온야마카사의 사회조직"(寒川恒夫編, 2004: 144-148)과 모리(森正明)의 "마쓰리조직과 스포츠클럽 조직에 관한 연구"(2003: 1-34)가 있다.

2
축제의 복장과 도구

기온야마카사에 참가하는 사람들의 복장에는 오이야마용追い山, 본
행사로 타임레이스 미즈핫피水法被와 의례용인 나가핫피長法被가 있으며,
규정에 따라 이를 구분하여 착용하여야 한다. 우선 '타임레이스'를
위한 미즈핫피는 스모相撲 선수의 마와시回し에 해당되는 시메코미
締込에 지카타비地下足袋를 신고, 각반脚絆을 두른 다음, 오마모리お守

■ 그림5-1 ■ 기온야먀카사의 복장과 도구

リ, 부적를 목에 걸고, 미즈핫피를 입고, 테노고이手拭의 하카타 방언를 머리에 두르고, 가키나와舁き縄, 새끼줄를 뒤 엉덩이 부분의 시메코미 사이에 끼워 넣는 것으로 완성된다. 여기에 위생이나 교통 등의 임무를 맡은 사람들은 어깨에 대각선으로 야마카사타스키山笠襷를 둘러야 한다.

지카타비는 엄지발가락 부분이 따로 분리된 것으로 일반적인 신발보다 강한 착지력을 발휘하는 것으로 알려져 있어, 험한 노동현장의 인부들이 즐겨 이용하는 것이다. 시메코미는 흰색과 감색의 길이 3m의 천을 15cm 폭이 되게끔 여러 번으로 접은 다음, 사타구니 사이로 한 번 통과시킨 후, 허리를 꼭 졸라 여러 번 감고, 뒤에서 매듭을 지어 마무리 하는데, 엉덩이 부분이 거의 노출되어 겉보기에 아주 외설적인 느낌을 주지만, 실제 입어보면 몸 전체에 팽팽한 긴장감을 느끼게 하며, 남성만의 축제라는 점을 여실히 보여 준다. 경기를 앞둔 선수가 정식 유니폼을 갈아입었을 때의 긴장감에 비교될 수 있다. 가장 마지막에 입는 미즈핫피는 앞부분을 끌어 당겨 배꼽부분에서 묶는데, 이는 넘어졌을 때 이 핫피를 잡고 일으켜 세우거나 밖으로 끌어내기 위한 것이다. 가끔 메고 달리거나 교대시에 다른 사람들과 부딪쳐 넘어져 큰 부상을 당하는 경우가 있기 때문이다. 마지막으로 가키나와는 3줄의 새끼줄을 하나로 꼰 것으로 길이가 약 1m 20cm이며, 이것을 반으로 접어 시메코미 뒤 부분에 끼워 넣은 것으로, 야마카사를 메고 달릴 때, 봉에 걸어 봉과 어깨를 밀착시키기 위한 것이

다. 또한 교대 타이밍을 놓쳐 체력이 소진한 때에는 봉에 매달려
안전을 확보하는 데에 사용되기도 한다.

여기서 꼭 짚고 넘어가야 하는 것은 목에 걸치거나 머리에 두르는
데노고이의 기능과 의미이다. 데노고이는 기온야마카사 조직의 위
계구조를 색깔과 무늬로 구분한 것으로서, 보통 때는 목에 걸치고
다니며, 야마카사를 메고 달릴 때는 머리띠로 사용하는 것이다. 데노
고이에는 '하카타기온야마카사진흥회 이하 '진흥회'라 함' 본부임원과 각
나가레流 총무, 기온야마카사위원 각 나가레 운영위원, 각 마치町의 소다
이總代, 도리시마리取締, 위생, 아카테노고이赤手拭, 와카테若手・일반
의 7가지 종류가 있다. 말하자면 축제집단 안에서의 위계와 책임을
표시하는 계급장 같은 것이라고 할 수 있다.

지금까지 살펴본 기본적인 복장 외에 오이야마나라시나 오이야마
의 운행 때 특별한 역할이 부여된 사람들에게 주어지는 야마카사타
스키가 있는데, 이는 데노고이와는 달리 일종의 직능position 을 나타
내는 것이다. 2가지 색의 끈을 꼬아서 만든 것으로, 청백 하나도리, 鼻取
り 과 적백 다이아가리, 台上がり, 녹백交通整理, 황백 마에사바키, 前さばき의 4가
지 종류가 있다.

다음으로 의례용인 나가핫피에 대해서 살펴보기로 하겠다. 나가
핫피는 도반핫피当番法被 라고도 하며, 미즈핫피보다 길이가 길어 무
릎부분까지 내려온다. 매년 6월 1일부터 7월 15일 자정까지 의례복
정장, 외출용 으로 착용할 수 있다. 도반핫피라는 이름은 각 마치마다

마치의 이름을 디자인한 가스리絣, 흐린 물감 모양로, 2차대전까지는 자신들의 나가레가 도반이 되었을 때, 새롭게 만든 것에서 유래한다. 한 눈에 어느 초나이町內 인지 알아볼 수 있기 때문에, 이것을 입은 채로 불미스러운 행동은 할 수·없다. 현재 히가시東와 나카스中州, 니시西, 지요千代의 4나가레는 디자인이 통일되어 있으며, 도이土井와 다이코쿠大黑, 에비스惠比寿 나가레는 나가레 안의 마치별로 다른 디자인을 채택하고 있다. 시메코미를 하지 않을 때는 스테테코남자용 속옷으로 길이는 무릎 약간 아래까지 오는 것, 흰색 위에 입으며, 이 때 신발은 피혁제 조리짚신를 신는다. 이 외에도 각 나가레의 제일 앞에서 어린 이들이 들고 달리는 마네키이타招き板가 있으며, 이는 각 마치마다 자신의 지역명을 쓴 나무판으로, 핫피의 디자인과 함께 마치를 구별하는 이정표 구실을 하게 된다.

이와 같은 개별적 복장과 도구를 갖춘 상태에서 나가레별로 하나의 팀이 되어 각각 자신의 야마를 메고 달리게 되는데, 이 야마는 기온야마카사에서 가장 중요한 도구임과 동시에 경기용구로서, 축제 자체의 정체성을 형성하고 결정하는 가장 핵심적 위치에 있다고 하겠다. 4개의 사각형 다리 위에 상판을 얹은 다음 그 위에 6개의 긴 봉을 놓고, 다리 부분과 단단히 결합한 후, 다시 그 위에 인형을 놓을 수 있는 판을 만들고, 앞과 뒤로 사람이 올라탈 수 있게 만든 장치로, 구멍을 파 끼우거나 새끼줄로 메는 등, 일체 못을 사용하지 않는다그림5-2.

▌그림5-2▌ 야마카사의 구조와 모양

　자체 무게 750kg 정도에다 위에 6명의 어른을 태우면 1톤이 넘는데, 이것을 26명이 혼신의 힘을 다해 메고 달려도 이상이 없을 정도로 아주 견고한 구조를 하고 있다. 예술성과 실용성을 두루 갖춘, 일본의 전통 공예품의 진수를 보여주고 있다고 하겠다. 6개의 봉의 배치를 가장자리로 갈수록 높게 만들어 참가자들이 신장의 차이를

극복하게 한 인체공학적 설계가 가장 돋보이는 부분이라고 하겠다. 이를 전문적으로 제작하는 목수를 특별히 야마다이쿠山大工 라 하며, 지역사회에서 상당한 예우를 받고 있다. 매년 사용된 후 해체되며, 6개의 봉은 신사 창고에 나머지 부분은 야마다이쿠가 보관한다. 위에 장식한 인형 대개 유명한 무사 인형은 매년 새로 제작되기 때문에, 그 디자인이나 작품성을 두고 경합이 벌어지기도 한다. 메이지 시대에는 높이가 16m나 되는 호화스럽고 현란한 모양의 야마카사가 만들어지기도 했다. 지역과 그것을 만든 사람人形師의 위신이 걸린 문제로 오이야마追い山의 스피드 경쟁과 함께 또 다른 다툼과 경합의 세계를 보여주고 있다.

이상에서 살펴본 바와 같이, 복장의 형식은 전체적으로 통일되어 있으며, 디자인이 마차나 나가레별로 약간 다를 뿐이다. 이는 많은 운동경기의 유니폼과 거의 유사한 체제라고 할 수 있다. 무게 1톤이 넘는 야마카사를 일사불란하게 노도처럼 움직일 수 있는 것은 바로 이러한 통일된 복장과 세밀하게 배분된 역할, 위계적 운영체계를 갖추고 있기 때문이다. 기온야마카사에 참가하는 사람들은 대형 스포츠대회의 식전에 거행되는 장엄하고도 질서정연한 집단 매스게임에 참가하는 사람들처럼, 독립된 자유로운 개체가 아닌 거대한 집단 속의 한 부분으로 결합된 상태에서, 주변의 수많은 구경꾼들과는 완전히 구별되는 특수한 복장과 도구로 장엄한 경관을 연출하게 된다. 그렇다면 이들을 관리하고 통제하는 조직은 어떻게 구성되어 운영되고 있을까 하는 의문을 가지게 된다.

3
기온야마카사의 조직과 운영

　기온야마카사는 도요토미豊臣秀吉가 당시 전란으로 폐허가 된 하
카타 지역을 재건하기 위한 자치조직으로 만든 7개의 나가레流, 블록
에 의해 운영된다. 이 나가레는 다시 10여 개의 마치로 구성되어
있다. 각 나가레별로 한 대의 야마카사를 제작하여 축제에 참가한다.
나가레 단위로 복장이 통일되어 있으며, 같은 나가레 안의 마치는
약간의 차별화된 디자인이나 임시로 부착한 견장을 사용하여 구분한
다. 이러한 마치와 나가레는 각각 상급단위인 나가레와 '진흥회'라는
조직에 의해 관리되며 통합된다.

　마치는 총무를 정점으로 소다이→ 도리시마리→ 아카테노고이→
와카테・일반참가자의 순으로 수직 계열화되어 있으며, 각 나가레
의 대표인 총무 17명 가키야마 7명과 가자리야마 10명과 본부의 상임위원 9
명, 계 26명이 진흥회의 최고 의결기구로서 총회를 구성한다. 여기서
나가레를 구성하는 마치의 조직에 대해, 도이나가레의 예를 들어 살
펴보기로 하겠다. 마치는 모든 참가자들을 직접 관리하고 통솔하는
조직이기 때문이다.

도이나가레는 10개의 마치로 구성되어 있으며, 2005년까지 이 10
개의 마치가 재정상태나 참가자의 수 등에 따라 3개의 블록으로 나
뉘어 3년에 1번씩 돌아가면서 당번을 맡았는데, 2006년부터 외부
참가자의 급증에 따라 10개 마치가 각각 독립된 '마치토반제'로 전환
했다. 마치의 조직은 글쓴이가 직접 참가하고 있는 교노초行町의 경
우, 우선 마치소다이町総代 2-5명, 토리시마리 3명, 아카마테노고이
3-4명, 와카테를 포함한 중견과 신인들 70-80명으로 구성되어 있으
며, 10년 만에 돌아오는 도반마치当番町일 경우, 여기에 도이나가레
를 대표하는 총무 1명이 추가된다. 우선 마치소다이는 교노초를 통
솔하는 대표이며, 도리시마리는 기온야마카사를 움직이는 책임자이
며, 도반마치의 경우 야마카사의 조립이나 축제기간 중 야마를 넣어
놓는 야마고야山小屋의 건설 등을 책임진다. 아카테노고이는 기온야
마카사를 실제 움직이는 와카테를 지휘·감독하며, '기온야마카사의
꽃'으로 일컬어질 정도로 아주 인기 있는 역할이다. 마지막의 와카테
는 가장 활기 넘치는 젊은 층의 참가자들로 구성되며, 야마카사를
메고 달리는 역할이 중심이나 그 외에 쓰메쇼詰所, 각 마치의 집합소의
준비나 행사후의 나오라이直会, 뒤풀이 등, 기온야마카사의 모든 단계
의 준비와 뒷정리 등을 담당한다. 인원도 많고 하는 일도 다양하기
때문에, 이들을 다시 총괄하는 대표로서 와카테가시라若手頭를 두기
도 한다. 한 가지 유의해야 할 점은 지금까지 살펴본 여러 임원은
어디까지나 수행가능할 때까지만 한시적으로 담당한다는 점이다.

와카테 그룹에서 계속 승진해서 올라오기 때문이다. 대개 60세 정도 까지 가능한 소다이를 제외하면, 도리시마리는 30대 중반에서 40대, 아카테노고이는 20~30대 중반의 경력자가 담당한다.

이상과 같은 기온야마카사의 조직은 연령계층제age-grading system 의 위계에 의해 작동되는데, 여기서 생물학적 연령은 절대적 기준이 되지 않는다. 왜냐하면, 마을공동체나 지역사회의 지연조직에 의해 운영되는 농촌사회의 마쓰리와는 달리, 개인별로 참가시기가 각각 다르기 때문이다. 예를 들면 50세가 넘어 처음 참가한 글쓴이의 예 에서 보는 것처럼, 4년이 지났지만 아직 온갖 허드렛일을 도맡아 하 는 와카테 그룹에 속해 있으며, 직접 야마카사를 메고 달리는 보구미 棒組에는 경험부족과 체력적인 열세로 끼어들지 못하고 있다. 이 경 우 생물학적 연령과 관계없이 기온야마카사의 참가경력에 따라 조직 의 하층부에서 상층부로의 지위상승이 이루어진다. 기온야마카사에 서는 모든 참가자들의 사회적 지위와 신분이라는 세속적 위계가 무 시되며, 오로지 기온야마카사의 참가경력과 공헌도에 따른 새로운 위계구조 안에서만 사람대접을 받을 수 있다. 말하자면 기온야마카 사에서만 통하는 '기온야마카사 연령'이라는 것이 있다는 것이다. 기 온야마카사에 관한 룰은 거의 대부분 문자화되어 전승되는 것이 아 니기 때문에, 오랜 경험과 숙련을 통해 개별적으로 숙지해 나가지 않으면 안 된다. 이를 통해 참가자들로부터 신뢰감을 획득하며, 나아 가 조직 상층부와의 원활한 의사소통도 가능하게 된다. 기온야마카사 연령이 중시되는 이유가 여기에 있다고 하겠다.

　기온야마카사는 매년 7월 1일 각 지구별로 가자리야마의 일반공개를 시작으로, 7월 9일 모든 나가레가 하코자키신사에 안전을 기원하고, 몸을 정화하기 위한 모래를 채취하기 위해, 하코자키하마箱崎浜까지 달려가는 오시오이토리お塩井取り, 10일 각 나가레별로 자신의 구역을 돌아 다니는 나가레카키流舁き, 11일 이른 아침에 움직이는 아사야마朝山, 15일의 본행사인 오이야마追い山를 대비한 예행연습으로 벌이는 12일의 오이야마나라시追い山慣し, 13일 7대의 야마카사가 시내중심가를 한꺼번에 달리면서 시민들에게 보이기 위한 슈단야마미세集団山見せ, 14일 본 행사를 위한 마지막 연습인 나가레카키, 15일 5km의 정해진 코스를 따라 달리는 본행사인 오이야마로 대단원을 장식한다. 여기서 주목해야 할 점은 이 모든 일정이 마치와 나가레별로 사전에 조율된 시간과 이동코스에 따라 소화된다는 사실이다표5-1. 대규모의 인원과 장비야마카사가 한꺼번에 움직이기 때문에, 안전을 도모하고 혼란을 방지하기 위함이다.

　7월 1일 주로 시내 중심가나 교통요지에 공개되는 가자리야마로 하카타 시내는 축제무드로 전환되며, 이 분위기를 마치 구석구석까지 확장시켜주는 쓰지기도辻祈祷도 같은 날 행해진다. 이른 아침 각 나가레의 야마고야에서는 신관神官에 의한 시메오로시注連卸し, 町内를 정화하는 神事가 있고, 여기서 정화된 긴 대나무笹竹와 시메나와注連縄, 금줄를 각 마치의 경계지역에 설치하는 것이다. 기온야마카사 기간

▌ 표5-1 ▌ 2009년 6번 야마카사 도이나가레의 일정

일시	행사명	집합	출발
7월 1일	도반초 오시오이토리 (当番町 お汐井取り)	17시	17시 40분 귀착 20시 경
7월 9일	전 나가레 오시오이토리 (全流 お汐井取り)	17시 10분	17시 40분 귀착 20시 경
7월 10일	나가레카키(流舁)	16시 30분	17시
7월 11일	나가레카키(流舁)	04시 30분	05시
7월 12일	오이야마나라시 (追山笠馴舁)	야마고야(山小屋) 출발 14시 15분 야마카사 정위치 14시 25분 집합 15시	구시다이리 (櫛田入り) 16시 25분
7월 13일	슈단야마미세 (集団山見せ)	14시 야마고야 출발 14시 40분 야마카사 정위치 14시 55분	15시 50분
7월 14일	나가레카키(流舁)	16시 30분	17시
7월 15일	오이야마카사(追山笠)	야마고야 출발 01시 45분 야마카사 정위치 01시 55분 집합 03시	구시다이 리(櫛田入り) 05시 25분

* 운행코스는 예년과 동일

중의 안전을 기원하기 위한 것이지만, 이것으로 일상적이며 세속적인 공간이 축제를 위한 신성한 공간으로 전환되는 것이다. 학교 운동회의 만국기나 전국체전 등을 알리는 현수막, 성화와 같은 의미와 기능을 담당한다고 하겠다.

다음은 7월 9일 오시오이토리인데, 이는 10-15일까지 야마카사를 메고 달리기 위한 워밍업으로써 왕복 10km 정도의 거리를 가볍게 달리면서 자신의 몸 상태를 점검하는 '준비운동'의 성격을 띠고 있다. 이 준비운동과 5일간의 예행연습이 끝나면 15일의 본행사로 들어가는데, 당일 모든 참가자들은 새벽 1시 50분 경 각 마치의 쓰메쇼를

출발하여, 구시다 신사 정면에서 남북으로 이어지는 도이도리土井通 リ의 야마도메山留め, 출발지점까지 간 다음, 소속 나가레의 야마카사 주변에서 출발신호를 기다린다. 이때부터 4시 59분 1번 야마카사가 출발할 때까지 3시간 정도를 오로지 기다리기만 하는 지루한 시간을 보내야만 한다. 이 기다림의 시간은 대단히 비효율적인 시간으로 비칠 수 있으나 실은 그렇지 않다. 기온야마카사의 모든 행사는 시작 전 2-3시간을 기다리는 것이 하나의 관례로 정착되어 있다. 이 기다림은 온갖 정보를 교환하거나 장비나 도구 등을 완전한 것으로 보완하며, 마음을 가다듬으며 에너지를 비축하는 과정이다. 시간과 힘을 오랜 시간 응축시켜 출발 직전의 한 순간에 폭발시키기 위한 아주 의미 있는 '기온야마카사만의 시간'이라고 할 수 있다. 이러한 '야마카사의 대기시간'은 야구선수가 오랫동안의 타격훈련을 마치고, 한 방을 터뜨리기 위해 타석에서 투수의 공을 기다리는 것과 아주 유사하다.

출발시간 15분 전에 "15분 전!"이라고 하는 첫 방송이 나오고, 이어서 "10분 전!" "5분 전!" "1분 전!" "30초 전!" "5초 전!"이라는 마지막 방송과 동시에 "셋!" "둘!" "하나!" "야!" 하는 우렁찬 함성과 함께 큰 북소리를 신호로, 질풍같이 내달려 신사 안을 돌아 나와 5km의 힘겨운 코스를 전력 질주하게 된다그림5-3. 대개 1분 정도 달리면 체력이 고갈되기 때문에, 26명의 가키테舁き手와 11명의 아토오시後押 し는 일정한 거리를 달린 후, 새로운 요원에 의해 수없이 교대된다.

▌그림5-3 ▌구시다신사를 돌아나오는 야마카사

이렇게 하여 거대한 야마카사는 새로운 에너지가 충전되어 전 코스를 거의 비슷한 스피드로 달릴 수 있게 된다. 육상경기의 계주나 역전 마라톤과 비슷한 구조이다.

  야마도메 지점에서 신사 경내를 완전히 돌아나오는 '구시다이리櫛田入り'가 끝나면, 계측요원에 의해 기록이 발표되며 대개 30초 전후, 오이야마코스의 결승점에 도착하면 거기서 또 한 번의 기록이 발표된다

5km에 대개 30분 전후. 그리고 이 기록측정은 1905년明治 38년부터 시작되었으며長浜弘之 1994: 94 1955년昭和 30년 이후의 기록은 보존되고 있다. 우승팀에 대한 표창이나 메달은 없지만, 적어도 형식적으로는 기록을 다투는 경기의 형태를 띠고 있음이 분명하다. 무엇보다도 참가자 전원이 자신들 보다 5분 앞에 출발한 야마카사를 따라잡기 위해, 또한 5분 뒤에 출발하여 뒤따라오고 있는 야마카사에 따라잡히지 않게 필사의 노력을 다하고 있다는 점은 분명 경쟁을 기본으로 하는 스포츠와 크게 다르지 않다.

구시다이리는 원래 지역의 사람들만이 참가하여 약간 엄숙하면서도 소박하게 행해졌던 진지神事, 신사와 관련된 행사였다. 그러나 1960년대 이후 구경꾼이 급격하게 증가하면서 이들의 안전을 위한 약 3,000석 규모의 관람석棧敷席이 매년 임시로 설치되는데, 이 또한 다른 여러 스포츠의 관람석과 같은 기능과 의미를 지니고 있다. 이를 이용하려면 유료로 판매되는 입장권을 소지해야 하는데, 이 또한 운동경기 관람을 위한 유료입장권과 다를 바 없다.

기온야마카사의 전 일정은 '몸 풀기'에서 예행연습, 본 경기의 순으로 에너지가 차츰 축적되어 한꺼번에 폭발하게 된다. 여기서 참가자와 구경꾼들의 긴장과 흥분은 9일의 시오이토리에서 완만하게 상승하기 시작하여, 10-14일까지 상승각도를 높이다가 15일 아침 오이야마와 함께 최정점에 도달한 후, 급하강하여 원상태로 돌아오는 모양을 상상해 볼 수 있다. 16일은 "언제 그랬느냐?"는 식으로 야마카

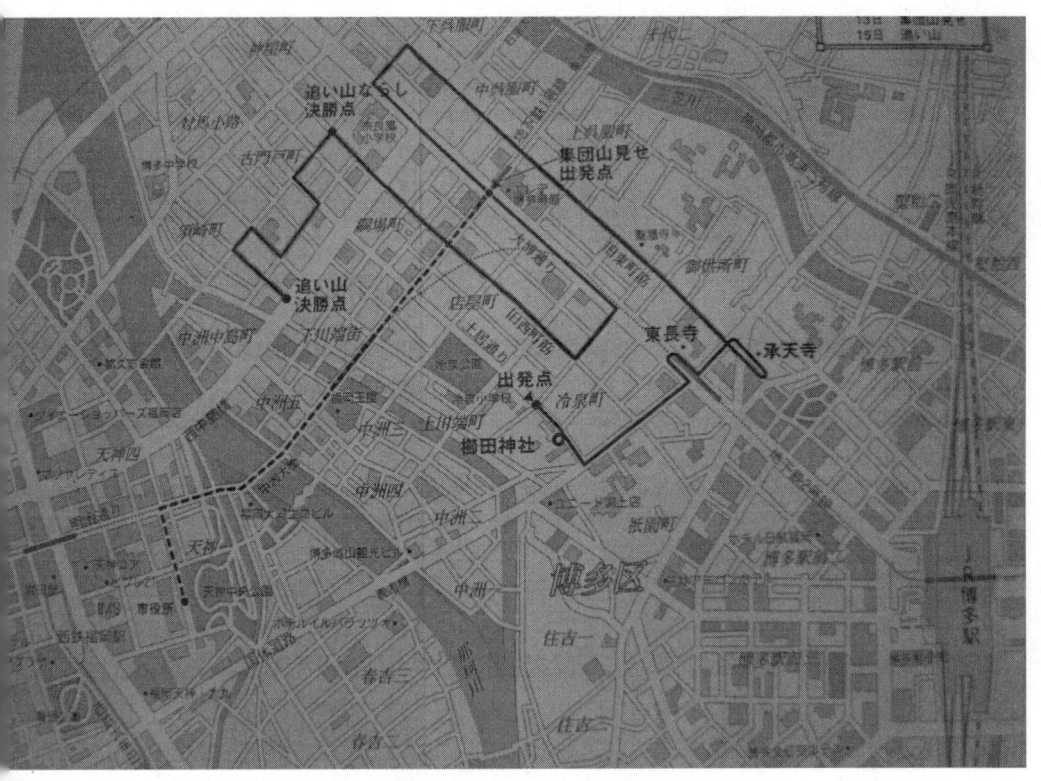

▍그림5-4▍야마카사의 운행 코스

사의 흔적은 완전히 사라지고 일상으로 돌아오게 된다. 축제의 비일
상과 일상이 이렇게 현격한 차이와 단절을 보이니까 수많은 남성들
이 때를 기다려 기온야마카사에 온통 몰입하는지도 모른다. 오랜 훈
련과 기다림 끝에 찾아오는 경기에 투혼을 불사르는 운동선수처럼.
　이상에서 살펴본 기온야마카사의 모든 일정은 '나오라이直숲'로 마

무리되는데, 이 나오라이는 야마카사의 주행이 모두 끝나고 참가자
들이 쓰메소에 돌아왔을 때, "여러분 수고하셨습니다"라는 말과 함께
일제히 오미키ぉ神酒를 마시는 것으로 시작하며, 2-3시간의 먹고 마
시며 담소하는 화기애애한 분위기가 진행되는 중, 그 분위기가 거의
절정에 다다랐을 때, 갑자기 리더의 "여러분!" 하는 소리와 함께 몇
가지 사무적인 전달사항이 고지되고, 다함께 박자와 리듬을 맞춰 치
는 손뼉인 '데잇폰チ一本'으로 종료된다. 자유롭고 소란스러운 축제의
일반적 성격과 달리, 기온야마카사의 뒷풀이에서 조차 끝까지 흐트
러지지 않는 특유의 긴장과 질서가 유지되고 있음을 알 수 있다.
이와 같이 긴장이 이완되고 자유로운 분위기에서 진행될 것으로 보
이는 뒷풀이에서 조차 다양한 규칙들을 적용하여 모든 참가자들의
행위를 규제하고 있다.

4
야마카사山笠의 운동역학

자체무게 750kg 정도에 6명의 성인을 태운 1톤이 넘는 거대한 야
마카사가 5km를 30분 정도에 주파하는 스피드와 힘은 어디서 어떻
게 나오는 것일까? 이하 기온야마카사의 운동역학적인 메커니즘에
주목함으로써 이를 밝혀보고자 한다 그림5-5.

야마카사는 6개의 봉에 앞뒤 각 2열씩 계 4열 24명과 양 옆에 1명 규리가키이 가세하고, 가장자리 봉좌우 3번 봉의 끝에 매달려 있는 끈으로 야마카사의 방향을 잡아주는 하나도리鼻取り 4명, 총계 30명의 남성들이 메고 달리는데, 이들을 보구미棒組 라고 하며, 이것을 기준으로 바로 앞에는 교대멤버인 마에바시리前走り 와 야마의 진행방향의 길을 터주고, 다른 사람들의 접근을 막아주는 마에사바키前さばき 가, 그리고 제일 앞에는 나가레 안의 각 마치의 이름을 쓴 마네키이타招き板를 든 초·중학생들이 달린다. 다음으로 야마카사의 바로 뒤에는 야마카사의 원동력이라 할 수 있는 아토오시後押し 가, 이어서 아토오시와 보구미의 교대요원인 아토바시리後走り, 가장 마지막에는 뒤에 처지는 사람들을 관리하는 오시아게押しあげ 가 자리잡는다. 그리고 보구미의 교대요원과 다이아가리 관리자야마카사에 오르내리는 사람들을 도와주는 역할들로 이루어진 다이마와리台回り 가 야마카사의 양 측면을 차지한다. 야마카사 대열은 대개 150-200m 정도가 되며, 이 길고 거대한 행렬이 마치 하나의 물체처럼 아주 빠르게 움직이는 탓으로, 연도에 가만히 서서 보는 사람들은 순식간에 앞을 스쳐가는 속도감과 수 백 명이 토해내는 열기와 함성에 완전히 압도되는 느낌을 받게 된다.

야마는 오모테表, 앞 12명이 앞부분을 살짝 들어올리고, 뒤의 미오쿠리見送り, 뒤 12명이 야마의 네 다리가 지면에 살짝 미끄러질 정도로 들어 올리는 동시에, 아토오시가 미오쿠리의 6개 봉을 양 팔로 밀게

되면, 그 힘에 의해 지면에 미끄러지면서 앞으로 나아가게 된다. 여기서 아토오시는 5-4-3-2명의 4열로 구성되며, 5명의 첫째 열이 6개의 봉을 양 팔로 잡고, 그 뒤의 4명은 앞 열 5명의 등을, 이런 식으로 마지막 열의 2명이 바로 앞의 3명의 등을 꼭 같은 방식으로 밀면서, 야마카사가 움직이는 동력을 제공하게 된다. 야마카사는 앞 부분이 들린 상태로 나아가기 때문에, 뒤에서 미는 추진력이 강할수록 빠르게 움직인다. 선박에 비유해서 말하면 보구미는 물에 띄우는 부력에, 아토오시는 앞으로 나아가게 하는 추진체인 스크루에 해당된다고 하겠다. 양 옆의 '규리가키'는 야마카사가 옆으로 출렁이는 것을 막아주는 역할을 하며, 오모테와 미오쿠리의 4명의 하나도리는 6개의 봉 중에 가장자리의 3번봉 끝에 매달려 있는 끈을 잡고, 야마카사가 일정방향으로 가게 하는 방향타 구실을 하며, 특히 오모테의 하나도리는 야마카사에 관한한 최고 베테랑급의 요원이 아니면 맡을 수 없으며, 카메라의 스폿 라이트를 한 몸에 받을 수 있어서, 아주 중요하면서도 인기 있는 역할로 여겨진다.

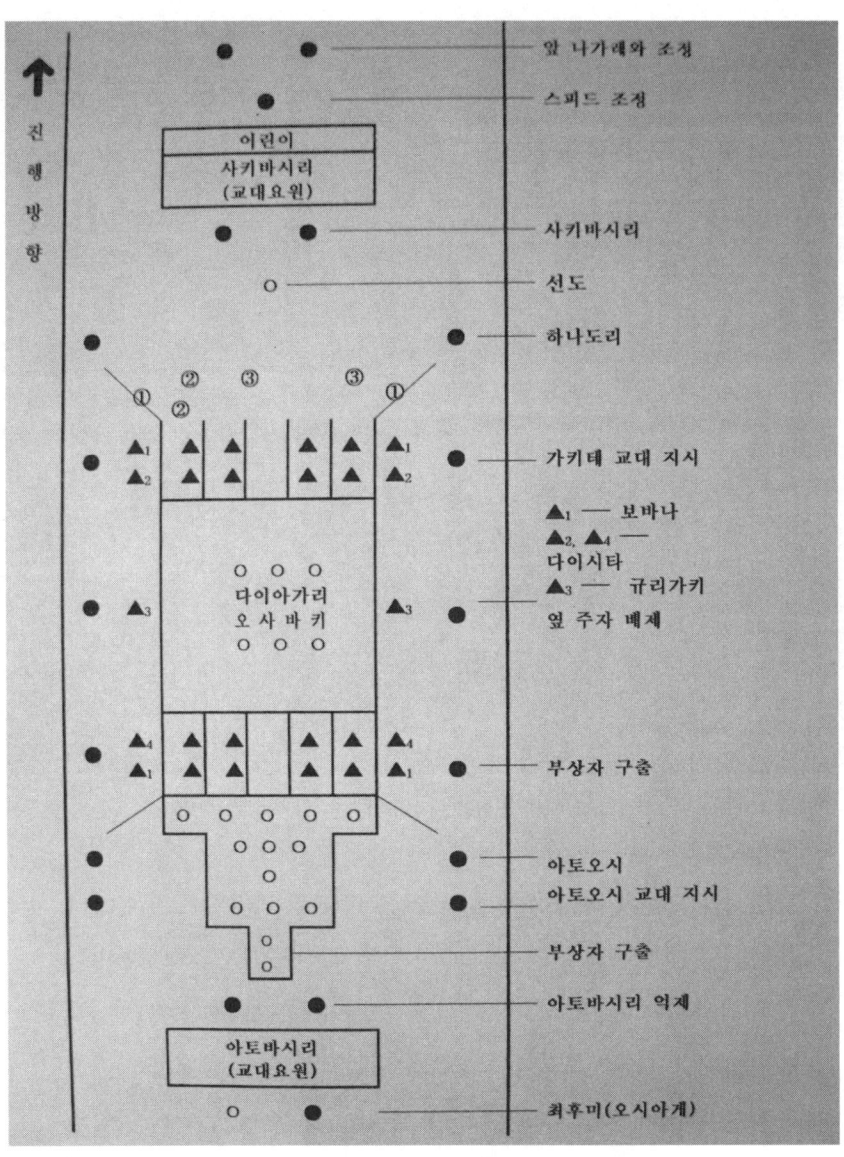

■ 그림5-5 ■ 가키야마의 대열

▌그림5-6 ▌ 실제 움직이는 야마카사를 위에서 본 모양

　마지막으로 적게는 500여 명, 많게는 1,000명 이상의 참가자에 의
해 일사분란하게 움직이는 야마카사의 최고 지휘자는 오모테와 미오
쿠리에 올라탄 6명의 다이아가리들이며 구시다 신사를 돌아나오면 앞과 뒤에
각 1명씩 2명, 이들은 보구미 요원들의 피로도에 따라 교대의 시기를
조절하면서 5km의 타임 레이스를 성공적으로 이끌기 위해 자신의

모든 지혜와 리더십을 발휘하게 된다. 다음으로 중요한 역할은 대열의 여기저기를 분주히 뛰어 다니며, 야마카사의 움직임을 조정하고 통제하는 아카테노고이이다. 이들은 각 대열의 간격을 조정하거나 야마카사의 양 옆에서 진행에 방해되는 자들을 정리하고, 부상자 등을 구출하기도 한다. 이들이 바로 '기온야마카사의 꽃'으로 일컬어지는 '실동부대實動部隊'이다. 이 외에도 야마카사의 진행코스상의 도로교통을 통제하는 '교통요원'을 비롯하여, 부상자를 관리하는 '위생', 혼신의 힘으로 메고 달리는 참가자들의 몸의 열기를 식히고, 야마카사가 도로에서 잘 미끄러지도록 물을 뿌리는 '물 당번勢い水' 등, 대단히 정교하고도 치밀하게 조직된 역할이 배분된다.

오이야마에서 가장 복잡하고도 고도의 테크닉이 필요한 부분은 움직이는 과정 중에 쉴 새 없이 이루어지는 보구미 요원들의 교대방식이다. 〈그림5-6〉에 표시한 바와 같이, 크게 나누어 전면과 측면, 후면에서 접근하는 방식이 있다. 특히 전면에서 봉 안으로 후진하여 접근하는 방식은 전진하는 야마와의 속도조절과 봉 사이의 통과라는 난코스 때문에, 오랜 동안의 경험과 요령을 쌓은 숙련자가 아니면 쉽게 수행할 수 없다. 또한 다른 사람과 부딪혀 넘어지면 큰 사고로 연결되기 때문에 아주 위험한 방식이기도 하다. 따라서 비교적 스피드가 느린 10-14일 사이의 연습과정에서 충분히 그 가능성을 시험해 봐야 한다. 이러한 교대방식과 함께 교대요원들의 체력을 안배하여 보다 빠른 스피드를 내기 위해, 최근 나가레별로 일정한 거리에 교대

요원들을 사전에 배치한 다음, 그 지점에 오면 자동적으로 교대하게

하는 보다 체계적이며 과학적인 시스템을 마련해 놓고 있다.

　일본에는 수많은 마쓰리가 존재하지만, 기온야마카사만큼 많은

▌그림5-7 ▌보구미 요원들의 교대(→는 진행방향)

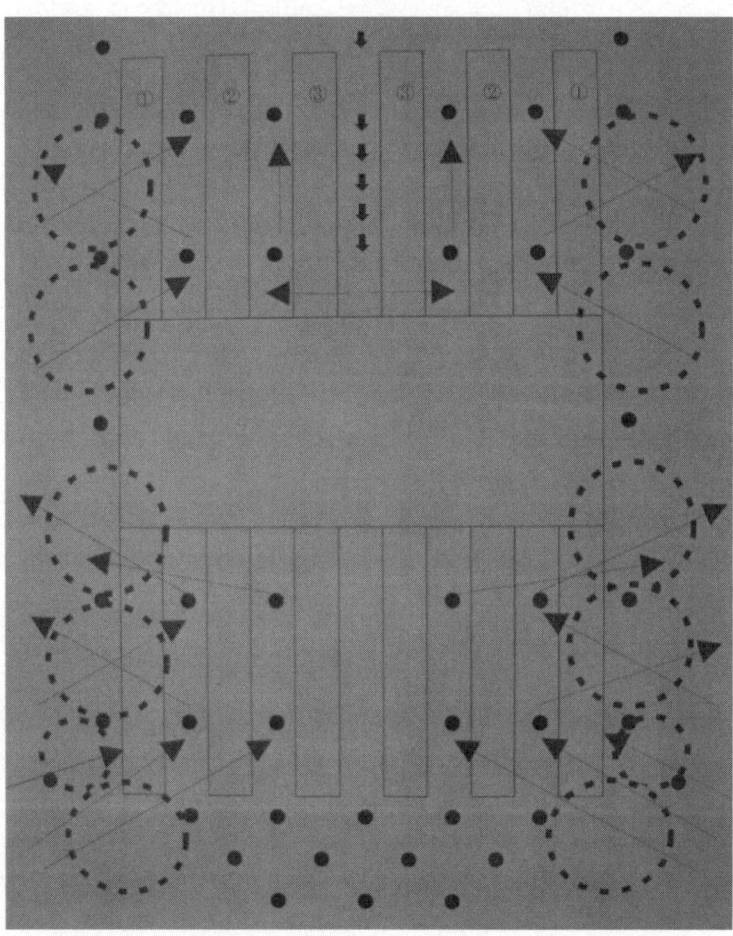

인원이 거대한 장치를 정교하고 치밀하게 배분된 역할로, 그것도 스피드를 다투며 일사분란하게 움직이는 마쓰리는 없는 것으로 알고 있다. 이와 같은 특징에 주목한 다카노高野一宏는 일본에서 유례를 찾아볼 수 없는 '경주계통의 민족 스포츠'로 자리매김하고 있는데 2004: 144-148, '민족'이라는 개념의 모호함이 거슬리기는 하지만, 글쓴이가 문제 삼고 있는 맥락과 같은 차원이라고 하겠다. 지금까지 기온야마카사에 대해 복장과 도구, 조직과 운영, 앞으로 나아가는 원리 등을 중심으로 살펴보았는데, 이러한 자료들을 바탕으로 기온야마카사의 스포츠적 성격과 의미를 몇 가지 관점에서 규명해보기로 하겠다.

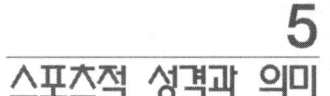

5 스포츠적 성격과 의미

1 독립성과 자율경쟁

　기온야마카사의 스포적 성격과 의미를 규명하기 위해서는 우선 운영의 주체인 마치나 나가레에 주목하지 않으면 안 된다. 기온야마카사의 운영조직인 마치와 나가레는 기본적으로 각자 독립된 자기완결적 주체성을 기반으로 운영되고 있다. 특히 기온야마카사에 필요한 자금의 동원이나 인원의 관리, 운영방식 등이 자기 완결적이며

자족적이다. 마치는 나가레에 나가레는 다시 진흥회의 하부조직이
지만, 의사결정 과정에서 하부단위의 주체성은 훼손되지 않는다. 이
를테면 다수결이나 합의제에 의한 결정사항을 거부하고 참가를 스스
로 포기할 수 있는 '자결권'을 행사할 수 있다. 실제 1965년昭和 40년
4월, 그해 10월부터 시행될 예정인 행정구역 개편에 반발하여, 도이
나가레의 10개 마치는 자신들의 나가레를 스스로 해산하는 극단적
인 방법을 취하기도 했다. 물론 이로 인한 어떤 책임추궁도 없었으며
독자성은 훼손되지 않았다. 그렇다고 해서 어떤 간섭도 배제된 완전
한 자유를 누린다는 말은 아니다. 공용도로를 그것도 도심의 간선도
로를 여러 번에 걸쳐 독점적으로 사용하여 스피드를 치열하게 다투
는 축제의 특성이 안전을 관리하고 질서를 유지하기 위한 외부의
관여를 초래했지만 경찰서의 도로사용 허가, 이것으로 축제집단내의 나가
레 간 대항의식이나 독자성이 약화되지는 않는다. 오히려 일상적으
로 누릴 수 없는 특권의식이나 독자성은 한층 강화된다고 하겠다.
특히 마치의 집합체인 나가레가 기온야마카사를 운영하는 단위이며,
이러한 단위가 7개로 나뉘어져 이 단위 간에 오이야마 때의 스피드
경쟁을 통해 나가레의 여러 마치들을 내부적으로 통합하고 연대감을
향상시키며, 외부적으로 다른 나가레에 대해 대항의식을 부추기고
있다는 점에서 스포츠 조직의 자기완결적 구조와 유사하다. 이러한
자주적이며 독립적인 구조 아래서 전개되는 경쟁의식은 현재의 오이
야마가 에도시대 때 나가레 간 다툼이라는 '역사적 사건'에서[4] 비롯

되었다는 사실에서 보는 것처럼 역사적으로도 뿌리가 깊다.

　마치 간 나가레 간 경쟁의식은 최종적으로 나가레 전체의 응집력과 기술향상으로 이어지며, 이때 참가자들은 자신들의 마치가 개별 팀으로 나가레라는 클럽 안에 소속되어 있다는 인식을 가지게 된다. 마치 간의 경쟁은 마지막 오이야마 때, 구시다이리의 보구미 위치를 최종 결정하기까지 진행되는데, 지나친 경쟁으로 마치 간 싸움으로 번지는 일이 잦아지면서 도이나가레의 경우 추천제로 변경하기까지 했다. 추천제로 바뀌었다고 해서 경쟁이 완전히 사라진 것은 아니다. 9-14일까지 개인별 경쟁이 치열하게 전개되기 때문이다. 야마카사가 출발하기 전 항상 도반마치의 관리하에 보구미를 결정하는데, 그 방식은 "보구미 하자!"는 명령어와 함께 동시에 달려들어 가장 빨리 자신이 잡고자 하는 봉에 가키나와를 걸고 어께를 밀착한 사람이 차지하는 자유경쟁 방식에 의해 결정된다. 6일간의 경쟁에서 두각을 나타낸 사람들이 각 마치별로 분배된 30개의 자리를 차지하게 된다. 이 때 선정된 사람들은 보구미의 최정예부대라고 할 수 있다. 이러한 과정을 거쳐 선발된 각 마치의 대표들로 구성된 나가레가 다른 나가레와 1년에 한 번씩 레이스를 펼치는 것이 다름 아닌 오이야마이다.

4　　　에도시대인 1687년(貞亨 4년) 도이마치(土居町)에서 다테마치(竪町)로 시집을 간 여성과 그 남편이 설날 친정을 방문하는 길에 다테마치의 신랑이 도이마치 남성들로부터 봉변을 당하자 양 마치 사이에서 큰 싸움이 벌어지는 사건이 발생한다. 그 해 오이야마 때 4번 야마였던 마치가 점심을 먹기 위해 쉬고 있던 3번 도이마치의 야마를 앞질러 감으로써 모욕을 준 사건 이후부터 다른 마치들도 모두 중간휴식을 취소하고 경쟁적으로 달리게 되었다는 것이다(振興会 2004: 13)

2 일정의 관리와 통제

기온야마카사를 시간적·공간적 측면에서 보면, 모든 참가자들은 사전에 조율된 시간표에 따라 움직이며, 나가레별로 돌아다니는 코스가 정해져 있을 정도로, 모든 일정이 철저하게 관리되고 있다는 사실을 발견하게 된다. 이 두 가지 사항은 매년 나가레별로 앞에서 제시한 〈표5-1〉의 '일정표'라는 형태로 만들어져 각 마치에 배포된다. 이것을 기준으로 여러 개의 마치들이 정해진 시간과 공간에 따라 통일된 행위를 하게 된다. 여기서 말하는 일정표는 7월 1일과 9-15일 동안 나가레별로 집합과 출발시간을 분 단위로 설정하여, 참가자와 야마의 동선을 철저하게 관리하기 위한 것이다. 이는 7개의 야마의 운행코스를 서로 겹치지 않게 설정함으로써, 대규모의 인원과 장비가 움직이는 데에 안전을 확보하기 위함이다. 이러한 시간과 공간의 체계적 관리는 다소 소란스럽고 무질서한 난장판의 세계를 특징으로 하는 일반적인 축제나 마쓰리와는 분명 다른 점이라고 할 수 있다.

여기서 이 일정표와 실제 축제운영을 비교해서 검토해보면, 모든 행사가 15일의 오이야마를 겨냥한 훈련적인 성격이 강한 내용으로 채워져 있다는 것이다. 이는 7월 12일의 '오이야마나라시'가 오이야마를 위한 예행연습이라는 사실에서 두드러지게 나타난다. 또한 10-11일, 14일의 3일간의 나가레카키는 각 나가레 지역 안에서 순회하는 행사로, 마치의 집합체로서의 나가레 자체의 연대와 통합을 강화하는 데에 크게 이바지하고 있다.

기온야마카사는 메이지 초기에 두 번에 걸친 위기를 맞이하게 되는데, 다름 아닌 행정 측의 중지명령이다. 이는 기온야마카사가 시메코미만의 거의 발가벗은 모습과 폭음 등을 수반하는 전근대적이며 야만스러운 풍습이라는 이유 때문이었다. 1883년明治 16년 축제집단은 이를 극복하기 위해 지금의 핫피를 의무화했는데, 이는 다름 아닌 기온야마카사에 참가하는 마치나 나가레별 공식 유니폼인 것이다. 이러한 행정이나 대중의 눈높이에 맞춘 기온야마카사의 시각화는 인형의 모양이나 디자인, 장식 등에도 나가레별로 그 차이를 강조하는 흐름으로 이어진다. 스포츠의 대중화와 마찬가지로, 보는 스포츠라는 새로운 관점이나 가치관이 반영된 또 다른 관리의 형태라고 할 수 있다. 이렇게 하여 나가핫피와 미즈핫피라는 의례용과 실전용의 복장이 갖추어졌으며, 이 복장에 의해 사람들에게 보이는 존재로 전환됨으로써, 축제 특유의 반질서적이며 일탈된 행위에의 유혹으로부터 스스로를 관리하고 통제하게 하는 효과도 거두게 되었다.

3 쓰메쇼詰所의 역할과 기능

다음으로 나가레 안의 마치별로 운영되는 쓰메쇼의 역할에 주목해 보자. 쓰메쇼가 실제 활발하게 움직이는 기간은 7월 1-15일까지의 기간이지만, 모든 마치에서 각종 도구를 보관하는 창고와 참고자료, 기록들을 정리해 놓은 방을 보유하고 있을 정도로 사실상 1년 내내 기능하고 있다. 도이나가레의 교노초의 경우, 5층 건물의 2층 전체15평 정도의 창고 겸, 모임장소와 5층 일부5평 정도, 다타미 방를 세내어 사용하고 있으며, 마쓰리 기간 중에는 이웃하는 유료 주차장 일부에 천막을 치고, 집회와 뒤풀이용 공간으로 활용하고 있다. 이 쓰메쇼는 신참자를 위한 연수나 각종 복장과 도구의 마련, 보구미요원의 신체 기법 등을 전수하는 교육공간으로도 활용되고 있다. 스포츠클럽의 클럽하우스인 것이다. 이 쓰메쇼는 전통적으로는 지역내 사람들의 연령계층제에 의한 역할분담과 임무수행을 위한 명령체계에 따라 운영되어 왔다. 대개 소년少年組 과 청년若者組, 장년壯年組, 노년老人組 의 4단계로 이루어진 연령계층이 기온야마카사의 운영조직에 편입되어 있었다.

그러나 1960-1970년대 이후, 도심의 공동화 현상으로 일상적 접촉과 교류를 바탕으로 한 면식사회가 해체되고, 끝까지 이 지역에 살면서 주도적인 역할과 책임을 맡고 있는 몇몇 유력가 집안과의 관계를 바탕으로 가담하게 된 '가세인'이 등장하면서, 참가경력에 따라 위계구도에 편입되는, 이를테면 '경력계층제'가 새롭게 완성되었다. 이러한 위계구도는 쓰메쇼라는 집회나 교육공간에서 끊임없이 보완되거나 강화되면서 기온야마카사를 위한 최선의 조직으로 정비된다. 여기서 모든 참가자들은 다양한 만남을 통해 소통하고, 학습하며, 마시고 먹고 하는 전인적 교류를 경험하게 된다.

모든 참가자들은 기온야마카사 기간 중, 집이나 직장에서 각 마치의 쓰메쇼를 경유하여 기온야마카사라는 축제현장에 참가했다가 다시 역순으로 집으로 돌아가는 행위를 수없이 반복하게 된다. 이 과정에서 지역의 사람들은 말할 것도 없거니와 이 지역과 특별한 정서적 일체감이 없는 가세인이라고 해도 자신들이 참가하는 마치나 나가레에 대한 소속감이 증대되어 다른 나가레에 대한 대항의식이 싹트게 된다. 야구나 축구선수가 자신의 집을 떠나 연습장쓰메쇼을 거쳐 경기장기온야마카사에 나가는 구조와 동일하다. 쓰메쇼에서는 축제기간 중 수 십 번의 회합요리아이과 공동회식나오라이이 진행되며, 이때 거의 모든 참가자들은 서로 얼굴을 익히고 다양한 정보를 교환하게 된다. 기온야마카사 전반에 대한 사전 주의사항이나 코스안내, 역할의 배분, 사후의 점검과 반성 등, 집단적인 교육과 학습의 공간으로서의 쓰메쇼의 기능은 경기장코트 밖의 클럽하우스와 다를 바가 없다고 하겠다.

4 개방성과 나가레流 소속주의

일본의 마쓰리는 기본적으로 특정 지역의 사람들이 공동으로 모시는 신을 제사지내는 것에서 출발하기 때문에, 성원권이 제한적이며 폐쇄적인 특징이 있다. 그러나 기온야마카사는 지역의 사람들이 중요한 위치를 차지하고 운영의 핵심적 역할을 하고 있지만, 차츰 가세인에게도 공평하게 그 기회를 제공하는 쪽으로 변화하고 있다. 물론 글쓴이와 같은 외국인도 예외가 아니다. 이러한 개방성은 축구의 경우, 국적에 제한을 두는 월드컵대회와는 달리 국적주의 소속을 원칙으로 개별 국가내의 프로리그나 지역별 아시아나 유럽 등 대회, 세계를 단위로 하는 클럽대항전이 가지는 '소속협회주의'와 유사하다. 기온야마카사에서는 조직적이며 역동적인 팀워크가 강조되며, 일정한 조건을 갖추면 사회적 지위의 고하와 관계없이 누구나 성원권을 획득할 수 있는 개방성과 평등성이 존중되는 것도 스포츠클럽의 개방성과 소속협회주의와 유사하다고 하겠다. 이러한 근대적이며 스포츠적인 성격이 축제집단내의 갈등이나 분규, 지방행정과의 대립, 국가의 간섭 등으로 여러 차례 위기를 맞이했지만, 지금까지 750년 이상을 유지해 올 수 있었던 원동력이 아니었나 생각된다.

또 하나 주목해야 하는 것은 다른 마쓰리에서는 좀처럼 찾아볼 수 없는 국내외 대형 이벤트 등에 초대받아 참가했다는 사실이다. 예를 들면, 1975년 明治 50년 후쿠오카박람회, 1978년 전국향토제, 1980년의 하와이 알로하위크 페스티벌 Aloha Week Festival, 1988년 오스트레일리아 국제레저박람회, 뉴질랜드 '제팬데이'에 공식적으로 초청을 받아 참가한 것이다. 기온야마카사가 하카타라는 지역사회를 떠나 국제적 무대에 올려진 것이다. 전통적인 공연물인 경우에는 복장과 도구, 무대장치만 갖추면 축제의 현장을 떠나 탈맥락화 된 상태에서 보여주는 것이 가능하다. 공연물이 아닌 기온야마카사가 해외

에서 초청받아 국제적 이벤트에 참가했다는 사실은 원래 신사에의
봉납이라는 종교적 의미와 기능이 쉽게 탈맥락화 될 수 있는 형식성
과 스포츠성이 강하기 때문이다.

5 인재육성 시스템

2차 세계대전 중 일시적으로 중지되었던 기온야마카사의 부활은
그 규모나 인적 동원, 재정적 부담 등에서 가벼운 어린이 야마카사로
부터 시작되었는데, 그 후 하카타 지역의 인구감소와 가세인의 급증
에 따라 현재 지역사람과 외부인의 비율은 3 : 7 정도, 전통문화의 계승주체의
발굴을 위한 어린이 야마카사교실子供山笠教室이 열리게 되었다. 예를
들면, 1982년 나카스 나가레 안의 시모카와바타下川端와 가와바타
川端 중앙상점가, 그리고 지역민방인 RKB방송의 공동주최로 시작된
'어린이 야마카사子供山笠'가 있으며 2009년 28회, 1971년 明治 46년 2개의
마치가 공동으로 시작하여, 1998년 平成 10년 4개 소학교의 통합에 의
해 개교한 하카타소학교 博多小学校 어린이들에 의해 계승된 '하카타
어린이 야마카사博多子供山笠'가 있다. 또한 1987년 明治 62년 지요나가
레 안의 지요소학교千代小学校에도 어린이 야마카사가 생겨 그 저변
이 차츰 확대되고 있다. 앞의 것은 학구와 관계없이 소학생이면 누구
나 참가할 수 있으며, 뒤의 것은 하카타의 2개 소학교 학생들만이
참가할 수 있다.

위에서 보는 것처럼, 참가자격이 개방되어 있는 것과 특정 소학교
에 국한되어 있는 것으로 양분되어 있으나, 중요한 사실은 이러한
어린이 야마카사교실을 경험한 어린이가 장차 성인이 되어 기온야마
카사에 참가하는 경우가 압도적으로 많다는 사실이다. 또 하나는 모
든 어린이 야마카사교실을 직접 운영하고 관리하는 사람들은 기온야
마카사에 경험이 많은 각 나가레에서 지원한 자원봉사자들과 초등학

▌ 그림5-8 ▌ 지역 방송국 주최의 어린이 야마카사교실

교의 선생님들이라는 것이다. 전통문화의 계승에 학교와 지역사회가 어떻게 기여할 수 있는가 하는 문제를 생각할 때 시사하는 바가 크다고 하겠다. 2개의 소학교와 지역언론에 의한 어린이 야마카사교실은 최근 일본사회에서 전통문화의 계승라인이 붕괴되거나 해체되어 가고 있는 상황에서 이를 복원시켜주는 새로운 전승주체의 발굴임과 동시에, 후계자양성 시스템으로서 중요한 의미를 지니고 있다고 하겠다. 전통적인 마치나 무라의 지역공동체가 가지고 있던 전승라인의 근대적 복원인 것이다. 이러한 의미에서 기온야마카사의 인재육성 시스템은 프로 축구팀의 유소년클럽과 대단히 유사하다고 하겠다.

일본의 근대 스포츠는 잘 알려진 대로 메이지 이후 서양의 제도인 '학교'라는 틀 안에서 발생하여 육성된 후, 이를 다시 기업이 계승하는 형태로 성장·발전해 왔다고 하겠다. 이러한 역사는 세계의 프로스포츠의 대명사인 영국의 프리미어리그의 성장과는 사뭇 다르다. 영국의 프로축구는 학교체육이나 기업이 아니라 놀이와 축제에서, 골목축구로 자리를 옮긴 후, 조직과 단체協會 축구로 발전 된 후, 그것을 후원하는 기업이 등장하는 순서로 진화되어 왔다고 하는데 中村敏雄 1985: 61-118, 일본의 전통적 마쓰리의 조직과 운영도 영국처럼 처음부터 기업의 후원이나 관여, 소유, 경영을 배제한 지역에 뿌리를 둔 시민의 자발적 모임이나 참가, 지원에 의한 스포츠클럽의 그것과 크게 다를 바 없다고 할 수 있다. 세계적 스포츠인 축구가 바로 축제의 현장에서 태어났다는 사실은 현재의 프로 스포츠의 조직과 운영을 이해하는 데에 중요한 단초를 제공하고 있다. 같은 맥락에서 일본적 스포츠클럽의 기원을 기온야마카사에서 찾아보는 것도 무리가 아닐 것이다.

일본의 도시와 민중이 만들어낸 도시의 자주적 관리시스템이라고 할 수 있는 마쓰리에 주목한 모리森正明가 기온야마카사의 조직과 운영을, "지역에 뿌리를 둔 스포츠클럽"의 원점으로 파악한 점도2003: 1-34 같은 맥락이라고 하겠다. 일본의 스포츠클럽의 역사는 다른 선

■ 그림5-9 ■ 하카타소학교 어린이들의 야마카사

진 자본주의 국가에 비해 J리그의 탄생1993 이 늦은 것에서 알 수
있듯이, 그 뿌리가 대단히 취약하다고 하겠다. 그러나 지금까지 살펴
본 바와 같이 그러한 토양이 전혀 없었던 것은 아니다. 기온야마카사
를 비롯한 경주계통 마쓰리는 일본의 스포츠클럽의 뿌리라고 할 수
있으며, 이러한 뿌리 덕분에 우리보다 훨씬 늦게 출발한 J리그가 유
소년 클럽의 활성화와 함께 성공적으로 자리잡을 수 있었던 것으로
불 수 있다.

　이상에서 살펴본 바와 같이, 기온야마카사의 스포츠적 성격과 의
미는 다양한 관점에서 해석되고 논의될 수 있음을 보여주고 있다.
이러한 기온야마카사의 성격은 2차대전 후 새롭게 조직된 '하카타야
마카사진흥기성회'가 그 회칙 1조에 "본회는 전통을 자랑하는 하카
타기온야마카사의 진흥을 위해, 향토의 발전과 문화의 향상 및 스포
츠정신을 고양하고, 나아가 일본 재건의 평화운동에 일조하는 것을
목적으로 한다"는 落石栄吉 1961: 27, 37 기술에도 잘 나타나 있다. 어디
그뿐인가. 1952년昭和 27년 '기성회'가 펴낸 〈博多祇園山笠今昔物
語〉 서문에서도, "하카타기온야마카사가 일대 스포츠로서 회자되는
것은 야마의 질주 중에 무려 수 만 명의 사람들이 각자 맡은 임무를
일사분란하고도 신속하게 바꾸어가면서 처리하는 팀워크가 물 흐르
듯 이루어지기 때문이다"고 落石栄吉 1952: 序文 스포츠적 성격을 강조하
고 있다. 이는 축제집단 스스로 전통의 마쓰리구시다신사에의 奉納祭 를
스스로 종교적 차원이 아닌 스포츠의 세계로 자리매김하고 있는 것

으로, 눈여겨 볼만한 대목이라고 하겠다.

축제의 제례성과 스포츠성

  기온야마카사는 참가자들이 흔히 말하는 '거대한 물건 옮기기인데, 여기에는 강인한 체력에 의한 격렬한 운동이 수반된다. 완전히 지쳐서 기진맥진할 때까지 있는 힘을 다해 달려도 일정 스피드를 초월할 수 없을 정도로 인간이 가지고 있는 체력의 한계를 테스트하는 경기라고 할 수 있다. 참가자들의 얼굴은 온통 일그러진 상태로 악을 쓰고 있는 모습으로 가득차 있다. 왜 이런 격하고 고통스러운 일을 하는 것일까?

  참가자들은 하나 같이 격한 운동 후의 피로감이 아닌 상쾌한 느낌을 말한다. 이는 무엇 때문일까? 보통 운동 후에는 체내에 유산乳酸이 형성되는데, 이것이 피로감을 느끼는 원인이 되는 성분이라고 한다. 그러나 '상쾌하다'고 하는 느낌은 무엇일까? 후쿠오카대학 체육학부 운동생리학연구실의 다나카田中広暁의 조사에 의하면, 그 원인은 기온야마카사 후에 뇌 속이나 혈중에 몰핀과 유사한 마약물질의 농도가 높아진다는 사실을 처음으로 발견했는데, 이것이 다름 아닌 베터 엔돌핀better endolpin, 몰핀과 같은 작용을 하는 것이라는 것이다長浜弘

之 1994: 141-146. 이 엔돌핀이 상쾌함이나 가벼운 도취상태에 빠지게
하는 원인이라고 생각한 것이다.

많은 참가자들이 '상쾌하다'고 느끼는 기온야마카사는 베터 엔돌
핀을 대량으로 생성시키는 여러 가지 조건을 갖추고 있다고 할 수
있다. 평소에는 하지 않는 시메코미 복장에 모두 같은 무늬의 핫피,
주위의 수많은 사람들의 뜨거운 시선특히 여성 구경꾼이 많음, 친구나 지
인, 소속 성원 사이의 일체감이 참가자들에게 깊은 감동을 주고, 최
고의 상쾌감을 느끼게 하는 것이다. 수많은 구경꾼의 시선에다 스스
로 내뿜는 열기와 흥분에 도취되어 자신이 누구인지를 일시적으로
망각해버리는 대중망아mass ecstasy 의 상태를 경험하게 되는 것이다.
메고 달릴 때의 "옷쇼이!"라고 하는 구령과 함께, 완전히 일그러진
얼굴로 있는 힘을 다해 달리지만, 이 순간 자신도 모르게 일종의
대중망아적 상태에 도취되어 있다고 할 수 있다. 이러한 집단망아의
상태가 바로 엄청난 에너지가 분출되는 모태가 되고 있는 것이다.
그렇지 않고서는 한 사람당 40kg에 가까운 하중을 어깨를 통해 온몸
으로 견디면서 전력 질주하기란 불가능한 일일 것이다. 이러한 도취
감과 끝난 후의 상쾌감이 가혹한 레이스에 빠지게 하는 원동력이
아닐까 생각한다.

물론 참가자 전원이 이러한 가혹한 운동에 견딜 수 있는 체력의
소유자라는 말은 아니다. 끝까지 사키바시리나 아토바시리를 하면
서 보구미의 교대요원으로 들어가지 않아도 되며, 자신의 체력과 운

동능력, 경험에 따라 아토오시만 해도 상관없다. 즉 어린이에서 고령자에 이르기까지 자신의 운동능력에 맞춰 참가할 수 있는 것이다. 이것을 단적으로 보여주는 예가 '요코반기리橫番切り, 지름길로 질러가기' 이다. 이는 5km의 코스가 일직선상에 놓여 있지 않고, 〈그림 5-2〉에서 보듯이 갔던 길을 한 블록 건너 다시 돌아오는 것을 5번이나 되풀이하기 때문이다. 즉 세로로 길게 달리다가 가로로 건너서 기다리면 행렬을 다시 만날 수 있는 구조로 되어 있다는 말이다. 모든 참가자들은 자신의 체력과 경험의 정도에 따라 각각 참가정도참가의 질과 범위와 방식을 스스로 결정할 수 있다는 점이 기온야마카사의 최대의 특징이며, 엄격한 룰에 따라 승패를 명확히 가리는 일반적 스포츠와는 다른 점이라고 할 수 있다. 따라서 기온야마카사는 엄밀하게 말하면 스포츠는 아니며, 사람을 끌어들이는 스포츠적 특성이 농후하다는 이야기이다. 좀 더 정확하게 말하면 공동체의 신을 모시는 제례적 성격과 경쟁과 다툼을 부추겨 승패를 가리는 스포츠적 특성이 적절하게 혼합된 양의적兩義的인 축제라고 할 수 있다. 이것이 바로 다양한 연령과 계층의 사람들을 끌어들이는 기온야마카사만의 원동력이라고 할 수 있다.

축제와
어린이 교육
어린이 야마카사子供山笠를 중심으로

VI

일본의
축제와 지역사회

1
어린이의 성장과 축제

최근 일본에서는 교육현장이나 지역사회의 이벤트, 축제, 지역활성화 장면 등에 어린이의 참가를 적극적으로 추진하는 움직임이 활발하다. 여기서 말하는 '어린이 참가'는 일본에서 '어린이 참획子供参画'이라고 하며, 이 말은 1989년 유엔총회에서 채택된 '어린이 권리조약'에서[1] 나온 것이다. 일본에서는 2002년 도입된 교육현장의 '종합적인 학습시간'이나 자치단체의 '어린이가 참가하는 마을 만들기' 등으로 보다 구체화되었다. 어린이 참가와 관련하여 이론적 검토를 처음으로 시도한 하트R. A. Hart는 어린이 참가를 "그들이 살아가는 커뮤니티 생활에 영향을 미치는 의사결정을 공유하는 과정"으로 정의했다五十嵐牧子 2000: 97에서 재인용. 그러나 문제는 어린이가 무엇에 어떻게 참가하느냐이며, 나아가 그러한 참가가 무엇을 의미하는가이다. 다시 말해, 어린이가 사회참가를 통해 얻을 수 있는 효과나 그 결과가 가지는 의미에 대한 분석이 하트의 '어린이 참가론'의 남겨진 과제라고 할 수 있다.

글쓴이는 2006년부터 총 5회에 걸쳐2006년 7월 8-16일, 2007년 6월 1일-8

1   어린이 권리조약은 어린이의 생존권과 발달권, 보호받을 권리, 참가권의 4개의 권리로 구성되며, 앞의 3개 권리는 어느 정도 정착되었다고 할 수 있으나 마지막의 참가권은 정착은커녕 개념에 대한 이해조차도 부족한 상황이다.

월 31일, 2008-2010년 7월 7-16일, 후쿠오카시의 전통축제인 하카타기온야마카사博多祇園山笠, 이하 '야마카사'라 함에 직접 참가하면서 참여관찰participant observation을 전제로 인류학적 현지조사를 시행하던 중, 특히 어린이 야마카사子供山笠의 모든 과정이 '야마카사 육성회'와 PTA, 도우미世話人 그룹에 의한 끊임없는 교육과 학습의 과정이라는 점에 착안하게 되었다. 다시 말해 축제라는 전통문화의 계승과정에 내재된 사회문화적 시스템으로서의 교육과 학습의 일본적 방식에 주목하게 되었다.

지금까지 일본의 축제에 대한 연구는 축제의 기원과 성립, 전파 등에 관한 민속학적 연구를 비롯하여 사회·문화사적 연구, 도시축제의 전통성과 의례성에 주목한 연구, 1970-80년대의 지역활성화라는 측면에서 본 사회·문화·경제적 기능에 대한 연구 등, 아주 다양하게 존재한다. 그러니까 축제의 다양성만큼이나 축제를 보는 시각과 접근방식도 다양하다는 말이다. 그러나 여기서 주의해야 할 것은 일본의 축제가 가지는 교육적 성격이나 의미에 대한 연구는 거의 보이지 않는다는 점이다. 단 앞에서 지적한 하트의 어린이 참가론에 근거한 실증연구를 바탕으로 일본에 있어서의 구체적인 참가양상과 그 의미, 문제점 등에 대한 분석은 진행되고 있다.[2] 하지만 여기서도

---

2   예를 들면 야마사티(山下智也)의 어린이의 활동장면에 있어서의 어른들의 존재와 관련방식이 가지는 의미를 비롯하여(2005: 147-158), 어린이와 지역을 연결하는 어린이 참가의 실증연구(2007: 1-15), 어린이 참가론의 과제와 전망에 대한 이론적 검토(2009: 101-111) 등이 있으며, 이가라시(五十嵐牧子)의 어린이와 어른의 참가학습(参画学

어린이가 축제를 통해 지역사회에 참여하는 과정에서 들어나는 지역
사회와의 상호작용, 특히 공교육에서 찾아볼 수 없는 사회·문화
시스템으로서의 교육활동이 가지는 의미에 대해서는 주목하고 있지
않다.

이하 이러한 문제의식에서 2011년 현재 770년이란 긴 세월 동안
유지·계승되어온 웅장하고도 화려한 일본의 대표적인 도시의 전통
축제인 후쿠오카시의 '기온야마카사'에 참여하는 어린이에 주목하여,
축제라는 전통문화 안에 내재된 사회·문화 시스템으로서의 교육활
동에 대해 살펴보고자 한다.

기온야마카사는 1241년 仁治 2年 에 시작되어 아주 오랫동안 계속된
일본의 전통적 도시축제로, 매년 7월 1일에서 15일까지 140여 만의
현대도시 후쿠오카시의 하카타지역에서 개최된다. 하카타의 7개 지
역에서 각 1대씩 마련한 무게 1톤이 넘는 거대하고도 화려한 야마카
사山笠를 9-15일까지 매일 2-3시간씩 지정된 코스를 따라 메고 달리
는 대단히 역동적인 축제이다. 15일 마지막 날에는 5km의 지정된
코스에서 7대의 야마가 쫓고 쫓기는 타임 레이스를 벌이기도 한다.
한편 어린이 기온야마카사는 2차대전으로 중지된 어른들의 야마카
사가 경제적 부담이라는 이유로 부활이 어렵게 되자, 이를 대신하여,
1946년 5월 처음으로 시작되었다.

쮤)의 이념과 문제점에 대한 연구(2000: 95-105; 2002: 67-74) 등이 있다.

기온야마카사는 원칙적으로 남자들만의 축제이다. 여성은 시메코
미締込, 훈도시를 할 수 없기 때문이다. 단 유아에 한해서 남녀의 구별
은 없으며, 대개 붉은 색의 두꺼운 하치마키鉢巻와 시메코미, 화려한
색상의 핫피法被를 입고 참가한다. 태어나 처음으로 기온야마카사를
맞이하는 유아는 각반에 천으로 만든 짚신을 신고, 아버지에게 안기
거나 목마를 탄 채 행렬에 가담한다. 하카타에서 태어나는 어린이는
기온야마카사가 무병장수와 행운을 비는 통과의례인 것이다.

초등학생이 되면 자신이 속한 마치町의 이름을 쓴 마네키이타招き
板를 들고, 야마카사 행렬의 선두에 서서 5㎞의 코스를 달리게 된다.

■ 그림6-1 ■ 태어나 처음으로 맞이한 기온야마카사에 나온 유아

이어 중학교에 진학하게 되면, 자신이 속한 7개의 나가레流, 기온야마카사의 운영단위 안의 연령계층제age-grading system 안에 편입된다. 각 나가레는 초등학생의 고도모구미子供組 와 중학생 이상의 와카테구미若手組, 30세 이상의 주넨구미 中年組, 50세 이상의 로넨구미老年組 로 조직되어 있다. 기온야마카사는 주넨구미가 로넨구미의 뜻을 받들어, 와카테구미를 지휘·통솔함으로써 운행된다. 중학생은 야마카사를 실질적으로 움직이는 와카테구미 안에 들어 있다.

이상과 같은 연령별 그룹과는 별도로 야마카사의 조직과 운영을 책임지는 역할이 있다. 각 나가레 안의 마치에는 총무當番町, 나가레위원, 마치소다이町総代, 토리시마리取締, 아카테노고이赤手ぬぐい, '아카테누구이'의 하카타 방언 등이 있는데, 이들이 바로 기온야마카사의 마지막 하부조직 마치 의 임원들이다. '하카타기온야마카사진흥회博多祇園山笠振興会, 이하 '진흥회'라 함'에서는 이들을 효율적으로 관리하기 위해, 역할별로 통일된 디자인의 데노고이를 머리에 두르거나 목에 걸고 다니도록 하고 있다. 연령별 위계와 역할별 위계라는 이중의 위계구도로 참가자들을 효율적으로 관리하고 통제하기 위해서이다.

유아 때 아버지의 목마에 올라 기온야마카사라는 세상에 나온 다음, 유치원의 '야마카사 교실'과 초등학교의 '어린이 야마카사'를 거쳐, 중고등학교 때에 와카테의 임무를 수행하고, 졸업 후 아카테노고이가 되면 기온야마카사와 함께 한 성장은 일단 마무리된다. 그 후 도리시마리나 소다이로 각 마치의 통솔자가 되어, 기온야마카사를

▐ 그림6-2 ▐ 야마카사 행렬의 맨 앞에서 마네키이타를 들고 달리는 어린이들

총괄하는 역할을 맡게 되며, 로넨구미에서 기온야마카사의 인생은 그 막을 내리게 된다. 가운데는 각 마치와 나가레에서 활약이 돋보이고 기온야마카사에 크게 공헌한 사람은 가장 위 조직인 '진흥회'의 임원으로 출세하기도 한다. 이들은 죽어서도 기온야마카사 기간 중, 경배의 대상이 되기도 한다. 하카타 남자들의 일생은 기온야마카사에서 시작하여 기온야마카사와 함께 끝난다고 해도 지나치지 않을 것이다.

2
하카타기온야마카사 진흥회
博多祇園山笠振興会의 활동

'진흥회'는 기온야마카사 기간 중, 연인원 3-4만 명이 참가하는 초
대형 도시축제의 운영을 총괄하는 본부조직이다. 이들의 통제와 관
리 하에 7기의 가키야마舁き山, 높이 4m 와 시내 중요 지점에 장식하는
20여 기의 가자리야마飾り山, 높이 15m 가 등장한다. 이들은 현란할 정
도로 화려한 색깔과 장식으로 하카타 지역을 활기 넘치는 환상의
세계로 탈바꿈시킨다.

하카타의 도심 지역은 2차대전 후 급격한 성장으로 사무실이나
백화점 등의 유통기관이 대거 들어오면서 낮에는 유동인구에 의한
활기로 가득차지만, 밤이면 교외 거주지로 빠져나가는 이른바 도심
의 공동화가 진행되었다. 거주인구가 급감함으로써 3개 소학교가 하
카타 소학교로 통합되는 등, 학령인구의 과소화도 함께 진행되었다.
각 마치나 나가레에서는 기온야마카사의 다음 세대를 육성하여 전통
을 계승하는 것이 당면 과제로 등장한 것이다. 이러한 지역사회의
과제에 지역내 초중등학교 교장들이 '협의회'를 결성하여, 진흥회의
기온야마카사 운영에 적극 협력하게 된다. 학교별로 별도 시간을 마
련하여 기온야마카사에 대한 특별교육을 실시하고, 어린이 야마카사
에 전 교직원이 참가하도록 했다. 이러한 학교 측의 적극적 협력과

노력에 대한 답례로 진흥회에서는 지역내 초중등학교 교장들을 13
일의 '슈단야마미세集団山見せ'3 때, 다이아가리台上がり, 야마에 올라타는 것
에 배려하고 있다.

아래의 표는 진흥회에서 학교와 학부모들에게 보낸 협조공문의
내용을 요약한 것이다松山滿雄, 1985: 829-830.

▌ 표6-1 ▌ '진흥회'의 교육활동

학교 측에 대한 요청	학부모 측에 대한 요청
(1) 행사기간 중, 조퇴가 필요한 경우에는 '조퇴서'를 지참하오니, 서명해 주시기 바랍니다. (2) 음주나 흡연은 엄격하게 금지시켜 주십시오. 공사다망하실 것으로 사료되오나, 행사가 끝날 때까지 무사히 진행되도록 협조해 주시기 바랍니다.	(1) 야마카사는 지역의 행사입니다. 가능하면 참가하도록 해 주세요. (2) 가족이 소속된 나가레에 보호자의 책임 아래 참가하도록 해 주세요. (3) 원칙적으로 방과 후이지만, 필요에 따라 각 마치의 도리시마리의 요청이 있으면, 조퇴를 인정합니다. (4) 교직원도 가능하면 참가하며, 학생들과 접촉하면서 위험예방을 위한 생활지도를 행합니다. (5) PTA의 생활지도위원회를 중심으로 가두에서 지도를 보조합니다. (6) 오이야마(追山) 견학은 자택 가까운 곳에서 일찍 일어나 할 수 있도록 지도해 주세요. (7) 마쓰리가 학생들에게 부담이 되거나 부상을 당하는 일이 없도록 지도해 주세요.

위의 표에서 보는 바와 같이, 진흥회는 기온야마카사를 초중학생

3   시내 중심가인 메이지도리(明治通り)를 7대의 야마카사가 동에서 서로 달
려 시청 앞을 돌아 각 마치로 돌아가는 행사로, 1962년 후쿠오카시의 관광상품으로 도입되
었다. 이날은 수많은 인파가 이 행사를 보기 위해 시내 중심가를 빈틈없이 매울 정도로
인기가 대단히 높다.

들의 사회참여 교육장으로 활용하면서 후속세대를 양성하기 위해, 아주 구체적인 행동지침 등을 안내하고 있다. 어린이의 자발적이며 주체적인 참여의식이나 실천을 어떤 방식으로 보장하고 육성할 것인가에 대한 배려는 다소 부족한 듯 보이나, 가정·학교와 연계된 다면적이며 체계적인 관여를 통해, 기온야마카사의 미래 자원을 육성하고자 하는 시도로 평가할 수 있다. 진흥회의 어린이에 대한 배려는 이것으로 그치지 않는다. 가자리야마의 미오쿠리見送り, 뒤쪽는 대개 TV의 어린이용 인기 애니메이션의 내용과 주인공을 소재로 장식하여, 어린이들의 관심과 흥미를 불러일으키고 있다그림6-3. 예를 들면, '철완 아토무'를 비롯하여 '오바큐' '우주전함 야마토' '도라에몬' '우주전사 간다무' '긴니쿠만' '와쿠와쿠 동물랜드' 등 다양하다. 이들을 대상으로 스케치대회를 개최하는 것도 같은 맥락이라고 하겠다.

▌ 그림6-3 ▌ 만화 '도라에몬'을 주제로 한 가자리야마

3
어린이 야마카사 子供山笠

어린이를 대상으로 한 기온야마카사는 지역민방 중심의 '어린이 야마카사 교실'과 하카타소학교의 '어린이 야마카사'가 있다. 우선 전자는 1982년 나카스나가레中州流 안의 시모카와바타下川端와 가와바타川端 중앙상점가, 그리고 지역민방인 RKB방송의 공동주최로 시작된 것으로, 지역의 전통문화인 기온야마카사의 지속적인 계승을 위해 기온야마카사에 대한 지식과 정보, 운행방법 등에 대한 종합적 교육을 실시하기 위한 것이다. 이를테면 기온야마카사의 전통을 계승할 후계자 양성 프로그램이라고 할 수 있다. 처음에는 하카타 지역의 어린이에게만 참가자격이 주어졌으나, 인근 다른 지역의 학부모의 요청으로, 최근에는 지역에 관계없이 공개모집 형태로 진행되고 있다. 하카타의 기온야마카사에서 보다 광범위한 지역사회의 기온야마카사로 위상이 높아진 것이다. 이 어린이 야마카사 교실은 2011년에 30회를 맞이할 정도로, 하카타 지역의 전통 있는 이벤트로 자리잡았다. 행사의 구체적인 내용을 소개하면 다음과 같다.

이 행사는 매년 7월 9일에 실시하는 본 행사 전의 주말토일에 구시다櫛田 신사 내 구시다회관에서 개최되며, 연인원 600명 정도가 참가한다. 이들을 위한 교육에는 신사의 구지宮司, 神官를 비롯하여, 진흥회 회장, 세와닌世話人, 도우미 등이 참가하며, 이들은 각종 시청각 자료

▌▌ 그림6-4 ▌ 지역 방송국 주최의 어린이 야마카사 교실

를 활용하여 기온야마카사에 대한 여러 이야기와 주의사항 등을 전
달한다. 이것이 끝나면 실외로 나가 하카타소학교의 어린이 야마카
사를 관람하거나, 직접 다이아가리를 경험하기도 한다. 이때 RKB방
송국의 실황중계도 있어, 구시다 신사 주변은 어린이들을 데리고 온
보호자들과 구경나온 시민들로 북새통을 이룬다. 지역의 라면 제조
회사가 후원하는 관계로 교육현장에 간간이 끼어드는 기업광고나
제품홍보가 지나치다고 느낄 것만도 한데, 참가자들은 전혀 개의치
않으며 야마카사 교실이 제공하는 다양한 학습 프로그램에 몰입한

다. 처음 접해보는 시메코미 복장에 하치마키, 직접 만져보거나 올라
가 볼 수 있는 화려하고 거대한 야마카사, 자신들을 지켜보는 수많은
사람들의 시선 등은 지금까지 경험해 보지 못한 비일상의 세계이기
때문이다.

　앞에서 언급한 것처럼 2차 세계대전의 폐허로 중단된 기온야마카
사의 부활은 어린이 야마카사였다. 이는 후계자 양성과 미래의 희망
이라는 하카타 사람들의 기온야마카사에 대한 열정에서 비롯된 것이

▌그림6-5▌하카타소학교 어린이들의 야마카사

다. 이 열정은 현재의 하카타소학교 학생들로 구성된 어린이 야마카사로 이어져 오늘에 이르고 있다. 여기서 말하는 어린이 야마카사는 어른들의 2/3 크기에 해당되는 무게 약 600kg의 야마카사를 메고 하카타 소학교에서 출발하여 구시다 신사에 들러, 시내중심가를 돌아오는 왕복 약 3km의 코스에서 벌어지는 '어른들 야마카사'의 축소판이라고 할 수 있다표6-2. 특히 2-3일째 되는 날은 어린이 야마카사의 하이라이트라고 할 수 있는 구시다이리櫛田入り, 구시다 신사 경내 돌아나오기의 기록을 측정하는 타임 레이스로 긴장과 흥분의 대 이벤트를 연출한다. 아래의 표는 어린이 야마카사의 일정을 시간대별로 정리한 것이다.

▌ 표6-2 ▌ 어린이 야마카사 일정(2010년 7월 6-8일)

시	일정	내용
13:00	집합(博多小學校) 후, 구시다신사까지 야마카사(山笠) 이동	학년별로 모임(1-3학년 흰색, 4학년 녹색, 5학년 청색, 6학년 적색의 테노고이), 선생님의 출석 확인, 견학자 명패 배부, 세와닌 그룹 '핫파노카이(子供山笠育成會)', PTA 등, 다수 참가하여 지도
14:40	구시다이리 (櫛田入り)	신사 도착 후, 구시다이리 3회 연습
15:00	시내 순행(巡幸)	나카스가와바타(中州川端) 상점가, 도이도리(土居通り), RKB방송의 어린이 야마카사교실의 유아들 다이아가리(台上がり)
16:50	학교 도착 (博多小學校) 후 해산	정렬 후, 하카타이와이우타(博多祝歌), 하카타테잇폰(博多手一本), 아동대표 소감, 세와닌(世話人) 대표와 PTA 대표 격려사, 학교장 인사말, 사회자의 종료 선언, 각 학년/반별로 담임선생님 마무리(4-5명의 개인적 감상 발표)

위의 표에서 보는 것처럼, 어린이 야마카사에는 학교 선생님을 비롯하여 보호자, 육성회50명, PTA, 졸업생 등, 이 지역의 어른들이 다수 참가하고 있다. 특히 학교의 모든 남자 선생님들은 기온야마카사 지구내의 어느 한 마치에 소속되어 기온야마카사를 직접 경험하고 어린이 야마카사를 지도해야 한다. 학교도 지역사회의 일원으로서, 축제라는 전통문화의 유지와 계승에 일정 부분의 역할과 책임을 다해야 한다는 암묵의 합의가 전제되어 있는 것이다. 이하 여기에 참가하는 어린이와 어른들의 상호작용에 주목하면서 어린이 야마카사가 가지는 사회문화 시스템으로서의 교육활동 대해 살펴보기로 하겠다.

어린이 야마카사는 1-6학년까지의 남학생 300여 명을 대상으로, 어린이 야마카사 세와닌総括의 주도아래, 어린이 야마카사 육성회, PTA임원, 학교 선생님들의 역할분담으로 개최된다. 이것을 시작하게 된 계기는 기온야마카사의 나가레와 마치에 소속되지 않은 학생들의 소외감을 달래주고, 전통문화의 전승주체를 보다 체계적으로 양성하기 위한 종합적인 학습의 장을 제공하기 위한 것이었다.

행사일정은 당일 오후 1시에 학교에 모여, 학년과 반별로 인원을 점검하고, 가키테舁き手, 야마를 메고 달리는 역할와 교대요원, 사키바시리前走り, 야마 앞에서 길을 터주는 역할, 아토오시後押し, 야마를 뒤에서 미는 역할 등의 역할을 정하는 준비단계와 야마카사를 메고 신사까지 이동하여 신사 경내를 한 바퀴 돌아나오는 구시다이리, 그리고 시내 상점가를 경유해서 학교로 돌아오는 3단계로 진행된다. 특히 모든 일정의 하이라

이트라고 할 수 있는 구시다이리는 고도의 테크닉과 집중된 힘을 필요로 하는데, 얼마나 빨리 보기 좋게 돌아 나오는가에 따라 성패가 갈라지는 일종의 스포츠적인 성격을 띠고 있다. 첫 번째 시도에서는 스피드도 느릴 뿐만 아니라, 야마카사가 좌우로 움직이거나 돌다가 멈추기도 하는 등, 여러 가지 문제점이 노출된다. 육성회 사람들은 이러한 문제점에 대해 구체적인 기술지도와 정신교육을 실시하며, 교육 후의 기록이 단축되는 등의 효과에 대해 보통 30-40초 관중석의 관람자들은 박수로 격려한다. 경우에 따라서는 엄하게 질타하기도 하며, 큰 소리로 고함을 치면서 혼신의 힘을 다하도록 한다. 이미 학교에서 신사까지 오는 도중에 체력이 거의 고갈된 상태에서 있는 힘을 다해야 가능한 이 구시다이리는 어린이들에게 있어서 그리 간단한 일이 아니다. 더구나 주변에서 지켜보는 수많은 사람들의 시선으로 어느 누구도 적당히 넘어갈 수 없는 정신적인 긴장과 육체적인 고통, 인내의 과정이기도 하다. 이어서 시내 행진이 계속되며, 학교로 돌아올 때면 온몸은 거의 민신창이가 된다.

학교에 돌아온 어린이들은 야마카사를 앞뒤로 크게 흔드는 의식으로 공식 일정이 끝났음을 알리며, 이어 어린이 대표의 '감사의 인사말'과 교장, 육성회 대표, 세와닌 대표의 격려사 등이 이어진다. 마지막으로 각 반별로 다시 모여 담임선생님과의 시간을 가지며, 이때 각자 자신의 느낌과 감상을 발표하는 것으로 모든 일정이 종료된다. 축제가 단순한 놀이가 아니라, 교육적 활동이라는 사실을 적나라

하게 보여주고 있는 것이다.

■ 그림6-6 ■ 소학교 운동장으로 돌아온 어린이들

4
쓰메쇼詰所의 위계와 교육적 역할

지금까지 살펴본 어린이 야마카사는 어린이를 상대로 기획된 특별 프로그램이라고 할 수 있는데, 이러한 직접적이며 모델 환경적인 교육방식과는 달리, 간접적이며 보다 임의적인 상황에서 이루어지는 교육활동도 있다. 바로 쓰메쇼의 존재이다.

24-26명이 무게 1톤의 야마를 메고 시내 중심가를 노도처럼 질주하는 화려하고 웅장한 야마카사의 모습과는 아주 대조적으로 쓰메쇼는 길 안쪽 한적한 곳_{대개 빈 공터나 주차장}에 임시로 마련된 장소로, 말하자면 화려한 '무대 위_{表舞台}'를 위한 '무대 뒤_{裏舞台}'라고 할 수 있다. 이곳에서는 기온야마카사 시작 전에 행동요령과 주의사항을 전달하거나 일정과 진행코스를 소개하며, 행사 후의 나오라이_{直会, 뒤풀이}[4] 등을 개최한다. 여기서 중요한 사실은 이러한 행위들이 철저한 기온 야마카사의 위계_{참가경력과 역할}에 따라 대단히 엄숙하고 긴장된 상태에서 진행된다는 사실이다. 우선 좌석배치가 예사롭지 않다. 소다이 _{総代}를 정점으로 구임원, 도리시마리_{取締}, 아카테노고이_{赤手ぬぐい}의 하카타 _{방언}, 베테랑, 와카테_{若手}, 중견, 신인, 중학생, 어린이의 순서로 배치되는데, 이는 기온야마카사의 위계구조가 시각화된 것이며, 이를 더욱 알기 쉽게 보여주는 것이 목에 두르거나 머리에 매는 테노고이의 색깔과 다자인이다. 모든 참가자들은 배치된 좌석과 테노고이를 통해 자신이 어느 위치에 있으며, 어떤 행동이나 처신을 하는 것이 바람직한 것인가를 쉽게 알 수 있다.

---

4   신에게 제사지낸 음식을 제사에 참가한 사람들이 함께 나누어 먹으면서 질펀한 잔치를 벌이는 것으로(大塚民俗学会 1972: 512), 우리의 '음복잔치'에 해당된다고 하겠다.

▌ 그림6-7 ▌ 쓰메쇼에서 참가 후의 노감을 발표하는 어린이

쓰메쇼는 그것을 설치하는 과정부터 해체되기까지, 모든 참가자
들의 행동이나 복장에 의해 명확하게 위계화 된 공간이다. 여기서
모든 참가자들은 "위계공간을 제대로 읽어내는 능력과 거기에 부합
된 행동이 요구된다"고 楠木大輔·菊地成明·紫田建 2009: 234 하겠다. 이러
한 능력이 미숙한 신참자들은 고참자들로부터 질타을 당하면서 하나
씩 깨우쳐 나가게 된다. 이는 기온야마카사를 안전하고 멋지게 치루

기 위해 오랫동안 개발되어온 방식이기도 하다. 기온야마카사는 과거의 사회구조나 시스템을 내포하고 있으며, 또한 현재까지 대부분 그대로 계승하고 있는 것이다. 쓰메쇼와 기온야마카사에 나타난 계층적인 공간의 이용과 참여방식은 기온야마카사의 운영이 명확한 역할분담에 의존하고 있다는 점과, 또한 기온야마카사는 커뮤니티의 자치적 운영조직을 스스로 창출해내는 기능이 있다는 것을 보여주고 있다.

여기서 참가자들의 생물학적 연령은 아무런 의미를 가지지 못하며, 오직 강조되는 것은 기온야마카사의 참가경력과 현재의 역할이다. 글쓴이는 이것을 '야마카사의 연공서열적 구조'로 규정한 바 있다황달기 2009: 468. 이러한 기온야마카사 특유의 위계구조는 기온야마카사에 대한 다양하고 복잡한 지식과 행동요령, 주의사항 등을 교육하고 학습하는 데에 대단히 효과적으로 기능하고 있다. 경력이 일천한 신참자들은 특히 나오라이 때 원로나 임원들에게 정중히 인사를 하고, 그들에게 술을 따라 몇 번이고 권해야 한다. 이런 행위를 눈치껏 하지 못하는 사람에게는 자상한 안내와 경우에 따라서는 훈계가 뒤따른다. 이뿐만이 아니다. 초중등학생들에게는 매일 행사 후의 느낌과 감상을 말하게 하고, 기념품을 증정하는 코너가 마련되어 있다. 후속세대의 양성이라는 공동의 목표 아래 전략적으로 기획된 것이다.

모든 참가자들은 기온야마카사 기간 중, 가정에서 쓰메쇼, 쓰메쇼에서 시내거리축제현장로 나아갔다가, 역순으로 돌아오는 과정을 수 없이 반복한다. 야구나 축구 선수가 연습장클럽하우스과 경기장을 왕복하는 것과 유사하다. 따라서 쓰메쇼는 축제라는 경기장에 나가기 위해, 다양한 훈련과정을 소화해야 하는 경기장코트 밖의 클럽하우스와 다를 바가 없다황달기 2010: 517. 따라서 쓰메쇼는 가정이나 학교의 교실, 프로 스포츠 팀의 클럽하우스와 같은 존재로 기온야마카사를 위한 교육공간이라고 할 수 있다.

5
지역사회와 전통계승

어린이 야마카사에서 학습되고 훈련된 기온야마카사에 대한 지식과 기술은 7월 9일부터 시작되는 어른들의 야마카사에 그대로 활용된다. 이를테면 어린이 야마카사는 예비훈련의 성격을 띠고 있는 셈이다. 이때 어린이들은 행렬의 맨 선두에 서서 마네키이타招き板를 들고 달리거나 그 뒤를 따라 달리면서 어른들의 행위를 관찰하게 된다. 문화전달을 위한 교육 시스템이 작동되고 있는 것이다.

어린이들에게 있어서 1년에 한 번 정기적으로 찾아오는 기온야마카사는 과거에 하카타 주변 사람들이 '스이粹', 즉 멋들어짐을 추구하기 위해, 화려한 옷을 입고 하카타에 갔다는 '하카타이키'처럼福間裕爾 1998: 87, 비일상의 세계異界로 인식되고 있다. 기온야마카사는 평소에 할 수 없고, 볼 수 없으며, 느낄 수 없는 별천지이기 때문이다.
어린이 야마카사 교실이 지역 내외의 어린이들을 대상으로 공개모집
으로 진행되는 것도 바로 이러한 별세계가 가진 교육적 효과에 주목
한 학부모들의 요구가 있었기 때문이다. 어린이 야마카사에 참가하
는 학부모들은 흔히 "부모의 말은 듣지 않아도, 야마카사에 참가하는
형들의 말은 잘도 듣는다"는 말을 한다. 이는 가정에서의 아마에甘え,
응석가 통하지 않는 세상의 권위에 적응시켜가는 사회화 과정인 것이
다. 어린이 야마카사에 참가하는 아이들은 자신들을 이끌고 도와주
는 어른들을 매개로 세상을 보게 되며, 어떤 상황에서 어떤 행동이
보다 바람직하고, 그렇지 않는가를 온몸으로 익히게 된다. 이러한
관점에서 기온야마카사는 하카타에 사는 사람들에게 있어서 지연이
나 혈연적 유대에 의존할 수 없는 개인이 다양한 도시생활에 적응하
기 위한 중요한 수단의 하나라고 할 수 있다.

어린이와 지역 커뮤니티에 대한 관련성에 대해서는 이미 많은 연
구가 진행되어 왔다. 이들은 다양한 관점에서 어린이에게 있어서 지
역 커뮤니티가 가지는 의미를 강조하고 있는데, 요약하면 다음과 같
다. 첫째 지역사회는 어린이의 놀이를 촉진하고 지탱해주는 공간임
과 동시에, 어린이와의 상호적인 관련성을 통해서 그들의 자아를 형
성하는 공간이며, 둘째 어린이는 이러한 공간과의 상호작용을 통해
서 사회화 되며, 사회적 능력을 획득하는 동시에 다양한 배움의 장으
로서 활용한다는 것이다.[5]

전자와 후자 모두 어린이들에게 있어서 지역사회나 지역 커뮤니티가 가지는 의미와 역할에 주목하고 있다. 그러나 고도로 산업화된 후쿠오카와 같은 현대 도시사회에서는 이들이 주목한 지역 커뮤니티가 현실적으로 어린이들의 놀이와 학습의 장으로서, 또한 사회적 능력을 배양하는 공간으로서 크게 기여하지 못하고 있다는 점이다. 이러한 어린이와 지역사회의 괴리는 도시적 삶의 방식의 다양화와 지역 커뮤니티의 붕괴나 소멸, 각종 안전사고와 범죄로부터의 노출 등으로, 어린이는 가정과 학교, 학원이라는 제도적 실내공간에 갇혀버리는 현실에서 비롯되었다고 할 수 있다. 이러한 사회적 상황을 감안할 때, 기온야마카사는 어른은 말할 것도 없고, 특히 어린이와 지역의 접점으로써 중요한 의미를 가지게 된다. 다만 어린이 야마카사가 1년 중 3-7일간이라는 한정적으로 마련된 비일상적 기회라는 점과 참가단위가 평소의 놀이를 공유하는 또래집단이 아니라는 점에서는 만족할 만한 기회나 공간이 될 수 없다는 한계가 있다. 그러나 여기서 이루어지는 지역사회와 지역공동체와의 상호작용은 짧은 기간이지만 전면적으로 몰입된 상태에서 이루어지기 때문에, 인내와 고통분담, 놀라움과 흥분, 성취감과 감동의 전 과정을 아우르는 종합적인 사회·문화학습의 장으로 손색이 없다고 하겠다. 기온야마카

---

5   예를 들면, 후지모토(藤本浩之輔)의 『어린이와 놀이공간』(1974)을 비롯하여, 다카하시(高橋勝)의 『문화변용 안의 어린이-경험·타자·관계성-』(2002), 스미다(住田正樹)의 『어린이의 나카마집단과 지역사회』(1985), 가도와키(門脇厚司)의 『어린이와 사회력』(1999) 등이 있다.

사는 현재 하카타 지역 어린이들이 지역 커뮤니티로 나아가는 가장
중요한 통로이면서 접점인 것이다.

　여기서 주의해야 할 점은 여자 어린이는 이 행사에 일체 참가하지
않는다는 것이다. 이는 기온야마카사의 전통이 시메코미 모습의 남
성들만의 축제라는 사실에서 비롯된다. 심지어 2003년까지는 쓰메
쇼에 "不淨한 자는 출입금지"라는 입간판을 세워, 여성을 공개적으
로 차단하기까지 했다. 이를 두고 남녀차별이라는 비판이 거세게 일
어나자 진흥회에서는 철거를 결정하게 된다. 이는 여전히 성차性差,
gender를 구별하는 의식이 강하게 남아 있었다는 증거이다. 남성은
야마카사의 '가키테'로서, 여성은 이를 보조하는 '고론산아주머니'으로
서의 전통적 역할분담은 어린이 야마카사에서도 그대로 적용되고
있다. 더구나 여자 어린이는 7월 3일 '과제수업'의 형태로, '부타지루
야채와 버섯, 돼지고기 등을 넣어 끓인 국' 요리교실에 참가하여 고론산의 훈련
을 받게 된다. 정보화와 산업화의 급속한 진전으로 성차의 구분이
사라지고 있지만, 기온야마카사에서는 전통적 성차관이 재생산되고
있는 것이다. 지역공동체 안의 어린이는 적어도 기온야마카사 때만
은 이러한 전통적인 성별분업의 가치관으로부터 자유로울 수 없다.
축제는 그 사회의 계층이나 체계가 다양한 방식으로 반영되며, 이때
전통적 측면이 강조되는 경향이 있다는 지적은田村華·上田祥史·菊地成
明 2004: 399-400 이를 두고 하는 말일 것이다.

　2차 세계대전 중 일시적으로 중지되었던 기온야마카사의 부활은

어린이 야마카사로 시작되어, 그 후 하카타 지역의 인구감소와 하카타 지역 밖에서 오는 가세인의 급증에 따라, 전통문화의 계승주체의 발굴을 위한 어린이 야마카사가 열리게 되었다. 이글에서 다룬 RKB 방송의 어린이 야마카사 교실과 하카타소학교의 어린이 야마카사 외에, 1987년 지요나가레千代流 안의 지요소학교千代小学校에도 어린이 야마카사가 생겨 그 저변이 차츰 확대되고 있다.

이러한 어린이 야마카사는 참가 자격이 개방되어 있는 것과 특정 소학교에 국한되어 있는 것으로 양분되어 있으나, 중요한 사실은 이러한 어린이 야마카사를 경험한 어린이가 장차 성인이 되어 기온야마카사에 참가하는 경우가 압도적으로 많다는 점이다. 또 하나는 어린이 야마카사를 직접 운영하고 관리하는 사람들은 기온야마카사의 경험이 많은 각 나가레의 자원봉사자들과 초등학교 선생님들이라는 것이다. 전통문화의 계승에 학교와 지역사회가 어떻게 기여할 수 있는가 하는 문제를 생각할 때 시사하는 바가 크다고 하겠다.

2개의 소학교와 지역 언론에 의한 어린이 야마카사는 최근 일본사회에서 급진전되고 있는 농산촌의 과소화와 대도시 도심의 공동화로 전통적 지연공동체가 해체되거나 소멸되어 가는 상황에서, 이를 복원시켜주는 새로운 연대와 공동체의 구축을 통해 전승주체를 발굴함과 동시에, 후계자를 양성하는 시스템으로서 중요한 의미를 지니고 있다고 하겠다. 전통적인 마치町나 무라ムラ의 지역공동체가 가지고 있던 전승라인의 근대적 복원인 것이다.

6
사회 · 문화시스템으로서의 교육방식

　일본사회에서 종합학습이나 사회참가라는 이름 아래 전개되고 있는 '어린이 참가' 프로그램은 대부분 어린이들이 어른들로부터 관리되거나 통제되고 있다는 역학관계라는 측면에서 가정이나 학교에서 어린이가 처해 있는 상황과 크게 다르지 않다. 그러나 어린이 야마카사에서는 무거운 야마를 메고 시가지를 달리는 장면에서 어른들은 어디까지나 아이들의 '파트너'로서의 역할에 충실하고 있다. 파트너로서의 어른은 기온야마카사에 관한 특수한 지식과 경험, 기술을 습득하고 있음을 전제로, 지역사회의 문화행사에 아이들이 참가하는 의미에 대해 잘 이해하고 있는 사람들이다. 앞에서 언급한 하트의 어린이 참가론에 나오는 용어를 빌리면, 프로모터promoter 나 애니메이터animater, 퍼실리테이터facilitator 라고 할 수 있다. 이를테면 助手나 도우미 같은 존재이다.

　이들의 교육적 활동은 ①야마카사의 운행과 관련된 구체적 기술지도, ②아이들 옆에서 투지를 살리는 소리 지르기声かけ, ③결과에 대한 질타와 칭찬, ④안전확보의 4가지로 나누어 볼 수 있다. 이들에 대해 좀 더 자세히 살펴보면, 우선 기술적 지도는 770년간 축적되어 온 아주 구체적이며 치밀한 매뉴얼에 따라 진행된다. 이 매뉴얼은 문화전수를 위한 교육과 학습 시스템으로 작동되기 때문에, 대단히

체계적이며 효율적이다. 여기서 주목해야 하는 것은 어른들의 관여 방식인데, 처음부터 모든 것을 주입식으로 가르치는 것이 아니라, 일단 아이들에게 해보게 한 다음, 잘 되지 않는 경우에만 옆에서 보조하는 형태로 이루어진다는 점이다. 이러한 보조적 관여와 지도는 야마카사를 따라가면서 옆에서 큰 소리로 "영차!"를 외치거나 응원 격려 가끔 간섭이나 질타의 형태로 진행되는 "야! 힘내자! 힘내!"라고 하는 '고에카케'에서 보다 적극적으로 나타난다. 이러한 고에카케는 아이들을 끊임없이 고무하고 몰입시키는 효과가 있다. 특히 질타는 화를 내면서 꾸짖거나 책임을 묻는 질책이 아니라, 잘못을 지적하면서 격려하는 형식이다. 이렇게 함으로써 아이들로 하여금 순간적인 반성과 함께 다음 행위에 대한 동기를 부여하게 된다. 이와 같은 아이들에 대한 교육적 배려는 기대에 부응하는 노력과 분발이 있을 경우, 크게 칭찬함으로써 성취감과 감동을 맛보게 하는 데서 그 절정에 이른다.

위에서 설명한 어른들의 3가지 관여방식은 4번째의 '안전확보'가 전제되어 있다. 600kg의 야마를 메고 전력으로 달리는 것 자체가 항상 위험을 수반하기 때문이다. 앞뒤에서 달리는 그룹과 야마 사이에는 2-3명의 어른들이 배치되어 있다. 속도의 변화에 따라 달리는 야마카사에 끼어 들어가는 위험천만한 사태가 벌어질 수 있기 때문이다. 그러나 여기서도 어른들의 관여는 극단적인 위험상황이 아니면 적극적으로 끼어들지 않는다. 넘어지거나 부딪쳐서 생기는 약간

의 상처는 아이들에게 있어서 영광의 상처가 된다. 심지어 피멍이
든 상처를 보란 듯이 자랑하기도 한다. 이와 같이 아이들이 기온야마
카사에 몰입하는 이유는 주위의 어른들과 시내 중심가를 가득 메운
구경꾼의 시선 때문이다. 이는 곧 많은 사람들에게 보이는 존재, 다
시 말해 지역사회 안의 자신의 존재에 대한 인식으로 연결되며, 그
결과 기온야마카사는 아이들을 가정에서 학교로, 다시 지역사회로
나아가게 하는 것이다. 이들은 야마카사와 함께 하카타의 독특한 경
관의 일부를 이루며, 최종적으로는 기온야마카사라는 유구한 역사의
전통문화에 수렴되어 간다. 이것을 가능하게 하는 것은 말할 것도
없이 기온야마카사가 가지고 있는 문화전달 시스템으로서의 교육적
활동과 방식이다.

　지금까지 일본의 대표적 도시축제인 하카타의 기온야마카사에 참
여하는 어린이와 이들이 경험하는 다양한 문화학습 활동에 대해 교
육인류학적 시각에서 종합적으로 기술하고, 몇 가지 관점에서 분석
해보았다. 결론으로 정리하면 다음과 같다.
　이글의 가장 중요한 논점은 교육인류학에서 제시한 교육은 문화
전달cultural transmission 의 과정이라는 전제 아래, 기온야마카사라는 전
통의 축제 안에 작동되고 있는 사회문화 시스템으로서의 문화전달
방식을 규명하는 것이었다. 그렇다면 분석의 중요 대상이었던 어린
이들에게 있어서 기온야마카사는 어떤 존재일까에 대해 언급하지

않으면 안 될 것이다. 첫째 770년 전통의 야마카사는 향토 하카타의 살아 있는 역사와 자치 정신을 몸소 터득하는 절호의 기회가 된다. 둘째 기온야마카사에 참가함으로써 신체를 단련하고, 육체적 고통에 대한 인내와 공통의 목표를 이룩하기 위한 협동심을 기를 수 있다. 셋째 조직 속의 위계질서와 그 안에서 취해야 할 태도나 자세를 익혀 지역사회 구성원의 일원이라는 인식을 갖게 한다. 이는 곧 가정이나 학교 교육에서는 거의 불가능한 '몸으로 익히는 사회화 과정'이라고 할 수 있다. 여기서 개인들은 다양한 사람들로 구성된 축제집단과의 일체화를 통해 자기주장을 펼 수 있으며, 이를 통해 많은 사람들과 친화적인 관계를 맺을 수도 있다. 넷째 기온야마카사라는 향토 문화재를 매개로 모두가 하나 되는 대동의 장을 경험함으로써, 하카타 사람의 정체성을 확립할 수 있다. 마지막으로 기온야마카사는 가정과 학교, 사회를 연결하는 접점에 위치하고 있어. 이것을 통해 사회로 나아갈 수 있다.

후쿠오카의
시민축제
하카타돈타쿠

VII

일본의
축제와 지역사회

1
전통축제와 시민축제

하카타돈타쿠 정식 명칭은 '하카타돈타쿠미나토마쓰리'이나 이하 '돈타쿠'라 함 는 매년 5월 3-4일에 인구 140여 만 명의 현대도시 후쿠오카시에서, 200만 명 이상의 관객을 동원하는 일본국내 최대의 시민축제이다. 여기서 '돈타쿠'라 함은 네덜란드어로 '휴일'을 의미하는 'Zon Dog'에서 유래된 말로 알려져 있다. 이 때 각종 참가팀들이 각양각색의 복장과 장식을 하고 시내중심가에 마련된 30여 개의 특설무대演舞台와 광장 중심도로에서 춤과 노래로 흥겨운 놀이마당을 펼친다. 이 놀이마당의 선두에는 비교적 차분하고 조용하게 움직이는 고풍스러운 행렬이 등장하는데, 다름 아닌 '마쓰바야시松囃子'이다. 마쓰바야시는 마쓰노우치松の内 기간 중에[1] 새해인사를 하기 위해 마을의 집들을 방문하는 일본 세시풍속의 하나로, 三福神과 치고稚児, 도오리몬通りもん, 가장행렬로 현재의 돈타쿠 등으로 편성되며, 하카타돈타쿠 퍼레이드의 최선두를 장식한다. 마쓰바야시의 가장 뒷 부분에 누구나 자유롭게 참가할 수 있는 도오리몬이 점차 양적으로 비대해져 화려한 가장행렬로

1   정월 초하루부터 7일이나 15일까지 정월신이 머물다가 가는 곳으로 생각하는 소나무를 문 앞에 장식하는 기간. 이 소나무를 보통 가도마쓰(門松)라 하며, 가정집은 말할 것도 없고, 심지어 작은 가게 앞이나 큰 백화점 입구에 대나무와 조합하여 장식하기도 한다. 지역에 따라서는 실제 소나무를 사용하지 않고, 소나무를 인쇄한 종이를 입구 문 위에 붙여놓기도 한다.

변한 것이 현재의 돈타쿠이다. 그러니까 돈타쿠는 마쓰바야시에서 파생되어 나온 것이다. 말하자면 주객이 전도된 셈이다. 그렇다면 왜 이러한 현상이 일어났을까?

이 물음에 답을 찾기 위해, 우선 돈타쿠의 모태라고 할 수 있는 마쓰바야시의 기원과 내용에 대해 살펴보고, 다음으로 전통의 마쓰바야시가 돈타쿠라는 현대적 시민축제로 변화된 과정을 기술하면서 주객이 전도된 경위를 밝히고, 나아가 돈타쿠를 통해 본 일본의 현대적 시민축제의 특징을 규명해보고자 한다.

지금까지 돈타쿠에 대한 연구로는 행사 자체의 기원이나 내용 등에 관련된 사실을 기록·정리한 몇 편의 단행본과 행정관련 기관지나 학술대회 강연집, 일반잡지 등에서 단편적으로 소개한 내용이 약간 보일 뿐이다井上精三 1984; 福岡市民の祭り振興会編 2002; 馬場伸一 2002: 59-61; 近代消防社編 2003: 76-80; 福原信一·菊地成朋·上田祥史 2005: 727-728; 斎藤竜 2008: 38-40. 이는 학술분야에서 구경의 대상인 세속적이며 집단적인 놀이에 대한 불신과 무관심, 복잡하고 다양해서 정형화하기 어려운 도시문화에 대한 연구방법이나 이론의 상대적 미숙에서 비롯된 것이라고 할 수 있다. 앞의 것은 근대적 행정제도의 확립과 함께 축제가 풍기문란과 가무음곡 등의 소란과 낭비, 비위생의 온상이라는 이유로 한때 개최금지령이 내려진 것에서, 뒤의 것은 농촌이나 산촌 등의 단순사회 연구로 시작한 일본민속학이나 문화인류학의 학문적 전통이 최근까지 도시를 연구대상으로 삼지 않은 것에서 잘

들어나고 있다. 특히 문화인류학의 도시에 대한 미진한 연구는 요네
야마米山俊直 의 〈도시와 마쓰리의 인류학〉에서 일본과 같은 '복잡사
회complex society'를 연구대상으로 하는 자는 농촌이나 산촌과 같은 민
속사회 현상만을 주목해서는 대상을 제대로 파악할 수 없다고 한
지적과1986: 11-12 같은 맥락이라고 할 수 있다.

그러나 일본의 도시축제에 대한 연구는 교토의 기온마쓰리나 이
책에서 다룬 '기온야마카사'와 같은 역사적 유래가 깊은 전통적인
축제에 집중되어 있으며[2], 종합적이며 산만한 이벤트성 시민축제에
대한 연구는 요네야마의 지적에도 불구하고 여전히 미진한 상태로
남아 있다. 따라서 일본의 도시축제에 대한 전체상을 규명하기 위해
서는 전통축제에 대한 연구 못지않게 시민축제에 대한 조사와 연구
도 병행할 필요가 있다.

2
마쓰바야시松囃子의 기원과 내용

마쓰바야시는 무로마치시대室町時代, 1338-1573 에 유행했던 사루가
쿠申楽, 猿楽, 전통예능 의 일종으로, 효고현兵庫県 하리마播磨 의 아카마쓰

2   1984년 나카무라(中村孚美)의 〈도시인류학〉을 비롯한 와자키(和崎春日)
의 〈左大文字의 도시인류학〉(1987), 모리타(森田三朗)의 〈마쓰리의 문화인류학〉(1990),
마쓰다이라(松平誠)의 〈마쓰리의 행방〉(2008) 등이 있다.

가赤松家에서 당시의 최고 권력자였던 아시카가足利義滿, 1358-1408에게 보여준 것이 최초의 시작으로 알려져 있다井上精三 1984: 3. 이것이 매년 1월 13일 새해축하 행사의 하나로 전국으로 보급된 것으로 보인다. 도시나 시골 사람들이 무리를 지어 화려한 복장으로 치장한 다음, 노래와 춤으로 자신들의 지배자번주의 집에 들러 '신년하례'의 예를 갖춘 것이 마쓰바야시의 시작인 것이다.

이 마쓰바야시가 하카타에 전래된 시기에 대해서는 확실하지 않지만 여러 설이 존재한다.[3] 우선, 가이하라貝原益軒의 〈축전국속풍토기筑前国続風土記〉 1709 '4권 하카타巻之四博多'에서 "옛 어른들의 이야기에 의하면⋯⋯하카타의 발전에 크게 공헌한 것으로 알려져 있는 히라平重盛가 죽은 다음 해인 1179년治承 3년 1월 15일에 그에 대한 보은으로 마쓰바야시라는 것을 행했다"는 기록이 보이나淵浩子 2007: 70, 어디까지 전승차원의 이야기로 문헌적 근거로 삼기에는 부족한 면이 있다고 하겠다.

다음으로 번정시대藩政時代 중기 이후의 하카타의 사정을 기록한 〈석성지石城誌〉津田元顧 · 津田元貫/桧恒元吉監修 1977에는 "아시카가시대에 미세야마치店屋町의 도매상들이 복신福神을 만들어 새해인사로 상인들에게 돌리면, 그 답례로 상인들은 에비스恵比寿와 다이코쿠大

---

[3]   고대 중국에서는 당시의 민중들이 최고 권력자에게 선망과 존경의 마음으로 신년인사를 올리는 관행이 있었는데, 이것이 730년 경 일본에 전해진 것으로 알려져 있다. 현재 이러한 풍습이 남아 있는 곳은 황궁의 천황가에 대한 신년하례와 하카타 마쓰바야시뿐이라고 한다.(祭り振興會 2002: 278).

黒를 만들어 주었다"는 기록이 있다福岡市民の祭り振興会 2002: 205-207에서 재인용, 이하 '祭り振興会'라 함. 또한 "기타하마北浜와 오키하마沖浜의 사람들이 작은 무대를 만들어 어린이들에게 다카사고高砂나 노송老松의 마지막 부분을 노래하며 춤추게 하여 경축했는데, 그 후 매년 계속되었다" 위의 책: 207는 기록도 보인다. 〈석성지〉의 저자가 스스로 "마쓰바야시의 기원에 대한 설은 여러 가지가 있으나 확실하지 않다"고 한 것에서 알 수 있듯이, 마쓰바야시의 기원설은 현재 정설이 없는 상태이다. 분명한 것은 에도 중기元禄期 1688-1704, 明和期 1764-1772의 문헌인 〈축전국속풍토기〉와 〈석성지〉에 마쓰바야시에 대한 기록이 나올 정도로 아주 오래 전부터 하카타에서 유행했다는 사실이다.

마쓰바야시의 행렬은 후쿠진福神과 에비스, 다이코쿠의 세 복신과 치고稚児, 도오리몬通りもん의 다섯 부분으로 구성되며, 하카타의 사카나초나가레魚町流와4 이시도나가레石堂流, 스자키나가레須崎流가 각각 삼복신을, 히가시초東町를 포함한 네 나가레呉服町, 西町, 土居町 안의 마치가 치고를 당번제로 맡아 운영해오고 있다. 퍼레이드의 시작을 알리는 '테이프 컷'과 함께 지우타이地謡い와 어린이들의 하야시囃子에 맞춰 우아하게 펼쳐지는 지고마이稚児舞い가 이어지고그림7-1, 그 뒤를 삼복신으로 분장한 사람들이 각각 자신의 말에 올라타면,

---

4 　　여기서 나가레(流)란 전국시대 말기인 1587년 도요토미(豊臣秀吉)가 하카타 지역을 점령한 뒤, 오랜 전란으로 거의 폐허가 된 시가지를 재건하기 위해 새롭게 만든 자치적인 행정지구로, 그 후 기온야마카사와 돈타쿠와 같은 전통축제를 운영하는 주최나 단위가 되었다.

가타고로모肩衣에 흰 버선, 하카타돈타쿠 게타下駄 복장의 남자들이
주위를 둘러싼다. 경사스러움을 표현하는 문자나 그림을 그린 6장의

■ 그림7-1 ■ 어린이들에 의한 연주와 춤, 지고마이(稚児舞い)

천을 길게 늘어뜨린 가사보코笠鉾 가[5] 그 뒤를 따르고, 남자들이 끌고
가는 산지키다이桟敷台, 바퀴가 달린 무대 위에서는 천관天冠, 금속제 모자을
쓴 소녀들이 춤을 추고稚児舞い, 각 지점마다 노래를 부르거나 북을

5   삿갓 위에 소나무 분재를 얹고, 그 안에 사람이 들어가 들고 가는데, 삿갓
가장자리에는 여러 갈래로 찢어진 천을 늘어뜨려, 안쪽의 사람을 볼 수 없게 해 놓았다.
어린이들이 이 사이를 빠져나가면 무병장수하는 것으로 알려져 있다.

치고 피리를 불면서 행렬을 맞이하고 보낸다.

　마쓰바야시 대열의 후쿠진은 칠복신의 하나로 후쿠로쿠주福禄寿6 모양을 하고 있으며, 에비스는 풍어의 신으로 역시 칠복신의 하나이다. 생업을 지켜주고 복을 가져다주는 신으로, 가리기누狩衣, 헤이안

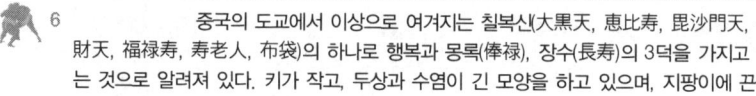

　▌그림7-2▌ 왼쪽에서부터 남성에비스, 여성에비스, 다이코쿠텐(大黒天)

6　중국의 도교에서 이상으로 여겨지는 칠복신(大黒天, 恵比寿, 毘沙門天, 弁財天, 福禄寿, 寿老人, 布袋)의 하나로 행복과 몽록(俸禄), 장수(長寿)의 3덕을 가지고 있는 것으로 알려져 있다. 키가 작고, 두상과 수염이 긴 모양을 하고 있으며, 지팡이에 끈을 달아 확을 데리고 다니는 모습으로 그려진다.

시대의 귀족들이 즐겨 입던 평상복와 사시누키指貫, 자락에 끈을 꿰어 발목을 졸라맨 일본 옷의 바지, 가자오리에보시風折烏帽子, 윗부분을 비스듬히 꺾어 내린 의식용 모자를 쓰고, 오른 손에 낚싯대를 들고, 왼쪽 손에 커다란 돔鯛을 들고 있는 모습을 하고 있다. 남성 에비스와 여성 에비스로 분장하여, 각각 말 위에 올라타서 이동한다. 다이코쿠는 다이코쿠텐大黑天의 줄인 말로, 원래 인도에서는 파괴를 의미하는 암흑의 신으로 통하나, 여기서는 역시 7복신의 하나로 머리에는 두건을 쓰고, 손에는 작은 망치를 들고 큰 보자기를 어깨에 걸친 모습으로 말 위의 쌀가마니에 올라타서 행진한다그림7-2. 마지막의 치고는 제례나 사원의 법회 때 등장

┃그림7-3┃ 가사보코 행렬

하는 예쁘게 차려입은 어린이를 말하며, 마쓰바야시에는 이 어린이를 태운 수레山車, 지붕이 있고 바퀴가 달려 있음를 여러 사람이 끌고 이동한다. 삼복신과 치고 외에 여러 형태의 다시와 하야시囃子, 악대, 춤꾼, 가장한 무리로 구성된 도오리몬이 대열의 가장 후미를 장식한다. 인형이나 조수鳥獸, 꽃과 나무 등으로 장식한 수레를 끌고 가기도 하고, 샤미센이나 북, 피리 등의 악기를 연주하기도 하며, 춤을 추거나 전통예능을 연기하면서 행렬을 따라간다.

지금까지 우리들에게는 상당히 생소한 용어들로 마쓰바야시의 개요를 설명했는데, 요약하자면 전통적인 민간신앙에 근거한 주술적 형태의 인형이나 가면, 도구들로 장식한 사람들이 화려한 복장의 악대 음악에 맞춰 거리를 누비는 가장행렬이라고 할 수 있다. 그렇다면 왜 이러한 전통의 복장과 행렬이 현대 시민축제로 자리잡았는지, 그 역사적 발자취를 더듬어 보면서 이유를 찾아보고자 한다.

3
마쓰바야시에서 '돈타쿠'로의 변화

1 에도江戶시대의 세시풍속

앞에서 언급한 것처럼, 에도시대의 마쓰바야시는 일반 민중들이 자신의 번주를 찾아가 올린 '신년하례'라는 세시풍속인데, 이 때 번주는 답례로 하사품을 내리는데, 이것을 '잇소쿠잇폰-束-本'이라고[7] 한다. 이러한 답례의 관행이 민중 사이에서도 퍼져, 마쓰바야시 행렬이 시내의 재력가나 권력가 집을 방문하여 신년하례를 올리면 술과 안주로 이들을 후하게 대접하거나 약간의 기념품을 증정하는 관행으로 정착한다. 에도 중기에 이르면, 마쓰바야시 행렬이 경쟁적으로 화려한 장식을 꾸미게 되고, 예능을 담당했던 치고의 행렬에 전문 예능인이 고용되는 등, 민중들의 사치와 과다비용이 사회문제로 부각되자, 후쿠오카한福岡藩에서는 당시 유행하던 이세마이리伊勢参り와[8] 호화결혼, 기온야마카사 등을 포함하여 간소화할 것을 명한다. 또한 민중들의 부담을 덜어주기 위해 마구馬具나 안장 등을 빌려주기도 하고, 공적인 비용으로 마쓰바야시에 지원금을 제공하게 된다井上精三 1984: 23-26. 이렇게 되자 도반초当番町의 과중한 비용부담으로 행사에 소극적으로 임하던 마치町들이 적극적으로 나오게 되면서 마쓰바야시는 한층 더 활성화된다. 이날 상가商家는 모두 문을 닫고, 마쓰바야시 행렬에 대해 푸짐한 음식과 술대접으로 축제분위기를 한껏 북돋우게 된다. 가끔 반복되는 지나친 음주로 불상사가

7 　　　가마쿠라시대 이후 무가사회의 사례표시로 정착한 관행으로, 반지(半紙, 붓글씨용 종이) 10帖(200매)과 부채 하나가 세트화 된 것이다.
8 　　　천황가의 조상신인 아마테라스오미카미(天照大神)를 모셔놓은 이세진구(伊勢神宮)를 참배하는 것으로, 당시의 민중들 사이에서 "일생 한 번은 이세마이리"라는 말의 유행과 함께 참배 붐이 일어났다.

일어나기도 했으며, 통제 불능의 사태에 빠져들기도 했다. 말하자면 위계적 신분사회에서 억눌려 있던 다수의 민중들이 해방의 기회나 장으로써 축제라는 비일상적 세계를 연출한 것이다.

여기서 주의해야 할 점은 마쓰바야시가 정월 15일의 '신년하례' 행사로만 존재했던 것이 아니라는 사실이다. 번주에 후계자가 탄생하거나 새 번주가 집무를 시작하면, 이를 자발적으로 경축하는 행사로도 치러졌다는 것이다. 기록으로 확인할 수 있는 것은 에도 말기인 1849년嘉永 2년 번주의 새 양자가 처음 후쿠오카에 들어왔을 때, 대대적인 환영행사로 마쓰바야시가 등장한 것이다井上精三 위의 책: 37-38. 여기에 나가사키長崎의 자오도리龍踊り를[9] 모방한 초호화판 볼거리까지 제공했다. 이는 전통적인 마쓰바야시 행렬에 비하면 획기적인 기획이었다고 할 수 있다. 오늘날 화려한 가장행렬과 온갖 예능집단의 연기로 유명해진 돈타쿠는 1849년의 자오도리가 그 단초를 제공했다고 해도 지나치지 않을 것이다. 전통적인 마쓰바야시 외에 자오도리를 선보인 곳은 나카시마초中島町로, 이곳은 후쿠오카 성이 축조되고 난 후, 조카마치城下町, 성하도시로 급성장한 곳으로 번정藩政의 최대의 수혜지였다. 그러니까 칠복신의 행차라는 전통의례 중심의

----

9   자오도리는 일본에서 널리 알려진 나가사키스와진자(長崎諏訪神社)의 제례인 군치(くんち)에 봉납되는 웅장하고 역동적인 향토예능(축제)으로, 원래 중국에서 에도 중기 교호시대(享保時代,1716-1736)에 전래된 것으로서 알려져 있다. 중국에서는 오곡풍요를 기원하기 위한 기우제에서 시작된 것으로, 중국의 중요 세시풍속이나 기념제 등에는 항상 등장하는 전통예능이다. (http://www.at-nagasaki.jp/nitca/jaodori/q/ ja_q.html, 2010.2.5)

마쓰바야시가 이것을 구경나온 도시 사람들을 의식하여, 자오도리라
는 화려하고 역동적인 춤을 볼거리로 흥행의 계기를 마련하고자 한
것이다. 야나기타 柳田国男 의 지적처럼 1969: 76-192, 제사나 제의 중심
의 마쓰리가 구경꾼에게 보여주기 위한 '제례'로 변화한 것이다. 이
는 전통적 축제가 도시라는 새로운 흥행장의 출현과 긴밀하게 연동
되어 있음을 보여주는 사례라고 할 수 있다.

2 메이지 明治 시대의 근대국가 성립과 마쓰바야시

1871년 明治 4년 폐번치현 廃藩置県 으로 봉건제를 타파하고 근대국가
의 초석을 다진 메이지유신은 돈타쿠를 포함한 일본 도시축제 변화
의 결정적 계기로 작용한다. 폐번치현으로 신년하례의 대상이었던
번주가 사라지자 민중들은 새로운 대상을 찾게 된 것이다. 그러니까
에도시대의 번주를 메이지시대의 현지사로 바꿔 마쓰바야시를 계속
한 것이다. 그러나 메이지정부는 천황제국가 건설을 위한 천황 중심
의 국가의식을 고취하기 위해 천황의 생일을 '천정절 天長節'이라는[10]
경축일로 지정하고, 국민들로 하여금 그 취지에 따르도록 했다 井上精
三 1984: 40-42. 이때 정부는 네덜란드의 사례를 들어 축일을 '돈타쿠'라

----

[10] 천황의 생일을 국가의 경축일로 삼은 것은 1868년(明治 원년) 음력 9월
22일이 처음이며, 그 후 1873-1911년까지 11월 3일(현재 '문화의 날')로 변경되었으며,
쇼와시대인 1926-1988년까지는 4월 29일(현재 '쇼와의 날'), 현재(平成, 헤이세이)는 12월
23일이 천황 탄생일이다.

하고, 경축행사를 대대적으로 벌이도록 한 것이다. 그러니까 정부의
명령에 따라 1871년 하카타에서 처음으로 '돈타쿠'가 개최된 것이다.
일종의 강요된 관제축제라고 할 수 있다. 그러나 이러한 관제축제가
천장절을 경축하고 근대국가관을 확립하려고 한 정부의 의도와는
달리 민중들의 지나친 오락과 여흥의 세계로 부각되자, 1872년 7월
13일 후쿠오카현이 마쓰바야시를 비롯한 기온야마카사를 남녀의 풍
기를 문란하게 하는 제례로 규정하고 개최금지령을 발포한다祭り振興
슾 2002: 14. 국민들의 관심을 전통제례에서 국가적 축일로 돌려, 구
체제를 일소하고 민심을 쇄신하고자 한 것이다. 이렇게 하여 마쓰바
야시는 '하카타돈타쿠'라는 이름으로 메이지 초기에서 1894년明治 27
년 청일전쟁까지 천장절과 건국기념일인 '기원절紀元節, 2월 11일을 봉
축하는 행사로 변질된다. 이어서 1896년같은 29년 11월 20일에는 진혼
기념비를 세우고, 다음날 성대한 진혼제를 올리기까지 했다. 그 후
1905년같은 38년 러일전쟁 전까지 봄에는 기원절을 가을에는 청일전
쟁과 전사자를 위한 진혼제로 탈바꿈한다. 여기서 러일전쟁이 일어
나자 진혼제가 이번에는 초혼제로 이름을 바꾸어 후쿠오카 성내 연
병장에서 전사자를 위한 행사로 치러진다九州日報 明治 37年 4月 29日 기
사. 이와 같이 진혼제는 초혼제로 이름을 바꿔 러일전쟁의 승전보와
함께 대대적인 경축행사로 전개된 것이다. 민중들의 주군에 대한 자
발적인 충성심과 칠복신 신앙, 도시의 흥행에 근거한 돈타쿠가 메이
지정부의 제국주의 국가건설에 필요한 이데올로기 조작에 동원된

것이다.

여기서 문제가 되는 것은 마쓰바야시와 돈타쿠의 관계이다. 청일전쟁 후 등장한 돈타쿠는 1895년동 28년 2월 기원절에 마쓰바야시와 함께 일정을 달리하여 개최된다. 2월 9일에는 마쓰바야시를, 2월 11일에는 여순함락을 축하하는 돈타쿠를 각각 개최한 것이다福陸新聞 明治 28年 2月 13日 기사. 같은 해 가을 청일전쟁 전사자를 위한 진혼제가 성내에서 개최되었는데, 진혼제 다음날 무용그룹이나 가장행렬로 이루어진 돈타쿠대가 참가했지만 마쓰바야시는 참가하지 않았다. 즉 신년하례의 마쓰바야시는 진혼제나 초혼제와는 그 성격이 맞지 않아 초기에는 이러한 국가의 관리 하에 진행된 행사에는 참가하지 않거나 극히 부분적으로 참가하는 수준에 머물러 있었다는 것이다. 그러나 속속 날아드는 러일전쟁의 승전보는 하카타 시민들을 열광하게 만들었고, 이를 경축하기 위한 이벤트에 많은 그룹의 마쓰바야시와 돈타쿠가 자진해서 출연한 것이다九州日報 明治 37年 4月 29日 기사. 죽은 자의 공양을 위한 초혼제와 신년하례의 마쓰바야시가 개념상 함께 할 수 없는 것이었으나, 축제의 여흥으로서 용사의 영혼을 위로하는 것으로 구실을 붙여 성내의 초혼제에 참가하게 된 것이다. 홉즈보움 E. Hobsbawm 이 지적한 1870-1914년 사이에 유럽에서 유행했던 '전통의 혁신창조'이 일어난 것이다E. Hobsbawm and T. Ranger eds. 1983: 263-307. 엄밀하게 말하면 국가권력에 의해 자행된 축제정신의 조작이요 날조인 셈이다. 이렇게 시작된 초혼제의 돈타쿠는 2차 세계대전이 시작된 1938년昭和 13년까지 계속된다.

이상에서 살펴본 것처럼, 돈타쿠는 1890년대에 들어 마쓰바야시 행렬에 국가의 축일을 기념하고 시민들의 흥을 돋우기 위한 볼거리로서 화려한 장식의 히키다이曳台, 끄는 수레를 끌어들여 국가적 경축행사의 중심에 서게 된다. 그러나 메이지시대의 돈타쿠는 국가에 의해 철저하게 관리되고 통제된 관제축제로서 많은 제약과 한계를 지니고 있었으며, 더구나 마쓰바야시는 전통적 방식과 고유의 의미라는 제약으로 인해 시대적인 취향과 풍류를 자유롭게 수용하지 못한 채 다양한 돈타쿠 행렬의 일부로 철저하게 주변화 됨으로써, 고풍을 전하는 박제화 된 유물같은 존재로 전락하고 만 것이다.

③ 2차대전 후의 경제부흥과 돈타쿠

2차대전 후의 돈타쿠는 메이지 정부에 의해 천황제 국가관의 이데올로기 조작수단으로 활용된 과거의 역사를 답습이라도 하듯이, 이번에는 패전으로 인한 정신의 황폐화를 일소하고 새로운 부흥을 위한 전기를 마련하는 데에 활용된다. 1946년 전후의 부흥을 위해 부활된 돈타쿠는 1962년 '후쿠오카 시민축제'로 정착되기까지 다양한 변화를 시도한다. 이 변화의 과정은 대개 다음의 다섯 단계로 진행된다.

우선 제1단계는 1946년에서 1951년까지로 전쟁으로 폐허가 된 하카타 시가지의 복구와 그 괘를 같이 한다. 1946년 나라야소학교奈良

屋小学校, 현 博多小学校에서 전사자 위령제를 겸한 식전과 함께 부활된
돈타쿠는 이듬해인 1947년 5월 24일 후쿠오카시와 시상공회의소의
공동주최로 '부흥제 및 항구축제港祭祝典'가 개최되는데, 이것이 전후
돈타쿠의 출발점이 된다. 이어 1949년 신헌법발포일인 5월 3일을
기념하여 4일까지 '마쓰바야시 돈타쿠 미나토마쓰리松囃子どんたく港祭
り'가 개최된다井上精三 1984: 62-65. 행사명에 마쓰바야시와 돈타쿠, 미
나토라는 3가지 서로 다른 개념이 혼합된 형태가 보이는데, 이는 하
카타의 전통적 제례로 오랫동안 이어져 온 마쓰바야시에 대한 지역
주민들의 전통에 대한 애착과 근대적 도시의 성장과 함께 형성된
도심 상점가의 상업주의적 요구, 중세 이래 대륙과의 교류와 물류거
점인 항구도시로서의 도시 정체성에 대한 집착이 모두 반영된 결과
라고 할 수 있다. 1950년 처음으로 12개조에 달하는 '돈타쿠'의 행사
내용을[11] 발표하여 전후 부흥의 기초를 다지게 된다. 그 결과 1951년
에는 5월 3-5일까지 3일간 연인원 95만 명의 관람객이 찾아오고, 연
무대演舞台 40개소가 설치되었으며, 서철회사西鉄会社 가 '꽃전차花電
車' 3대1대당 150만 엔)를 협찬하는 등, 2차대전 전 수준 이상으로 화려
하게 부활한다祭り振興会 2002: 44.

이렇게 부활된 돈타쿠는 1952년에서 1961년까지 축제 자체에 대

---

11   돈타쿠의 행사는 3-5일 사이에 하며, 단체나 지역별로 공동무대의 설치를
장려하고, 장비는 최대한 간소화하여 보관을 쉽게 하고, 금전이나 음식물의 강요는 절대로
자제하고, 전쟁으로 인한 피해아동(전쟁고아)을 위한 학용품이나 어린이 용품의 기부를 받
는다는 등의 내용을 포함하고 있다(祭り振興会 2002: 42).

한 개념이나 본질적인 문제를 탐색하는 제2단계에 진입한다 祭り振興 숲 위의 책 46-58. 이 시기는 일본사회가 한국전6.25 특수로 전후복구를 마무리하고 본격적인 고도성장이 시작되는 시기로, 특히 도시사회의 급격한 발전과 성장에 따라 다양한 사회집단이 형성되고, 이들이 돈타쿠라는 도시축제에 개입함으로써 약간의 혼란이 발생하게 된다. 자신들이 서로 다투면서 벌이는 축제의 본질적 의미와 기능에 대해서 되돌아보기 시작한 것이다. 예를 들면 사례금祝儀를 목적으로 하거나 이를 강요하는 돈타쿠대나 5일 '어린이날'의 술 취한 어른들의 비교육적인 모습과 행위에 대한 비판과 함께, 축제의 성격이 전통계승인가 아니면 상가번영을 위한 상업지상주의인가, 돈타쿠와 후쿠오카를 관광의 대상으로 선전하기 위한 관광목적인가 하는 논의가 활발하게 전개된다. 그러나 1954년 전통의 마쓰바야시가 후쿠오카현 무형문화재로 지정되면서 전통존중의 요구는 자연스럽게 수용되었으나, 1956년 "노래하자, 춤추자"라는 슬로건 아래 일본국민의 건전한 여가문화의 계기가 된 골든위크의 시작과 함께 지나친 상업주의에 대한 경계와 비판이 일어난다. 이어 1957년 배 모양을 한 50대의 장식차량이 항구의 주요지점을 돌아다님으로써, 모든 시민들에게 즐거움을 선사하는 진정한 시민축제의 가능성을 모색하기도 한다. 또한 "사례금을 폐지하고 예능을 소중히 하자"는 주장과 함께 멋진 장기를 선보인 그룹에 현금 대신 기념품을 증정하는 것으로, 지나친 사례요구에 대한 비판을 해소해 나갔다. 그러나 이러한 내부적인 개

선의 움직임에도 불구하고, 여전히 상가의 선전문구가 난무하는 장
식차량에다 사례금이 목적인 예능인, 전쟁부상자들의 모금집단 등,
'돈타쿠 타락론'이 다시 등장하면서, 전통의 훼손과 활기상실이라는
위기를 동시에 맞이하게 된다. 이를 타개하기 위한 범시민적 조직인
'하카타 돈타쿠 마쓰바야시 미나토마쓰리 진흥회博多どんたく松囃子港祭
り振興会'가 결성되었으며, 7가지 협의사항을[12] 발표하기에 이른다祭り
振興会 2002: 54.

　1959년 돈타쿠의 주제를 설정하고, 마쓰바야시 본래의 '축하하는'
형식을 강조하게 된다. 마침 '후쿠오카시 70주년 기념'과 '하카타개항
60주년 기념' 같은 주제가 등장했으며, 경축행사로서의 축제의 성격
이 규정된다. 그러나 1961년 큰 비로 마쓰바야시를 4-5일로 순연하
는 결정을 내리자, 일부에서 이는 전대미문의 일이라며 강력한 이의
를 제기하게 된다. 이는 마쓰바야시 중심의 전통중시파와 축제의 활
성화로 상가수입을 염두에 둔 상공회의소 사이의 상충된 이해관계가
표면화 된 것이다. 여기에 항구에 의해 하카타가 발전해온 역사를
중심으로 축제를 운영해야 한다는 '미나토마쓰리 세와닌카이港祭り世
話人会'까지 가세하면서 갈등과 긴장의 양상은 한층 복잡한 형태로
전개된다. 이제 이들 세력간의 의견을 어떻게 조정할 것인가가 돈타
쿠의 행방을 결정하는 중요한 과제가 된 것이다.

----

[12]　　　마쓰리 기부금이나 연예단체의 출연, 무대설치, 미나토마쓰리, 삼복신과
치고의 행렬, 선전홍보 등에 대한 내용을 담고 있다(祭り振興会 2002: 54).

1962년 돈타쿠의 시민축제화를 위해 종래의 '진흥회'를 해산한 다음, '후쿠오카시민의 마쓰리진흥회福岡市民の祭り振興会'를 설립하고, '하카타돈타쿠 미나토마쓰리'로 새로운 변화를 모색한다. 이때부터 1981년까지 20년간 '시민축제화'의 제3단계의 변화와 성장이 시작된다祭り振興会 2002: 60-100. 같은 해 연인원 15만 명의 관객을 동원하고, 3년 뒤인 1965년에는 약 180개 단체가 직접 참가하고, 2일간 90만 명의 관객이 찾아오는 등, 초대형 시민축제로 변신하게 된다. 1978년 경시청 발표에 따르면 돈타쿠 250만, 아오모리현 '히로사키 벚꽃축제弘前桜まつり' 200만, 시즈오카현静岡県 '하마마쓰마쓰리浜松祭り' 180만, '히로시마 플라워 페스티벌' 170만으로, 당시 골든위크 기간 중, 일본에서 최대의 행락인파가 몰릴 정도로井上精三 1984: 69에서 재인용, 전국의 지명도를 높이게 된다. 물론 관람객 위주의 구경하는 축제라는 얘기는 아니다. 1983년 지하철 개통과 함께 시작된 돈타쿠는 121개 단체 8,699명이 직접 참가했으며, 190만 명의 관람객이 찾아왔다. 이들은 진흥회에 참가를 신청한 다음 등록번호를 받아, 그 번호가 기입된 작은 깃발을 들고 퍼레이드에 참가하여 시가지를 순회하거나 정해진 무대에서 연기를 보여주면 된다. 이 그룹 중에는 후쿠오카시 교통국, 항만국, 위생국, 청소국, 교육위원회, 하카타구청, 중앙구청, 당시의 국철현재는 사철 등 공공기관을 비롯하여, 서철西鉄이나 서일본신문, 후쿠오카은행, 서일본상호은행 등의 회사, 대학이나 중고등학교 등의 교육기관, 이와타야岩田屋, 신텐초新天町, 가와바타

川端, 가라비토마치唐人町 등의 상점가, 민요나 무용, 니와카にわか, 비
와琵琶, 거문고大正琴 등의 각종 예능단체도 참가하는 등, 다양한 시
민단체들이 포함되어 있다.

　이상에서 살펴본 바와 같이 제3단계는 마쓰바야시의 전통주의에
서 2차대전 후 근대화에 따른 상가번영과 상업주의로 그 무게중심을
조금씩 이동시키면서, 부흥의 거점을 항구로 할 것인가 시가지로 할
것인가 하는, 팽팽한 긴장 속에 서서히 '시민축제'로 그 모습을 갖추
어 가는 시기였다고 수 있다.

　제3단계에서 시민 다수가 참가하는 시민축제로 자리매김한 돈타
쿠는 이제 일본 제일의 현대적 도시축제로 성장하면서 국제사회에서
도 주목을 받게 되는 제4단계로 진입하게 된다祭り振興会 2003: 102-129.
1982년 지하철 하카타역의 개통으로 도시의 근대화가 진전됨과 동
시에, 돈타쿠도 현대도시형 축제로 새로운 비약을 시도한다. 일본국
내의 여러 도시에 돈타쿠대를 보냄과 동시에 외국의 자매도시中国의
広州市와 뉴질랜드의 오클랜드시와의 교류도 추진한다. 축제가 국제문화교
류의 중요한 수단으로 부각된 것이다. 1983년 당시 인기 TV프로그
램이었던 '서부경찰' 출연진이 차량 퍼레이드에 참가한 후, '돈타쿠광
장'에서 현지촬영을 진행하자 이를 보러 온 시민들로 주변은 온통
대혼란에 빠지게 된다. 1985년에는 경찰음악대가 전국에서 무려 28
개 팀 1,200여 명이 참가하여 화려한 퍼레이드를 펼치고, 여기에 시
민들의 브라스밴드 10개 팀이 가세하여 총 38개 팀의 마칭 페스티벌

marching festival이 개최되었다. 한편 古典의 전통을 계승해야 한다는 판단 아래 하카타인형사들이 신텐초新天町의 상점가의 힘을 빌려 '33마리의 확33羽の鶴'을 재현하는 데에 성공하는 등, 지나치게 현대화되어 가는 돈타쿠의 본래의 모습을 찾는 노력도 시도되었다. 이러한 전통에의 회귀는 1991년 고대의 가사호코笠鉾 복원과 1995년 다켄게 이竹ン毛 의13 20년만의 부활로 이어진다.

1982년 중국의 광주시와 뉴질랜드 오클랜드시의 참가 이후, 1986년 한국의 '호랑이춤 우정의 사절단'이 '88올림픽'의 홍보를 겸해서 참가했으며, 이듬해는 브라질, 1994년 싱가포르, 1996년 태국으로 이어지면서 돈타쿠는 일약 국제적 이벤트로 도약하게 된다. 국내적으로는 1989년 후쿠오카시 100주년 기념식전과 아시아태평양박람회 '요카토피아', 1990년 '전국체전 후쿠오카대회', 1997년 '아시아개발은행ADB 후쿠오카대회', 2000년 '규슈·오키나와 정상회담', 2001년 '후쿠오카 세계수영대회'의 성공적 개최를 기원하는 이벤트로도 활용된다. 특히 전국체전을 앞두고 돈타쿠에는 현내 25개 시초손市町村의 38개 경기단체가 참가하여 '국체'를 홍보하는 내용의 퍼레이드를 펼치기도 했다振興会 앞의 책 243. 1962년 1회부터 2000년 39회까지 돈타쿠의 부제副題를 보면표7-1, 후쿠오카시 행정의 중요한 내

---

13   두 명의 남자가 온 몸을 흰옷으로 감싼 여우의 모습으로 분장한 후, 10m 높이의 대나무 2개를 세워놓고, 안전장치도 없이 그 위에서 벌이는 다양한 곡예로, 보는 이로 하여금 간담을 서늘하게 한다.

용이 총망라되어 있음을 알 수 있다. 축제가 시행정의 중요한 홍보수 단으로 활용되고 있는 것이다.

▌표7-1▌ 돈타쿠의 부제(副題) 일람표

회수(연도)	부 제
1회 (1962)	후쿠오카시민축제, 모두 함께 참가
2회 (1963)	모두 함께 참가
3회 (1964)	모두 함께 참가
4회 (1965)	없음
5회 (1966)	없음
6회 (1967)	축 메이지 100년 전년제(前年祭)
7회 (1968)	메이지 100년
8회 (1969)	축 후쿠오카시 80주년 / 축 하카타항 개항 70주년
9회 (1970)	후쿠오카시 부흥 25주년, 일본만국박람회 협찬
10회 (1971)	없음
11회 (1972)	축 정령지정도시(政令指定都市)
12회 (1973)	마음이 서로 통하는 모두의 축제
13회 (1974)	축 신칸센 시운전
14회 (1975)	축 신칸센 개통
15회 (1976)	없음
16회 (1977)	축제 부활 30주년
17회 (1978)	없음
18회 (1979)	축 후쿠오카시 90주년・축 하카타항 개항 80주년
19회 (1980)	없음
20회 (1981)	시민축제 20주년
21회 (1982)	축 지하철 하카타 개통
22회 (1983)	축 지하철 1호선 개통
23회 (1984)	국보, 금인(金印) 발굴 200년
24회 (1985)	없음
25회 (1986)	후쿠오카시민 축제 25주년
26회 (1987)	축 도요토미히데요시 행정개편 400주년
27회 (1988)	성공시키자 '요카토피아'
28회 (1989)	후쿠오카시 100주년
29회 (1990)	축 전국체전 후쿠오카
30회 (1991)	후쿠오카시민축제 30주년

31회 (1992)	없음
32회 (1993)	황태자전하, 결혼 축하드립니다
33회 (1994)	성공시키자 유니버시아드
34회 (1995)	축 유니버시아드 후쿠오카대회
35회 (1996)	오도리몬(踊りもん) 부활 50주년
36회 (1997)	환영 ADB 97후쿠오카총회
37회 (1998)	먼저 축하 / 항구 100주년·博多座開業
38회 (1999)	축 항구 100주년 / 후쿠오카상공회의소 창립 120주년
39회 (2000)	환영! 2000년 규슈·오키나와 정상회담
40회 (2001)	경축 신세기, 제40회 후쿠오카시민축제 中世博多展과 세계수영 후쿠오카 2001

자료출처 : 祭り振興会 2002: 243

　제3단계까지의 돈타쿠는 그 원류인 마쓰바야시의 독자적인 전통을 계승하는 한편, 크게 발전한 시내 중심가를 중심으로 전개되는 시민축제로서의 특징을 강화하고, 다른 한편으로는 바다를 테마로 하는 항구축제로 분산되는 등, 후쿠오카라는 거대도시를 하나로 묶는 통합된 시민축제의 모습을 갖추는 데에는 많은 한계가 있음을 보여주고 있다. 그러나 1990년대에 들어오면 축제를 통한 도시의 성장이라는 공동의 목표 아래 서로 협력하여 일본 최고의 화려하고도 장엄한 축제 만들기로 통합되기 시작한다. 이를 더욱 촉진한 것은 규슈지역의 13개 도시에서 자신들의 독자적인 돈타쿠대를 파견해 온 것이었다. 지방자치단체 간 우호증진과 문화교류의 수단으로서 지역의 축제가 선택된 것이다. 이로써 도시축제로서의 돈타쿠의 성장과 국제화라는 제4단계가 완성된 것이다.

　1990년대 후반은 IMF의 금융위기와 함께 일본의 경제사정이 대단히 악화되던 시기로, 돈타쿠도 이러한 상황에 자유로울 수 없었다.
1999년 진흥회의 실행위원회 하부조직으로 '와카모노위원회若者委員
会'를 설치하고, 돈타쿠의 행진곡을 젊은이들의 취향에 맞게 18개 유
형으로 편곡한 새로운 버전을 발표하여 젊은이들이 관심을 유도한
다. 1989년 '헤이세이平成'라는 연호와 함께 새로운 시대가 열리자
후쿠오카도 시정목표에 국제화가 강조되고, 이를 뒷받침하는 아시아
태평양박람회요카토피아와 1995년 유니버시아드대회가 개최되고, 1993
년 후쿠오카 돔구장프로야구팀 다이에이호쿠스의 신 구장으로 사용이 건설되었
다. 이러한 상황에 편승하기 위해 젊은이들을 위한 프로그램이 편성
된 것이다. 그 대표적인 것이 돈타쿠기간 중에 특별무대로 마련된
'불효자의 거리'였다. 중장년층의 눈을 놀라게 한 초미니 '바디콘'을
비롯하여, 반디지bondage 패션,14 격렬한 몸짓과 노출이 심한 복장으
로 추는 춤이 등장한다. 부모들이 보면 기절초풍할 이러한 표현들을
집중적으로 쏟아내는 무대가 나가하마공원長浜公園 안에 마련되었다.
그러나 주변지역의 교통혼잡과 도로사정, 심야의 풍기문란 등으로
4년만에 중단된다. 모처럼 조성되었던 젊은이들의 자유분방한 표현
행위들이 대중적 기준에서 일탈현상으로 간주된 것이다. 그러나 어
떤 형태로든 이들의 지혜와 실행력을 결집시켜 축제의 공간으로 끌
어들이고자 하는 새로운 시도가 이루어진다. 1998년 학생들과 OL

14　　　몸을 끈이나 쇠사슬로 묶어 성적 흥분을 표현하기도 하는 자학적인 패션으
로, 일종의 변태적 성욕을 나타내기도 한다.

여사원 대상의 정보지 편집자와 유학생센터관리자, 고등학교 음악교
사, 돈타쿠광장위원 등 11명이 발기인이 되어 돈타쿠실행위원회의
하부조직으로 '와카모노위원회'를 탄생시킨 것이다祭り振興会 2002:
192-195. 이들은 젊은이들이 참가하기 쉬운 축제를 만들기 위해서는
무엇보다도 '새로운 음악과 댄스'를 발굴하여 보급하는 것이라는 결
론을 도출한다. 우선 전통민요의 '본치카와이야ぼんち可愛いや, 아이 귀여
워'를 빠른 템포의 댄스뮤직으로 편곡하여 발표하고, 보다 원활한 활
동을 위해 댄스부와 PR부, 상품부를 신설한다. 또한 젊은이들을 위
한 활동에 크게 공헌한 단체에게 '젊은이 대상'을 수여하는 등, 전방
위적인 활동을 개시한다. 이와 같이 많은 젊은이들에게 참가동기를
부여하고, 이들의 파격적인 아이디어를 건전한 시민축제로 끌어들이
기 위한 기획은 현재도 계속되고 있다. 축제가 젊은이들을 건강한
시민사회로 연착륙시키기 위한 교량역할을 하고 있는 것이다.

　2000년대에 들어가면 감소일로에 있던 참가팀도 시내의 자주적
문화애호단체춤이나 노래, 전통악기 등의 동호회의 대거 유입으로 급반전하
게 되는데, 이는 일본사회의 생애학습의 활성화와 여가문화의 다양
화에 따라 발생한 문화학습 그룹의 급증에서 비롯된 것이라고 할
수 있다. 전통문화를 새롭고 풍요로운 감성으로 수용하여 창조적인
혁신을 통해 즐기는 새로운 흐름이 만들어진 것이다. 이러한 흐름은
생산보다는 소비를 강조하는 21세기 '성숙사회'의 도래와 함께 취미
나 건강, 교양 등의 보다 보편적인 가치로의 통합을 통해 '건강한

시민사회'를황달기 2005: 230-233 이룩하는 데에 밑거름이 될 것이다. 따
라서 마지막 제5단계는 커뮤니티를 기반으로 한 '이질적인 타자와의
공생과 연대가 가능한 시민사회'를白石克己 · 田中雅文 · 広瀬隆人 2001: 90
육성하기 위한 다채로운 젊은 감성에 의한 축제의 창조적 혁신으로
정리할 수 있을 것이다.

4 관리사회와 현재의 돈타쿠

지금까지 살펴본 바와 같이, 돈타쿠는 12세기 말 헤이안시대에
권력자에 대한 신년하례 의식이나 놀이마당인 마쓰바야시를 원류로
해서 시작한 춤과 노래를 보여주는 공연과 퍼레이드, 가장행렬로 이
루어진 현대판 도시축제이다. 현재 이 돈타쿠를 운영하는 조직은그림
7-4 1962년에 조직된 '후쿠오카시민의 마쓰리진흥회福岡市民の祭り振興
会'인데, 이들의 내부를 들여다보면 다음과 같다祭り振興会 2002: 242.
후쿠오카 시장과 후쿠오카현 지사를 명예회장과 고문으로 하고, 상
공회의소회장을 실질적인 운영의 총책임자인 '회장'으로, 그 밑에 부
회장 6명, 상임이사다수, 이사다수, 실행위원14개 단체에 이르기까지 후
쿠오카시의 민간, 정계, 관계, 재계, 언론계 등의 유명인사와 단체를
총망라한 거대조직이라고 할 수 있다. 특히 돈타쿠를 실제로 관리하
고 운영하는 실행위원회에는 시청의 관광과를 비롯하여 항만국진흥
과, 상공회의소 관광 · 음식부회, 시관광컨벤션센타 등, 시의 관광행

정을 주도하는 단체와 이를 알리고 홍보하는 지역의 언론사가 집중적으로 포진하고 있는 것이 눈에 띈다. 이는 돈타쿠를 통한 후쿠오카시의 홍보와 선전, 외부관광객 유치를 통한 지역활성화에 대한 의지를 그대로 반영한 것이라고 할 수 있다.

다음으로 돈타쿠 행렬의 최고 볼거리는 1948년에 '꽃전차花電車'로 시작하여, 1977년 시내를 관통하는 노면전차의 폐지로 '꽃자동차花自動車'로 이름을 바꾼 장식차량의 행렬이다祭り振興会 2002: 265. 1977년 처음에 3대로 시작하여 현재 6대로 증차된 꽃자동차에는 다양한 주제가 표현되고 있다표7-2. 대개 일본의 옛날이야기나 동화의 주인공

■ 그림7-4 ■ 화려한 조명의 꽃자동차

一寸法師, 浦島太郎, 桃太郎 등, 중국이나 서양의 동화나 옛날이야기의 주인
공 손오공, 백설공주, 벌거벗은 임금님 등, 당시 유행했던 애니메이션의 주인공
을 재미있게 표현한 것 피노키오, 대공룡, 신데렐라, 드래곤 볼 Z, 이상한 나라 앨리스
등 등이 대부분을 차지하고 있다. 어린이들에게는 당시 인기리에 방
영되고 있던 애니메이션의 주인공을 등장시켜 친숙한 이미지로 흥을
돋우고, 성인들에게는 어린 시절에 즐겨본 드라마나 애니메이션의
주인공을 보여주며 과거를 돌아보고 추억을 더듬게 하며, '교통안전'
을 테마로 시민들을 계몽하기도 하는 등, 실로 상상을 초월하는 다양
한 내용이 등장하고 있다. 이 외에도 매년 돈타쿠에 헌법발포나 후쿠

■ 그림7-5 ■ 후쿠오카의 민요에 맞춰 전통춤을 추는 돈타쿠대

▌그림7-6▌ 북을 치며 행진하는 돈타쿠대

오카부흥, 상공제商工祭, 황태자 결혼기념, 황태자 아들 탄생, 만국박
람회 등 국가적 대행사나 지역사회 이벤트, 황실경사 등의 부주제를
달아祭り振興会 2002: 243, 축제의 격을 후쿠오카시 차원에서 국가 차원
의 공적 이벤트로 격상시키고 있다.

■ 그림7-4 ■ 후쿠오카시민축제진흥회 조직도

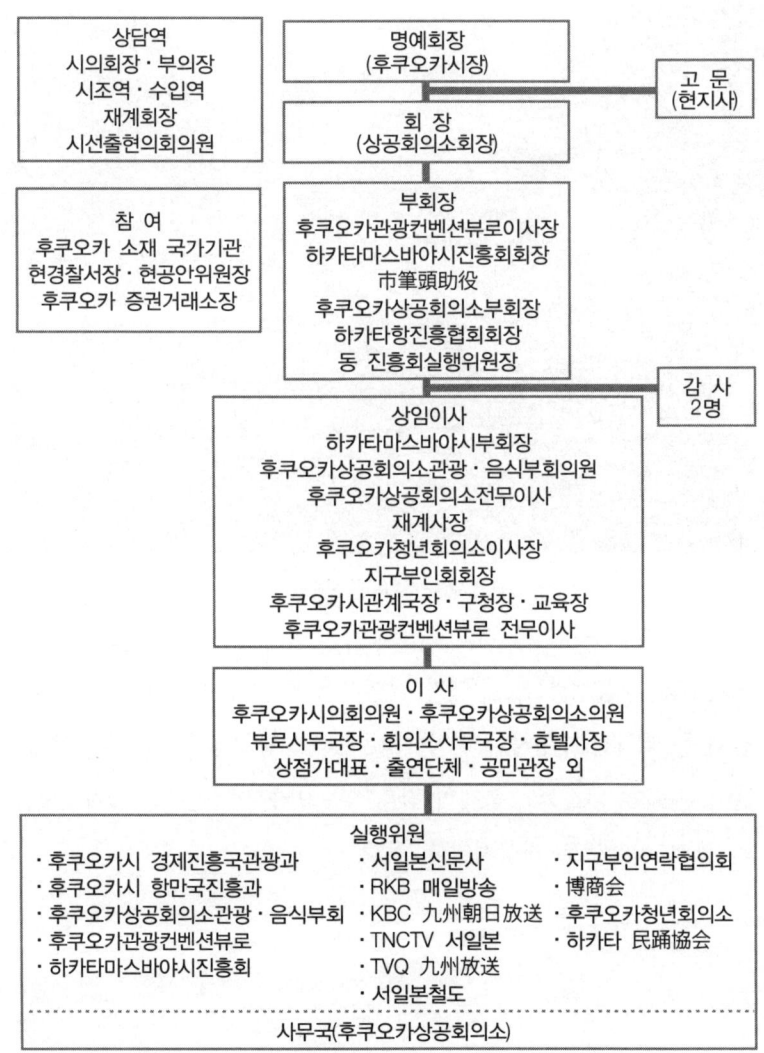

■ 표7-2 ■ 돈타쿠 '꽃자동차' 일람

연도	1호차	2호차	3호차	4호차	5호차	6호차
1977	一体さん	孫悟空	白雪姫(대형 차량으로 재출발)			
1978	交通安全	かもめの水兵さん	シンドバットの冒険			
1979	交通安全	浦島太郎	月の砂漠			
1980	交通安全	森の小人	ようこそパンダ			
1981	おやゆび姫	交通安全(動物)	ピノキオ	鉄腕アトム	交通安全(鯉のぼり)	大恐竜
1982	スペースシャトル	犬のおまわりさん	一寸法師	白雪姫	アラレちゃん	シンデレラ
1983	3匹の子ぶた	ピーターパン	ジャックとまめの木	ハチかぶり姫	花咲じいさん	桃太郎
1984	邪馬台国と卑弥呼	黒田武士	菅原道真と飛梅	かぐや姫	金太郎	宝島
1985	ガリバー旅記	ちびくろサンボ	シンドバットの冒険	あわて床屋	つるの恩がえし	牛若丸
1986	浦島太郎	さるかに合戦	一体さん	アルプスの少女ハイジ	はだかの王様	青い鳥
1987	孫悟空	一寸法師	かちかち山	小公子	ピノキオ	おやゆび姫
1988	アニメ三銃士	まんが日本昔ばなし	闘将拉麵男	おそ松くん	マリンワールド海の中道	よかとぴあ
1989	ひみつのアッコちゃん	それゆけアンパンマン	高速戦隊ターボレンジャー	赤ずきんちゃん	まんが日本昔ばなし	にこにこ・ぶん
1990	YAWARA	地球戦士ファイブマン	私のあしながおじさん	とびうめ国体	にこにこ・ぶん	まんが日本昔ばなし
1991	キャプテン翼	にこにこ・ぶん	「まんが日本昔ばなし」かぐや姫	ドラゴンボールZ	つる姫じゃ~っ	おぼっちゃまくん
1992	人魚姫	シンデレラ	白雪姫	金太郎	浦島太郎	金太郎
1993	シンデレラ	眠れる森の美女	人魚姫	親指姫	白雪姫	マリエラ
1994	青い鳥	ピノキオ	ヘンゼルとグレーテル	カバプーファミリー	狼と七匹の子ヤギ	三匹の子ブタ
1995	美少女戦士セーラームーンSS	しあわせの王子	ふしぎの国のアリス	ユニバーシアード12競技	ユニバーシアードカバプー西鉄オリジナル	マリンクールバ海の中道
1996	桃太郎	西遊記	シンドバットの冒険	忍たま乱太郎	福岡の人気キャラクター集合	ドラゴンボールGT
1997	シンデレラ	アラジンと魔法のランプ	金たろう	祝ADB総会	キューティーハニーフラッシュ	それゆけアンパンマン
1998	さるかに合戦	アリババと40人の盗賊	ピーターパン	九州おもちゃワールド	国際交流都市福岡	ドクタースランプ
1999	ももたろう	にんぎょひめ	ふしぎの国のアリス	博多港開港100年	花の遊園地かしいかえん	デジモンアドベンチャー
2000	うらしまたろう	かぐやひめ	ブレーメンの音楽隊	歓迎!2000年九州・沖縄サミット	かしいかえん「ドリーム・オン・ドラエモン」	ワンピース
2001	きんたろう	オズの魔法つかい	孫悟空	中世博多展/世界水泳福岡2001	かしいかえん海賊船冒険ランド	も〜っと!おジャ魔女どれみ

※ 한국어로 번역하면 의미가 통하지 않는 것이 많아, 일본어 그대로 표기했음.
 (자료출처 : 祭り振興会 2002: 265)

표현형식도 통일된 복장에다 질서 있게 행진하는 취타대 _{취주악대}의 퍼레이드형을 비롯하여, 다양한 복장과 장식으로 그냥 자유롭게 걸어가는 도오리가타 通型, 다시 山車, 수레나 차량에 마련된 무대 위에서 춤을 추거나 악기를 연주하며 지나가는 오도리가타 踊型 등 다양하다. 그야말로 시민의 시민에 의한 시민을 위한 축제의 진수를 보여주고 있다 하겠다. 140여 만의 거대도시를 무대로 전개되는 시민축제로서의 돈타쿠는 마쓰바야시라는 전통적 의례가 가진 고유의 힘 경축의례와 흥겨운 놀이마당 을 현대도시의 다양한 계층과 조직, 집단, 세력들이 저마다 자신들의 참가행위에 대한 근거로 삼고, 자신들의 다양한 정체성과 집단주의적 연대감을 오락적 획극적으로 표현한 것이라고 할 수 있다.

2001년 제40회 돈타쿠에 참가한 각종 단체는 272개 팀 연인원 35,075 명에 이르며, 이들은 대개 그룹별로 일본의 전통무용, 현대무용, 전통악기 연주, 브라스밴드 취주악대, 집단체조 등을 특설무대인 '연무대 35개' 위에서 보여주거나 도로 위에서 대열을 지어 퍼레이드를 펼친다. 참가팀의 구성은 이웃이나 직장, 학교, 동호회, 관공서, 각종 단체, 타시도 25개 팀 등 아주 다양하다 祭り振興会 2002: 244-261.

돈타쿠는 인간의 다양한 공연이나 예술행위를 집단적으로 보여주는 무대이며, 이 집단은 건강한 시민사회의 다양한 연대와 결합의 방식을 보여주는 것으로서, 도시축제에 참가하는 단체나 조직의 성격을 규명하는 데에 중요한 소재가 될 수 있다.

4
시민축제의 현대적 의미

1 도시생활에의 적응기회 제공

 돈타쿠에는 실로 헤아릴 수 없을 정도의 수많은 단체들이 참가하
고 있는데, 여기서 우리는 두 가지 의문점을 가져 볼 수 있다. 하나는
돈타쿠에 참가하는 다양한 참가단체들의 성격을 어떻게 규정할 것인
가이고, 다른 하나는 이들이 돈타쿠에 적극적으로 참가하는 동기는
무엇인가 하는 점이다. 우선 수많은 참가단체들은 그 이름에서 알
수 있듯이, 혈연이나 지연을 매개로 결성된 조직이 아니라, 도시화와
산업화 사회 이후에 급성장한 자유결사free association 나 임의결사
voluntary association 에 가깝다는 것이다. 이들은 아야베綾部恒雄가 제시
한 "어떤 공통의 목적과 관심을 충족시키기 위해, 일정한 약속 아래
기본적으로는 평등한 자격과 자발적인 가입에 따라 성원권을 획득하
며, 생계를 목적으로 하지 않는 파트타임의 사적 집단"綾部恒雄 1988:
6 에 해당된다. 그는 이들 집단의 편성원리가 공통의 목적이나 관심
을 충족시키기 위한 계약약속 에 근거한다는 점에 착안하여, 지연과
혈연의 가존개념에 대응한 '約緣集団'으로 개념화했는데, 이는 슈
Shu, F. L. K. 의 〈클랜, 카스트 및 클럽〉에서 사용한 '클럽적인 집단'의
1963: 6 개념과 유사하다. 혈연이나 지연의 비선택적 결합이 농산촌사

회의 근간을 이루고 있다면, 도시사회는 선택적인 社縁約縁 결합이 지배적인 의미와 기능을 가지고 있다고 하겠다.

시민축제에 여러 사연집단이 등장하는 것은 근대화 이후 일본의 도시화와 깊은 관련이 있으며, 지연과 혈연 조직에 비해 그 결합의 동기나 원리가 대단히 다양하다. 이는 도시의 제도나 기회, 상품, 서비스, 인적 네트워크에 대한 개인의 선택폭이 대단히 넓다는 점과 이를 선택하는 방식도 대단히 다양하기 때문이다. 문화는 어차피 인간이 자연이나 사회·문화적 환경에 적응하기 위한 최선의 방식으로 선택되거나 창안된 장치이니까, 사연집단의 다양성은 바로 이러한 적응장치의 다양성에 기인하는 것으로 볼 수 있다. 다시 말해 사연집단이 축제참가를 위해 벌이는 조직결성과 운영, 의사결정 과정, 참가종목의 연습과 훈련, 뒤풀이 등은 시민생활에의 적응과정이라는 것이다. 이러한 관점에서 돈타쿠는 지연이나 혈연적 유대와 결합에 의존할 수 없는 사람들에게 다양한 도시생활에 적응할 수 있는 중요한 기회를 제공하고 있다고 할 수 있다. 이것이 고도로 복잡·다양화 되고 분업화 된 도시적 삶의 방식과 깊은 관련이 있음은 말할 것도 없다.

② 관리되는 시민축제

돈타쿠는 일본의 다른 전통적인 도시축제가 우지코氏子에 의해 지

역공동체의 신을 모시는 신사제례로 출발한 것과는 달리, 나가레流
라는 전통적 자치조직에 의해 시작되어, 메이지유신 이후 근대국가
의 성립과 함께 중앙의 권력을 대신한 지방정부에 의해 철저하게
관리되면서 급성장했다. 이 배경에는 일본제국주의 국가건설이라는
보다 거시적인 전략이 자리잡고 있다. 메이지정부는 1888년明治 21년
에 에도시대의 번제촌藩制村을 폐지하고 새로운 시초손제市町村制를
시행함으로써 보다 효율적 관리가 가능한 국가체제를 완성한다. 이
러한 행정개편은 메이지정부가 통일된 근대국가를 건설하기 위해
지방에 국가의 권한을 침투시켜, 지방을 중앙의 통제와 관리 하에
두기 위한 조치였다. 그러나 인구가 급팽창하는 후쿠오카와 같은 도
시는 국내외적으로 열려 있는 지정학적 위치에다 자유와 경쟁을 근
간으로 하는 상인계급의 부상으로, 행정개편만으로는 통일된 국가관
을 침투시키기가 여의치 않는 지역이었다. 여기서 국가권력은 전통
사회의 자치제도를 근간으로 하는 공동체적 연대의 표현방식인 돈타
쿠라는 축제에 주목한 것이다. 돈타쿠를 주민동원과 이데올로기 조
작의 수단으로 삼은 것이다.

　명치유신 이후 일본의 자본주의는 아시아대륙의 침략을 발판으로
자원공급처를 다변화하고, 그 자원으로 생산된 상품의 소비시장을
확대해가면서 급성장하기 시작한다. 특히 조선을 포함한 아시아 대
륙을 지배하는 데에 전진기지 역할을 해온 후쿠오카는 다른 도시와
는 비교가 되지 않을 정도로 근대화와 도시화가 급진전된다. 여기서

축제는 종래의 자치조직을 결합하고 결합된 조직을 근대적 행정 시
스템에 연결시켜 주는 하나의 매개체로서 중요한 역할을 수행하게
된다. 돈타쿠의 역사적 변화는 중앙정부와 지방자치단체의 관리와
통제에 대한 주민 자치조직의 대응과 상호작용의 결과에서 비롯된
것이다. 이러한 상호작용은 축제를 일정한 규칙과 틀 속에 가두어버
리는 결과를 초래했다. 도시의 일상적 시간과 공간을 규제하지 않고
서는 운영이 불가능했기 때문이다.

　돈타쿠가 아주 재미있는 축제나 이벤트로 200만 명이 넘는 대관객
을 동원할 수 있는 이유도 따지고 보면, 수많은 참가자들의 동선과
관람객의 시선에 대한 효율적인 관리이다. 축제공간은 차도나 인도,
공원, 광장 등의 일상적 공간을 일시적이지만 독점적으로 사용해야
하기 때문이다. 축제의 장에서 참가자들의 동선은 한 곳에서 고도의
테크닉과 작품성·예술성이 높은 공연물을 집중적으로 보여주거나
차도를 따라 끊임없이 이어지는 행렬로 최대화된다. 집중과 분산,
정적인 관리와 동적인 관리를 적절하게 배분하여 거기에 걸 맞는
예능들을 창조적으로 보여주게 했다. 구경꾼의 입장에서 보면 일정
범위지점 내에 시선을 고정시키고, 가만히 한 곳에 서서 무대 위에
펼쳐지는 섬세하게 짜여 진 연기나 노래, 격렬한 율동의 춤을 감상하
거나, 길거리 위에서 파노라마처럼 펼쳐지는 단순하지만 변화무쌍한
행렬들을 바라보면 된다. 세밀한 연출과 디자인에 의해서만 가능한
일이다. 여기서 축제는 사고예방이나 질서, 안정, 쾌적성, 시민정신

같은 가치를 확보하기 위해 세밀하게 기획·연출된다. 이는 다름 아닌 놀이와 소비 중심의 축제에 생산주의적 가치관이 개입하게 되는 것을 의미하며, 이러한 가치관은 상업목적의 퍼레이드, 기업이나 학교 등의 기념제, 돈타쿠와 같이 '후쿠오카시민축제진흥회'라는 범시민적 조직이나 행정주도의 각종 이벤트성 지역축제 등에 보다 현저하게 나타난다.

3 지역문화의 창조

일본의 여름은 해양성 기후 특유의 습기가 많고 불쾌지수가 높은 찌는 듯한 무더운 날씨로 유명하다. 특히 내륙분지인 교토는 말할 것도 없고, 하카타와 같은 대도시는 여름의 무더위로 생활의 불편을 겪을 정도이다. 프랑스의 파리 사람들은 무더운 여름이 되면 시원한 곳을 찾아 바캉스를 떠나지만, 일본의 교토나 후쿠오카 사람들은 기온마쓰리와 기온야마카사라는 여름축제를 벌이며 무더위에 정면으로 맞선다. 도심의 거리를 그것도 1개월과 15일이라는 장기간 동안 비일상의 축제공간을 만들어, 우아하고도 장엄한 행렬과 역동적인 광기의 소용돌이로 몰아간다. 돈타쿠도 이들에 못지않다. 매년 5월 3-5일은 연속적인 공휴일로 '골든위크'라 일컬어진다. 이 때 많은 일본인들은 국내외 여행을 위해 자신의 살던 곳으로부터 탈출을 시도한다. 그러나 후쿠오카는 7월의 교토처럼 '돈타쿠'라는 축제를 위해

도심의 공원이나 광장, 중심가인 메이지도리 明治通り 로 몰려나온다. 분주한 일상의 공간이 화려한 장식과 율동, 퍼레이드의 축제공간으로 변신하는 것이다. 공간의 대변신은 모든 자동차의 진입이 금지된 메이지도리에 끝없이 이어지는 각종 돈타쿠대의 행렬과 이를 보기 위해 양쪽 인도를 빈틈없이 메운 관객들의 모습에서 절정에 이른다. 일상과는 전혀 다른 도시의 모습이 연출되는 것이다.

변신은 이러한 공간 안에서만 일어나는 것은 아니다. 돈타쿠대에 참가하는 사람들은 저마다 자신들의 역할이 있다. 칠복신으로 분장하고 말 위에 올라탄 사람, 그 말을 몰고 가는 사람, 전통악기를 연주하는 사람, 인형 속에 들어가 우스꽝스러운 미소와 동작을 반복하는 사람, 대열을 지어 통일된 동작으로 열심히 춤을 추는 사람, 운전석의 시야만 남겨두고 온통 꽃으로 장식한 자동차를 운전하는 사람 등은 모두 공간의 변신에 중요한 역할을 하지만, 자신들도 일상의 직업인, 학생, 주부, 할아버지와 할머니 등에서 '축제인간'으로 변신하게 된다. 축제는 자신의 극히 일부만을 들어내고 살아가는 도시 사람들의 정체성 혼란과 변신욕구를 해소해주는 계기로 작용하는 것이다.

여기서 우리는 이러한 변신욕구가 변신만으로 끝나는 것이 아니라는 데에 주의할 필요가 있다. 돈타쿠대의 참가팀원들의 이야기에 의하면, "축제의 끝이 곧 시작"이라고 하는데, 이는 끝나자마자 다음 해에는 어떤 형식과 내용으로 참가할 것인가에 대한 고민을 시작한다는 말이다. 다시 말해 변신은 창조의 계기가 된다는 것이다. 이 때 인기 드라마나 애니메이션, 시 행정의 기념비적 사건이나 이벤트, 사회문제, 환경이나 공해 등의 글로벌 이슈 등에서 다양한 주제를 발견하여, 독창적으로 장식하거나 연출하여 많은 사람들의 이목을 끌어야 한다는 당위성이 창조를 더욱 부추기게 된다.

수많은 돈타쿠대의 끊임없는 혁신과 창조는 돈타쿠대열의 최 선두를 장식하는 고풍스러운 마스바야시 행렬과는 아주 대조적이다. 다시 말해 돈타쿠는 마쓰바야시의 전통과 보존, 돈타쿠대의 창조와 혁신이라는 이항대립적 구도 속에 진행된다는 말이다. 그러나 연인 원 200만 명 이상을 동원하는 일본 최대의 시민축제로 성장한 돈타 쿠의 생명력은 전통의 보존보다는 새로운 풍류의 창조에서 나온다고 하겠다. 이러한 창조와 혁신이야 말로 지역문화의 형성에 축제가 기 여할 수 있는 가장 중요한 부분이라고 할 수 있다.

교토의
기온마쓰리 祇園祭

VIII

일본의
축제와 지역사회

일본의 도시축제, 특히 여름의 도시축제는 '○○기온'이라는 이름의 축제가 많다. 여기서 말하는 '기온祇園'은 바로 교토의 기온샤祇園社, 八坂神社의 기온을 의미하며, 기온샤의 제신祭神, 分霊을 모셔와勧請 모시는 신사가 전국에 산재하며, 이러한 신사의 제례가 바로 '○○기온마쓰리'이다. 그러니까 전국의 '○○기온'으로 일컬어지는 축제는 모두 교토의 기온마쓰리를 기원이나 모델로 해서 시작했다고 보면 된다. 이 책에서 다루어온 하카타의 기온야마카사도 기온마쓰리를 원류로 하고 있기 때문에 이에 대한 검토가 필요하다고 하겠다.

1
기원마쓰리의 성립과 야마보코山鉾의 탄생

기온마쓰리는 교토의 가모타이샤賀茂大社의 히마와리마쓰리葵祭와 헤이안진구平安神宮의 지다이마쓰리時代祭와 함께 교토의 3대 마쓰리임과 동시에, 도쿄의 간다마쓰리神田祭와 오사카의 덴진마쓰리天神祭와 함께 일본의 3대 마쓰리의 하나로, 매년 7월 1일부터 31일까지 한 달간 교토시의 야사카신사그림8-1의 제신을 모시는 대규모의 전통적 도시축제이다. 이 기온마쓰리의 기원에 관한 여러 가지 설 중에, 우리들에게 아주 흥미로운 것이 하나 있다. 바로 1870년明治 3년에 나온 〈야사카샤 일기집록八坂社日記集録〉에 나오는 이야기이다.

이 기록에 의하면 사이메이천황斉明天皇 2년656년에 고쿠리高麗, 고구려의 조진사貢進使, 貢調使인 이리시伊利之가 신라의 우두산牛頭山에 있는 스사노오노미코토須佐之雄의 혼령을 모셔와 야사카에 모셨다는 것이다所功 1996: 115. 그러나 일본 최고의 역사서인 〈日本書紀〉의 '신대기神代記'에는 "스사노미코토素盞嗚尊………신라국에 내려와 '소시모리曾尸茂梨'라는 곳에 살았다"는 기록은 있으나, 조진사인 이리시가 스사노미코토를 교토의 야사카에 모셨다는 기록은 보이지 않는다所功 위의 책: 115-116.

한편 야사카신사와 직접적인 관련이 있는 사당社詞은 헤이안시대平安時代: 794-1185인 876년貞観 18년에 건립되었다는 이야기가 많다. 여러 기록을 종합하면, 당시 교토의 야사카씨八坂氏, 고구려 도래인가 농경의 수호신인 '천신天神'을 모셔왔는데, 헤이안쿄平安京, 지금의 교토가 성립된 후, 도시의 성장과 인구급증에 따라 역병이 유행할 우려가 있자, 이를 예방하기 위해 스사노미코토를 869년貞観 11년에 하리마播磨, 현재의 효고현 서남부의 히로미네샤広峯社에서 기타시라카와北白川의 히가시텐오지東天王社 근처로 모셔온 후, 다시 876년貞観 18년에 현재의 야사카에 사당을 짓고 옮겨온 것으로 보고 있다. 처음에는 간케이지[1]観慶寺로 출발하여, 사찰이 아닌 천신牛頭天王=素盞嗚尊을 모시는 신사祇園社로 탈바꿈한 것이다. 역사적 사실관계는 현재로서는 확인

---

1   貞観에서 元慶 시대에 걸쳐 지어진 것으로, 연호인 貞観의 '観'과 元慶의 '慶'을 따서 간케이지라 함.

할 길이 없으나 고대의 한일간에 빈번했던 교류를 감안하면 고구려
와의 관련성은 어느 정도 사실에 가까울 수도 있다.

여기서 야사카라는 이름은 고구려 도래인인 야사카 씨와의 관련
성 외에, 교토 히가시야마東山 의 야사카고八坂郷 라는 지명과도 관련
이 있는 것으로 전해지며, 교토에서는 보통 '야사카상八坂さん'으로 일
컬어진다. 1868년明治 원년 3월 신불분리령神仏分離令 에 따라 제신祭神
의 이름이 우즈텐오牛頭天王 나 바리뇨婆利女, 바리공주, 하치오지八王子
등의 불교적인 이름에서 신도적인 '스사노오노미코토'나 '구시다나히
메櫛稲田姫', '야하사리노미코토노미코토八柱御子命'로 변한 후 오늘에
이르고 있다.

▌ 그림8-1 ▌ 야사카신사의 모습

고대 사람들은 개인의 질병이 아니라 다수의 사람들을 한꺼번에

병들게 하는 역병에 대해 그 원인을 과학적인 근거가 아닌 '신들의
노여움'으로 간주하고, 특별한 제의를 통해 이들을 안정시키고 달래
려고 했다. 특히 일본인들은 이 역병을 일으키는 존재를 '역신疫神'으
로 생각하고, 이 역신은 자신들이 사는 지역 밖에서 들어오는 것으로
생각했던 것 같다. 그렇다면 이 역신의 정체는 무엇일까. 막연히 질
병을 일으키는 존재로 생각하기도 하고, 정쟁政爭으로 비운의 죽음
을 당한 사람들의 영혼이 원혼이 되어, 그 한을 풀기 위해 이 세상에
재앙을 몰고 오는 것으로 생각하기도 했다. 예를 들면 헤이안 초기인
863년貞觀 5년 5월 20일 비운의 죽음을 당한 사람들의 원령怨靈를 진
정시키기 위해 고료에御靈会라는 제사를 대대적으로 올린 것에서 잘
알 수 있다所功 1996: 132. 당시의 사람들은 무시무시한 역병의 공포로
부터 벗어나기 위해, 역병을 초래한 특정 인물의 원령을 진정시키고,
나아가 그 이상의 보호나 가호를 기원하기 위해 고료에를 그것도
조정의 주도하에 개최한 것이다. 이후 교토의 교료에가 전국각지로
퍼져나가면서 다양한 형태의 고료에가 유행하게 된다. 당시의 교토
는 내부적으로는 천황과 그를 보좌하는 세력들의 권력암투에다, 외
부적으로는 교토를 함락시키고 권력의 중심에 서보겠다는 무장들의
야망으로 끊임없는 암투와 크고 작은 전쟁이 일어나고 있었다. 이러
한 정쟁에 희생된 사람들의 영혼이 구천을 떠돌며 교토 시민들을
해칠 것으로 생각했던 것이다. 고료에는 이와 같은 심리적 불안에서
등장한 자기방어적 기제였다고 볼 수 있다.

이상의 고료에가 기온샤 중심의 고료에, 다시 말해 현재 미코시의 고타비쇼御旅所, 제신이 일정기간 동안 신사 밖에서 머무는 곳까지의 행차에 의한 신행제神幸祭와 환행제環幸祭의 기온고려에祇園御靈会, 이하 '기온에'라 함 의 형태가 된 것은 974년天延 2년으로 알려져 있다. 이 때 기온샤의 제신을 태운 미코시가 시내의 고타비쇼에 나가서神幸祭, 거기서 일정 기간 동안 교토 시민들의 배례를 받은 후, 다시 본사祇園社로 돌아오 는 환행제의 형태로 기온에가 시작된 것이다. 이를 계기로 기온에는 많은 사람들이 관람하는 제례로 성립된 것이다. 특히 환행의 미코시 행차御輿渡御=御輿渡り는 화려하고 성대하게 치러졌던 것으로 보인다. 당시 6월 14일음력의 미코시 순행행렬에는 연도의 주민들뿐만 아니 라, 각지에서 많은 사람들이 구경하러 왔을 정도로 볼거리로서 새로 운 가치를 획득하고 있었다. 미코시의 행렬이 성대하게 된 이유는 당시의 실권자였던 시라카와白河 천황의[2] 적극적인 지원과 장려책 때문이었던 것으로 보이며, 이 때 행렬 참가자의 의복이나 휴대품 등에 풍류와 멋을 표현하는 것이 장려되었다. 이렇게 하여 기온에는 수많은 마쓰리가 난무하는 교토에서도 가장 화려하고 성대하게 치러 지는 제례로 자리잡게 된다.

그렇다면 호화스러움과 현란함의 대명사인 야마보코는 언제 어떤

계기로 시작되었을까? 이와 관련하여 재미있는 일화가 전해지고 있
다. 999년長保 원년 6월 14일의 기온에는 '부코쓰無骨'라는 호시法師,
승려 모습을 한 잡예자雜芸者가 교토 사람들에게 보이기 위해 수레
柱를 끌고 신사 안으로 들어가려다, 이 수레柱=標가 황실의 다이조에
大嘗会, 즉위식의 수레를 모방한 것으로 판단되어 제지당한 일이 발생
한다所功 1996: 148. 부코쓰의 수레는 천황의 즉위식 뒤에 신센神饌,
신에게 바치는 제물이나 공물供物을 운반하는 표식標木, 신을 달라붙게 하는 것
을 세운 다시標の山, 수레를 모방하여 온갖 장식과 꾸밈으로 화려하게
만든 것인데, 이것이 현재의 야마보코의 기원이 되었다는 것이다.

　여기서 말하는 야마보코는 야마山와 호코鉾의 합성어지만 실제
야마와 호코는 별개의 것이다. 대개 무로마치시대室町시대, 1336-1573
에서 에도시대까지 이 둘의 외형적 특징은, 우선 호코鉾車는 규모가
크고, 바퀴가 달려 있어 끌고 가지만그림8-2, 야마作り山는 작고, 사람
이 어깨에 메고 가는 것이었으며, 둘째 호코에는 높은 기둥을 세우고
집 모양의 구조물을 싣고, 그 안에 치고稚児, 舞童나 하야시카타囃子方,
악대, 온도토리音頭取, 지휘자 등을 태우지만, 야마는 상록의 소나무를
세우고 그 주위를 인형 등으로 장식한 것이었다. 호코의 원형은 헤이
안 말기의 세시풍속을 그린 〈年中行事絵巻〉 등에 그려진 미코시
앞에 세우는 검 모양의 호코剣鉾가 변형되어 남북조시대1336-1392의
구제마이久世舞의3 마이구루마舞車에 장식물로 사용된 것으로 보고
있다.

▌그림8-2▌교토의 중심가를 순행 중인 야마보코 행렬

한편 야마를 다이조에의 시루시大嘗会の標 를 모방한 쓰쿠리야마作
山와 관련시켜 이해하는 시각도 있다. 그러나 이 겉모습의 차이보다
중요한 것은 둘 모두 역신疫神 이 머무는 요리시로依代紳体 라는 점이
다. 따라서 야마보코가 순행한다는 것은 교토 시민들에게 마쓰리를
예고하는 동시에 시내에 떠돌아다니는 역병을 모아 쫓아낸다는 의미

3   남북조시대에 유행했던 예능으로 북 장단에 맞춰 노래 부르면서 부채를
들고 추는 춤.

가 있다. 치고나 화려한 장식, 꾸밈 등은 모두 이런 효과를 극대화하기 위한 것으로 볼 수 있다. 여기서 재미있는 사실은 이러한 화려한 야마보코를 만든 사람들이 조정이나 신사, 귀족들이 아니라, 남북조시대부터 南北朝, 1336-1392 경제력을 쌓아온 시모교 下京, 현재 四条通り 이남에서 八条通り까지 지역의 주민, 특히 상인들 町衆 이라는 점이다. 본래 신과 관련된 미코시 행차의 부수적인 것이었으나 이것을 담당해온 상인들이 독립적인 것으로 인식하면서, 차츰 호화롭고 사치스러운 행사로 꾸민 것이다. 근세의 도요토미 豊臣秀吉 는 야사카신사에 1만석을 기부하기도 하고, 야마보코를 운영하는 야마보코초 山鉾町 에 대해 이웃 마치들의 협찬을 제도화하는 등, 경제적 기반을 강화하기도 했다.

메이지 시대에 들어오면 신불분리령에 따라 기온에는 불교적 색채가 희석된 기온마쓰리로 개칭되며, 제도화되어 있던 이웃 마치들의 협찬도 금지된다. 이에 우지코 氏子 지구 현 27개 学区 의 사람들은 1872년 明治 5년 미코시 행차와 야마보코 순행을 안정적으로 유지하기 위해, 종래의 미야모토구미 宮本組, 宮本講社 와는 별도로 세이세이코샤 清清講社 를 결성, 우지코 지구의 모든 세대가 공평하게 비용을 부담하는 제도를 도입한다. 또한 1877년 明治 10년부터 제일을 음력 6월 7일과 14일에서 양력 7월 17일 前祭 과 24일 後祭 로 옮겨 시행하고 있다.

다이쇼시대 1914-1926 에 들어가면 교토시내에 노면전차가 다니고, 백화점도 들어오면서 야마보코 순행의 관람객도 급증한다. 1923년 大正 12년 에는 야마보코초연합회 山鉾町連合会 가 조직되고, 교토시로부터

야마보코의 수리를 위한 보조금도 받게 된다. 2차대전 중 잠시 중단
되었다가 다시 부활한 야마보코는 1952년 29기가 모든 복원됨으로
써 2차대전 전 수준을 회복한다. 그러나 전후 부흥기인 1955년 이후
에는 도시화의 진전과 함께 두 가지 문제가 발생하는데, 하나는 구경
꾼과 교통량의 급증이고, 다른 하나는 도심의 공동화로 초나이町內
의 주민과 봉사자가 급감한 것이다. 이를 해결하기 위해 시내중심에
서 교통량이 적은 북쪽으로 순행코스를 변경하고, 1964년昭和 39년
거의 모든 가키야마舁山에 바퀴를 달아 적은 인원으로 끌 수 있게
했으며, 1966년같은 41년 7월 24일의 아토마쓰리後祭를 17일의 사키마
쓰리前祭에 합치고, 그 대신 '하나카사순행花傘巡幸'을 새로 도입한다.
이를테면 현대판 가장행렬인 셈이다그림 8-3. 이 하나카사순행은 신사
측에서 우지코가 많은 무로마치室町의 고후쿠吳服, 일본의 전통의복 도매
상연합회교토 직물도매상 조합나 우지코 관련단체에 협력을 요청하여 신
사제의 일환으로서 실현된 것이다. 다시 말해 지나치게 세속적인 관
광행사로 치러지는 야마보코 순행과 환행제에 대해 조금 엄숙하고
종교적인 사전 정화의례浄化儀礼, 先祓い로서 시도된 것이다. 그러나
본래의 의도와는 달리 차 가게조합お茶屋組合의 귀여운 무희나 걸스
카우트가 참가하는 등, 남자들만의 전통에서 현대적 감각과 풍류가
가미된 한층 가볍고 유쾌한 마쓰리로 치러진다. 구경꾼을 의식하여
의도적으로 기획·연출되는 도시제례의 특징이 그대로 들어나고
있다.

▌그림8-3▌ 화려한 장식의 하나카사(花笠) 행렬

한편 1962년昭和 37년 2차대전 전부터 있었던 야마보코 29기가 국가가 지정한 '중요 유형민속 문화제'로, 1978년 같은 53년 순행행사가 '중요 무형민속 문화제'로 지정된다. 정부가 기온마쓰리가 가지는 역사나 문화, 학술적 가치에 주목한 것이다. 이를 계기로 각 야마보코 초에서는 야마보코보존회를 만들어, 보다 체계적인 관리와 운영을 통해 교토라는 지역사회를 떠나 국가 차원의 위상을 확립하고, 새로운 도약의 발판을 마련하게 된다. 그렇다면 기온마쓰리는 어떻게 진행되는지, 구체적인 일정과 행사내용을 살펴보도록 하겠다. 〈표8-1〉

은 1개월간 진행되는 모든 행사를 순서대로 정리한 것이다.

2
기원마쓰리의 일정과 내용

▌ 표8-1 ▌ 기온마쓰리의 주요일정

일시	행사명	내 용	장소
7월 1-7일	깃푸이리(吉付入り)	제례봉사에 대한 결정이나 협의	各山鉾町
1일10:00-	나기나타보코치고의 오센도 (長刀鉾稚児お千度)	각 지구 임원들이 치고와 함께 신사참배	八坂神社
2일10:00-	추첨식(鬮取式)	야마보코순행의 순서 결정	京都市役所
2일11:30-	야마보코연합회 참배	각 야마보쿠지구 대표자들의 신사참배	八坂神社
2-9일	니카이바야시(二階囃子)	하야시의 연습	保存会町会所
3일10:00-	후나보코신멘아라타메 (船鉾神面改め)	신체(神体)인 신면(神面)을 공개하고 확인함	船鉾町会所
5일16:00-	나기나타치고춤 공개 (長刀鉾稚児舞披露)	순행 때 추는 치고의 '태평무(太平 舞)' 공개	長刀鉾町会所
7일14:30-	아야가사보코치고 참배 (綾傘鉾稚児参)	아야카사보코에 봉사하는 치고 6명 이 행사의 무사안전을 기원함	八坂神社
10일10:00-	고헤이키리(御幣切)	신사의 神官에 의한 헤이소쿠(幣束, 부적)의 절단	長刀鉾町
10-13일	호코타테(鉾建て)	각 야마보코지구에서 호코를 조립	各鉾町
10일10:00-	신사용수(神事用水) 기요하라이식(清祓式)	미코시 세척에 사용되는 물을 가모 가와(鴨川)에서 길러 옴	鴨川堤東側
10일16:30-	오무카에초친(お迎え提灯)	깨끗이 씻은 미코시를 맞이하기 위 해 지구내에 등을 밝힘	氏子地区
10일20:00-	미코시아라이식(神興洗式)	시조대교(四条大橋) 위에서 미코시 를 정화	四条大橋
11-14일	야마보코타테(山鉾建て)	각 지구에서 야마보코 조립	各山鉾町
12日13:00-	마쓰도리식(松取式)	南観音山과 北観音山이 추첨으로 소나무 선택	新町通
12-13일	야마보코히키조메 (山鉾曳き初め)	각 지구에서 야마보코 시운전	各山鉾町

13일11:00-	나기나타보코치고 참배 (長刀鉾稚児社参)	신사 참배 후, 신의 사자로서 지위를 부여받음	八坂神社
13일14:00-	구제코마가타치고 참배 (久世駒形稚児社参)	구제코마가타치고가 제례의 무사안전을 기원	八坂神社
14-16일	요이야마(宵山)	야마보코 장식, 기온하야시 연주, 축제 분위기 고조	各山鉾町
15일4:00-	이미타케타테(斎竹建て)	야마보코 순행 출발점에 푸른 대나무 2대 세움	四条麩屋町角
15일15:00-	전통예능 봉납	기온마쓰리에 전통예능을 봉납	八坂神社
15일20:00-	요이미야사이(宵宮祭)	경내 소동, 어둠 속에서 미코시에 神霊을 옮김	八坂神社
16일 午後-	엔노교자야마보코마타키쿠요(役行者山護摩焚き供養)	산악수행자가 엔노교자야마에 와서, 고마타키(護摩焚き)를 봉납(번뇌를 태우고, 無病息災를 기원)	役行者町
16일18:00-	요이미야미코시(宵宮神輿) 봉납행사	백로춤이나 京舞 등을 봉납	四条通
16일19:00-	이시미카구라(石見神楽)	스사노오노미코토의 '大蛇退治의 춤'을 공개	八坂神社
16일22:00-	히요리카구라(日和神楽)	쾌청한 날씨를 기원하며, 각 야마보코 지구와 시조고타비쇼(四条御旅所)를 왕복	四条御旅所
17일9:00-	야마보코 순행(山鉾巡行)	야마보코 32기가 시내중심가를 순행	巡行路
17일	구지아라타메(闇改め)	교토시장이 야모보코 순행의 순서를 정함	四条境町
17일16:00-	신코사이(神幸祭)	미코시 행차에 앞서 혼덴(本殿)에서 헌악의례	八坂神社
17-24일저녁	무곤마이리(無言詣り)	소원성취를 기원하며 시조고타비쇼 참배	四条御旅所
20일15:00-	하나카사 순행(花傘巡行) 行宣状授与式	가사보코 순행에 봉사할 어린이들에게 임명장 수여	八坂神社
23일9:00-	献茶祭	젠차도(煎茶道) 종가집의 윤번봉사 (輪番奉仕)	八坂神社
23일15:00-	비와 봉납(琵琶奉納)	비와(琵琶)의 봉납	八坂神社
24일10:00-	하나카사 순행(花傘巡行)	가사보코나 馬長稚児, 児武者 등이 시조도리(四状通)를 순행	石段下에서
24일17:00-	간코사이(還幸祭)	시조고타비쇼를 출발하여 신사로 돌아옴(還幸)	四条御旅所
25일11:00-	교겐 봉납(狂言奉納)	교겐(狂言)의 봉납(茂山社中의 봉사)	八坂神社
28일10:00-	神事用水 기요하라이식 (清祓式)	10일과 같음	宮川鴨川堤
28일20:00-	미코시아라이식(神輿洗式)	10일과 같음	四条大橋
31일10:00-	에키진노야시로(疫神社) 나고시사이(夏越祭)	액기를 물리치고 부적을 받음	八坂神社境内·疫神社

위의 표의 전체일정은, 우선 7월 전반의 준비단계1-14일까지, 둘째 본행사의 직전행사15-16일, 그림7-4, 셋째 17일의 본행사인 야마보코 순행과 신행제17일, 넷째 24일의 하나카사 순행과 환행제, 다섯째 사후행사28-31일의 단계로 나눌 수 있다. 이 외에도 다양한 협찬 봉납행사인 12일 저녁의 신심류시금神心流詩吟, 한시를 노래처럼 읊음을 비롯하여 15일과 23일 저녁의 전통예능, 16일과 23일 아침의 헌다제獻茶祭, 20일 저녁의 비와琵琶, 20일 오후와 25일 오전의 교겐狂言 등이 있으며,

█ 그림8-4 █ 본행사인 야마카사 순행을 앞두고 축제분위기를 즐기는 교토 시민들(요이야마, 宵山)

모두 신사경내에서 이루어진다.

야마보코에는 곱게 차려입은 이키치고生稚児, 어린이가 타고 있는데, 이는 미코시와 함께 기온마쓰리에서 중요한 역할을 담당한다그림8-5. 예로부터 神의 요리시로나 대리代理로 간주되어 왔으며, 특히 나기나타호코長刀鉾의 치고는 8-10세까지의 소년으로 6월 상순에 선정되며, 나기나타보코초의 가리요시仮養子가 된 후, 치고마이稚児舞나 신사참배 등의 역할을 수행한다. 에도 중기까지는 거의 모든 초나이에서 이키치고를 태웠으나 현재는 대부분 인형으로 대체했다.

▌그림8-5▐ 말을 타고 이동하는 이키치고(生稚児)

15일 밤 8시부터 신사 혼덴本殿에서는 모든 전등이 소등된 채, 요이미야사이宵宮祭가 행해지는데, 구지宮司가 신사 본전에서 가지고 나온 세 제신祭神의 신령요리시로인 거울이 혼덴에서 하이덴拜殿에 놓여 있는 3대의 미코시에 옮겨진다中の座, 東の座, 西の座. 실질적 기온마쓰리는 이때부터 시작된다고 보면 된다. 이후 17일 오후 4시 신행제 시작까지 관계자들의 참배가 이어지고 일반인들에게도 공개된다. 17일 낮 야마보코 순행에 앞서 진행되는 신행제는 4시경 하이덴의 의식이 끝나면 5시경 미야모토코샤宮本講社의 멤버들이 여러 가지 보물神宝, 활이나 방패 등을 신사에서 받아들고, 미코시에 앞서 고타비쇼로 향한다그림 8-6. 그 뒤를 따라 미코시 4대가 이동하기 시작한다. 고타비쇼에 도착하면, 2기가 서로 마주본 상태로 자리잡은 후, 환행제까지 1주일간의 '마쓰리노아이まつりのあい' 중에 불을 밝히고 제물을 올린다. 이 기간 중에 많은 참배자는 아무 말을 하지 않고 참배하는 '무곤마이리無言参り'를 행하는데, 이는 말을 하면 소원성취가 이루어지지 않는 것으로 믿기 때문이다.

1주일 후의 환행제는 오후 6시 나카노자부터 히가시와카노자東若の座, 히가시노자, 니시노자의 순으로 출발하여 신사로 돌아가는데, 대개 3시간 반 정도 소요된다. 하이덴에서 혼덴에 신령의 안치環靈の儀가 끝나면 환행제는 종료되며, 4일 후인 28일 저녁 5-9시 사이, 10일과 마찬가지로 미야모토코샤의 봉사로 미코시 세척이 있고, 세척된 미코시는 창고에 보관된다.

▌그림8-6▌ 신행제(神幸祭)

　　17일 이른 아침부터 각 야마보코초에서는 신체神体 나 게소힌懸装
品 등으로 화려하게 장식한 야마보코에 하야시카타를 태운 뒤, 시조
도리의 도리마루鳥丸 주변으로 모인다. 오전 9시 선두의 나기나타보
코에 탄 치고가 시조후스나야초四条麩屋町 코너에서 금줄을 장검으로
절단하면서 앞으로 나아가면 다른 야마보코도 일제히 뒤따라 움직인
다. 이 행렬은 우선 시조도리를 동쪽으로 진행하다가 가와하라초도
리川原町通り를 북으로 간 다음, 다시 고이케도리御池通り 에서 서쪽으

로 방향을 돌린다그림8-7. 그러니까 두 번의 90도 좌회전을 하게 되는 것이다. 높이 약 25m에 무게 12톤이 넘는 야마보코를 대나무와 사람의 힘으로 90도 회전시키는 쓰지마와시辻回し는 경험과 숙련된 기술이 없이는 도저히 불가능한 고도의 테크닉이라 할 수 있다그림8-8. 순행은 도리마루고이케鳥丸御池를 지난 지점에서 종료되며, 거기서 잠시 휴식을 취한 다음 각자 자신의 마치로 되돌아간다. 이때가 대개 오후 1시경이다. 도착하면 즉시 기다렸다는 듯이 치고인형이나 신체를 내리고, 장식품 등을 분리하는 해체작업에 돌입한다. 현재 순행에 참가하는 야마보코는 호코 7기와 야마 25기 계 32기이며, 이들의 호화스럽고 현란한 장식의 장엄한 행렬을 보기 위해 순행코스의 연도에는 수많은 인파들이 모여든다. 이때 교토는 시내 숙박시설이 만원이 될 정도로 일본 국내외의 관광객들로 넘쳐난다. 일본 제일의 전통 도시축제, 기온마쓰리는 교토를 넘어 세계를 향해 축제에 관한 다양하고도 새로운 정보와 지식을 발신하고 있기 때문이다.

■ 그림8-7 ■ 기온마쓰리 야마보코 33기의 배치와 순행코스

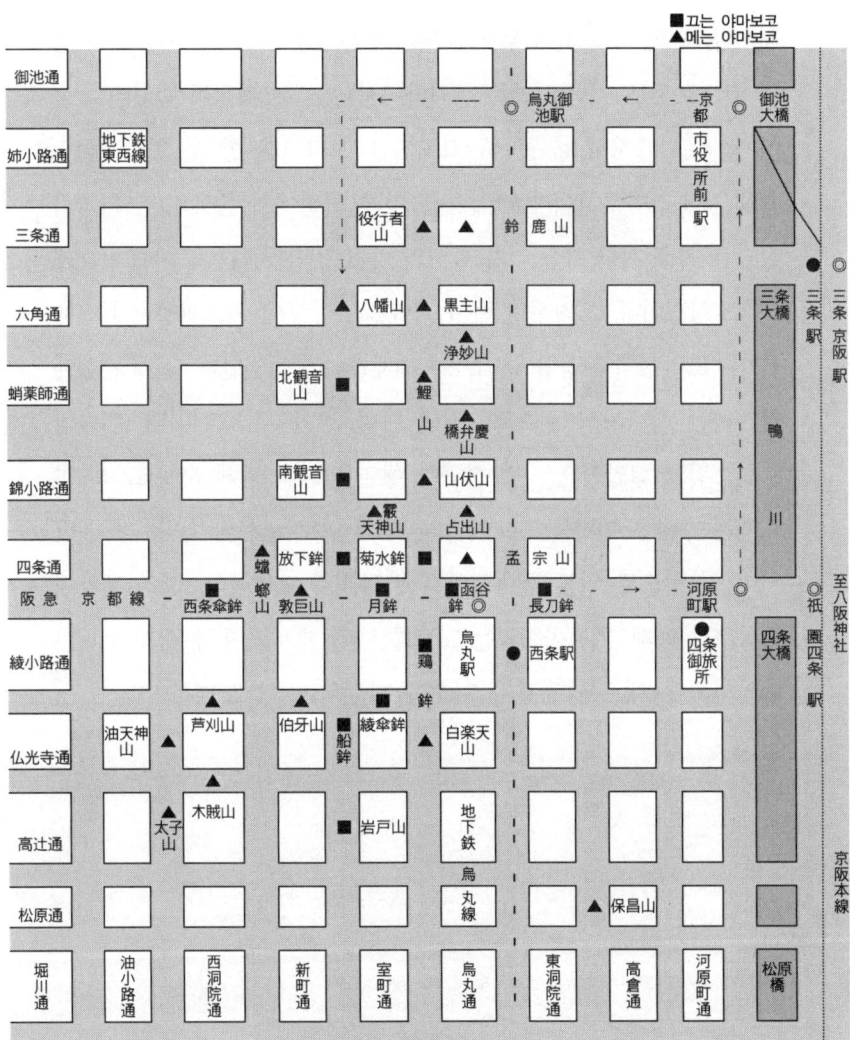

▌그림8-8▌90도 좌회전하는 거대한 야마보코

여기서 32기의 호코와 야마를 일일이 설명할 수 없으나 특징적인 것만 골라 요약하면 다음과 같다. 순행행렬은 호코구루마鉾車 7기와 가사호코傘鉾 2기, 히키야마曳山, 끄는 수레 3기, 가키야마舁山 20기로 구성되며, 다양한 모양과 색깔, 디자인에 현란한 장식 등으로 장엄한 퍼레이드를 연출한다. 표현하는 주제도 야마보코의 역사나 유래에 서부터 역신疫神을 맞이하여 머물게 하는 호코바시라鉾柱=真木나 소나무, 일본의 신화나 전설에 근거한 것, 중국의 전설이나 역사적 이야기에서 따온 것 등, 아주 다양하다. 교토의 민중들은 오래전부터 이들을 동경이나 신앙의 대상으로 삼아온 것이다. 또한 야마보코 주위를 장식하는 게소懸装, 前懸나 胴懸, 水引, 見送 등를 보면, 이들의 생산지

가 일본을 대표하는 염직의 시니세老舗, 대표적인 가문인 니시진西陳의[4]
것이 많으며, 그 외에도 조선이나 중국明과 淸, 인도, 페르시아, 벨기
에 등에서 가져온 외국의 직물도 있다그림8-9. 교토의 민중들은 무로
마치室町, 1336-1573 시대에서 아즈치모모야마安土桃山, 1568-1573, 또는
1573-1600 시대에 이르기까지 가깝게는 조선이나 중국을 비롯하여 멀
리는 남만南湾, 베트남이나 태국, 필리핀 등의 동남아시아의 문물, 특히 고급 직
물을 경쟁적으로 들여와 다른 지역의 야마보코보다 더욱 화려하고
사치스럽게 꾸미려고 한 것이다. 이들이 손에 넣은 귀중한 그림이나
직물 등은 보존가치가 인정되어 대부분 국가의 '중요 유형문화제'로
지정될 만큼, 순행시의 야마보코는 움직이는 미술관이나 박물관으로
도 손색이 없을 정도로 예술적 가치가 높다고 하겠다. 이를테면 기온
마쓰리는 1년에 한 번씩 정기적으로 공개되는 문화재의 이동전시인
셈이다.

　야마보코는 하카타의 야마카사처럼 못 하나 사용하지 않고 밧줄
로 동여매어 밀고 당기는 '흔들림'에 강하도록 되어 있는데, 이때 동
여매는 방식은 수백 년 동안 개량되어온 지혜의 산물로 특수 직인에
의해 수행된다. 주변을 장식하는 게소힌懸装品이나 태퍼스트리tapestry,
피륙의 다양성은 직물의 산지로서 일본 최고의 명품인 '니시진오리
西陣織'를 비롯하여, 세계로 열린 교토상인의 국제적 감각이나 호기심

4　　　교토시 가미교쿠(上京区)의 신마치도리(新町通リ)에서 서쪽으로 센본도리
(千本通リ)에 이르는 지역의 총칭으로 니시진오리(西陣織)의 산지로 유명하다.

의 산물이라고 할 수 있다. 야마보코의 지붕 앞쪽에 전시된 그림이나 조각, 장식과 같은 자질구레한 소품에 이르기까지 교토 장인들의 신을 향한 정성과 혼을 담은 작품으로 가득하다. 이 뿐만이 아니다. 유서 깊은 교토의 고가古家 나 점포에서 개최되는 병풍제는 비장秘蔵의 가보인 병풍이나 공예품을 마쓰리 기간 중 공개함으로써, 야마보코에서 강조되는 예술품의 전시와 감상이라는 기온마쓰리의 의의를 더욱 강화하고 있다그림8-10. 이러한 명품의 공개는 당시 교토 사람들의 부를 과시하는 것이기도 하지만, 다양한 미술품에 대한 교양이나 전문지식, 미의식을 표현하는 기회이기도 하다. 기온마쓰리는 그림이나 공예품, 춤과 노래, 연극, 의례 등, 종합예술의 결정판이라고 할 수 있다.

지금까지 교토의 기온마쓰리의 양대 산맥이라고 할 수 있는 신행제의 야마보코 순행과 환행제의 하나카사 순행에 대해 살펴보았다. 이 밖에도 신사경내에서 이루어지는 다채로운 봉납행사도 기온마쓰리의 중요한 부분이다. 주로 하이덴拝殿 의 미코시에 봉납하는 것으로 이마사마今様 나 비와琵琶, 일본의 무용, 교겐狂言 등의 전통예능이 하이덴 바로 옆에 만들어진 노能 무대에서 공연되기도 하고, 하이덴 남쪽의 돌로 된 다타미에서는 기온덴가쿠祇園田楽 가[5] 봉납된다. 다양한 전통예능이나 고전 등이 '보존회'의 멤버들에 의해 공개되기도

---

[5]   '덴가쿠'란 원래 모심기 때 다노카미(田の神)를 제사지내며 노래하고 춤추던 민간의 농경 세시풍속에서 시작하여, 가마쿠라에서 무로마치 시대에 전통예능으로 널리 유행한 것으로 알려져 있다.

▌ 그림8-9 ▌ 야마보코의 화려한 장식

▌ 그림8-10 ▌ 전통 있는 家門이 소장하고 있는 병풍(서양의 피륙과 잉어 장식)

한다. 이와 같이 다종다양한 전통예능이 마쓰리기간 중에 경쟁적으로 공개되는 것은 신사 측과 이를 지탱하는 우지코 단체들의 적극적인 노력의 결과이지만, 어쩌면 예능의 수호신으로 받들어 온 스사노오노미코토라는 신을 즐겁게 하여, 신의 가호를 적극적으로 기원하기 위한 기복신앙의 산물일지도 모른다. 한 달 동안이나 계속되는 마쓰리 기간 중, 끊임없이 이어지는 다양한 공연물은 기온마쓰리의 완성도를 한층 높여주는 데에 중요한 역할을 하고 있는 것으로 볼 수 있다.

3
운영조직 : 신사와 우지코氏子, 야마보코초山鉾町

　기온마쓰리는 흔히 교토시 전체의 마쓰리인 것으로 생각하기 쉬
우나 실은 그렇지 않다. 기본적으로는 기온샤가 주최하는 제의에,
교토시내의 몇몇 구역으로 나누어진 여러 신사별 우지코 구역 중
川嶋将生 2010: 10-12, 기온샤의 우지코 구역 사람들이 참가하는 마쓰리
이다. 또한 신사와 관련된 전통적인 제의가 그 중심에 있기 때문에,
야사카신사의 신관을 비롯한 '신직神職'의 사람들이 운영의 중심에
있다고 해야 하겠다. 하지만 7월 17일 야마보코 순행을 비롯한 그
전후에 이루어지는 수많은 행사는 신사의 제신을 모시는 사람들氏子
의 조직인 고講를 중심으로 한 야마보코초의 주민들이 직접 운영한
다. 이와 관련된 구체적인 조사자료가 발표되었는데米山俊直 1986:
11-16, 이 내용을 참고로 살펴보면 다음과 같다.

　우선 신사의 제신을 모시는 사람들의 조직인 고가 있는데, 미야모
토코샤宮本講社 와 세이세이코샤清清講社 가 여기에 해당된다. 전자는
에도시대 이래 신사의 가까운 주변膝元, 현재의 東山区 弥栄学区内 에 있었
던 미야모토구미宮本組 로 현재까지 제의용 물의 정화나 미코시 세척
등, 신행제와 환행제에 특별한 역할을 수행한다. 후자는 1875년明治
8년에 발족된 야사카신사 전 우지코 지역현재의 上京과 下京, 東山区에 있는
25개 학구의 신사봉찬神社奉讃 조직으로, 특히 1895년明治 28년 이후 기

온마쓰리에 중심적인 역할을 맡아 왔으며, 각 학구별 협찬금을 모금하여 신행과 환행, 야마보코, 하나카사 순행 등에 봉사한다.

다음으로 우지코조직과는 관련이 없는 1964년昭和 39년에 설립된 '야사카신사 청년회38명, 18-40세'와 이들의 OB 40세 이상가 만든 '야사카신사 청풍회清風会'가 있다. 여기에 최근 보이스카우트와 걸스카우트, 기온시시타이코연구회祇園獅子太鼓研究会 등의 친목단체도 가세하여, 위의 조직과 상호연계된 활동을 하고 있다.

마쓰리에는 4기의 미코시가 등장하는데, 이들을 끄는 조직으로 산와카신요카이三若神輿会와 시와카신요카이四若神輿会, 니시키신요카이錦神輿会가 있으며, 이 3개의 그룹에서 약 400여 명이 참가하고 있다. 이 중 산와카는 산조다이 와카슈구미三条台若衆組, 산조도리 부근의 若旦那衆 -젊은 세대주의 약칭으로 원래는 모든 미코시를 담당했는데, 참가자의 부족으로 나카노자만 담당하게 되었다. 시와카는 산조도리에 가까운 와카마쓰若松와 와카타케若竹 두 마치三条駅 남쪽의 사람들로 히가시노자櫛稲田姫命의 미코시와 히가시와카노자東若の座, 櫛稲田姫命의 分霊의 어린이 미코시를 담당한다. 니시키는 비단시장鍛冶屋와 東魚屋, 中魚屋三町의 사람들로 니시노자八柱御子神의 미코시를 담당한다米山俊直 1986: 26-38.

17일의 호코와 야마를 운영하는 호코초와 야마초는 1923년大正 12년에 야마보코초연합회를 결성, 2차대전 후의 부활에 주도적 역할을 담당한 후, 기온마쓰리 야마보코연합회로 개칭하여 오늘에 이르

고 있다. 각 초나이町內에서는 야마보코보존회재단법인를 만들어 마
치町 공유의 집회소인 마치야町家와 도구나 장비 등을 보관하는 창
고를 마련하여, 보존과 마쓰리 운영의 공간으로 활용하고 있다. 마지
막으로 24일의 하나카사는 신사 측의 요청에 따라 결성된 '하나카사
연합회'의 멤버들에 의해 운영된다. 이 연합회는 오리쇼호코織商鉾를
출품하는 교토 오리모노오로시 상업조합京都織物卸商業組合을 비롯하
여, 기온시시마이나 기온타이코祇園太鼓, 큰북를 연주하는 기온시시타
이코연합회祇園獅子太鼓連合会, 등불춤万灯踊이나 염불춤念仏踊, 백로춤
鷺舞을 봉납하는 각종 보존회, 참새춤雀踊과 가부키오도리歌舞伎踊,
고마치오도리小町踊를 봉납하는 하나카이 오차야조합花街お茶屋組合
등이 가입되어 있다.

　이상에서 살펴본 바와 같이, 기온마쓰리의 운영주체는 야사카신
사 앞의 대로인 시조도리를 중심으로 산조도리와 고조도리 안의 사
람들로 신사의 제신을 공동으로 모셔온 우지코들이다. 여기에 청년
회나 걸스카우트, 보이스카우트, 동호회 등의 사회단체나 친목단체
등이 이들을 보조하는 형태를 취하고 있다. 특히 호코나 야마를 운영
하는 사람들은 각 지역별 근린조직이라고 할 수 있는 초나이가 중심
이 되며, 여기에 직물이나 일본차, 각종 예능동호회 등이 가세한다.
그러니까 시조도리 주변 지역의 지연조직이나 동호회 등의 임의집단
등이 총동원되고 있는 것으로 보면 된다.

4
'교토'라는 도시사회와 기온마쓰리

2007년 10월 여행판촉연구소旅の販促研究所에서 실시한 조사에 의하면, 기온마쓰리를 관광의 대상으로 삼은 사람들의 느낌이나 감상을 묻는 질문에, "TV에서는 느낄 수 없는 박력과 빌딩 사이를 지나가는 야마보코의 모습에 교토의 역사와 깊이를 느꼈으며....." "전통을 지켜나가는 교토 사람들의 정신에 감동했고....." "장대하고 신비스러운 느낌을 받았으며....." "일본의 전통은 교토의 우아함에서 나오며....." "기온마쓰리를 보지 않고 일본인을 말하지 말라"는 등의 반응을 보였다安田亘宏 2008: 109. 일본인의 눈에도 특별하고 대단한 마쓰리로 인식되고 평가되고 있음을 알 수 있다.

일본사회에서 차지하는 기온마쓰리의 위상을 알 수 있는 사례가 또 하나 있다. 1994년平成 6년 7월 24일 '헤이안 건도建都 1200년 기념사업'으로 야사카산사가 전국에 '기온마쓰리' 야마카사曳山와 舁山 의 교토모임을 홍보했는데, 전국의 수십 개 지역에서 지원하게 된다. 이 중에서 15개가 선정되었는데, 재미있는 것은 하카타기온야마카사가 기타큐슈시北九州市 의 고쿠라기온타이코小倉祇園太鼓 와 함께 선정되어 참가했다는 사실이다. 최종 선정된 15개 중 같은 제신인 스사노오노미코토牛頭天王 를 모시는 마쓰리가 5개 포함되어 있었으며, 제신의 종류와 관계없이 야마카사山笠 를 화려하게 장식한 다음, 그 위에서屋台 치고카부키稚児歌舞伎 나 가라쿠리인형 등을 보여주면서 끌고 돌아다니는 기온마쓰리 계통의 히키야마曳山 가 대부분이었다. 이는 기온마쓰리의 내용과 형식이 교토에서 다른 지역으로 전파된 사실을 알 수 있는 자료이다.

마쓰리를 직접 운영하는 우지코 전체에게 가장 중요한 것은 마쓰리 본래의 신사제의인 미코시 순행이지만, 많은 사람들이 관람하는 것은 그에 앞서 치러지는 야마보코 순행이다. 이 순행행렬도 따지고 보면, 미코시의 순행 못지않게 신사제의와 관련된 것으로, 신령을 태운 호코구루마나 히키야마, 가키야마 등을 끌거나 메고 다니는 것도 거리를 정화하고 더럽고 사악한 것을 모아 시가지 밖으로 몰아내기 위한, 다시 말해 역병이나 재앙, 부정을 물리치기 위한 것이다. 전통적으로 신앙적 요소가 강하게 작용하고 있다는 말이다. 미코시 행차는 말할 것도 없고 야마보코 순행에는 현재까지도 남성만이 참가할 수 있는데, 이는 일본사회에서 일반적으로 신성한 신사제의에 부정한 존재로 인식되어온 여성이 배제되어온 것과 같은 맥락이다.

한편, 무로마치시대부터 야마보코의 순행은 교토 주민들의 적극성과 경제력을 보여주고 과시하기 위한 쇼적인 요소가 강했으나 근대화와 함께 도시의 성장, 지역활성화, 여가문화의 성숙 등과 맞물리면서 시의 관광상품으로 점점 화려하고 성대하게 치러지게 된다. 엄숙하고 신성한 종교적 제의에서 보고 즐기는 관광축제화가 진행된 것이다.

야나기타柳田国男 는 〈일본의 마쓰리, 日本の祭〉에서 오로지 신을
섬기기 위한 엄숙한 제의를 수반하는 마쓰리祭=神事, ritual 와 많은 사
람들이 구경하는 성대하고 화려한 마쓰리祭=제례, festival 를 구별하고
있는데, 그는 일본의 마쓰리를 신앙적 측면과 제례적 측면의 이중구
조로 이해한 것이다. 이 두 가지 측면에서 기온마쓰리를 살펴보면,
신행제와 환행제는 우선 신령을 태운 미코시가 시조고타비쇼 사이를
왕복하면서, 우지코 지역을 순행하는 전통에 충실한 신앙적 성격이
강하며, 이 미코시 행렬에 앞서 전야제의 성격으로 개최되는 야마보
코와 하나카사는 성대함을 경쟁적으로 다투는 제례적 특징을 가지고
있다 하겠다. 그러나 후자도 그 본래의 취지는 역병을 야마보코에
달라붙게 하여, 진정시킨 후 몰아낸다는 신앙적 동기에서 출발한 것
이기 때문에, 전체적으로는 신앙적 측면이 보다 강하다고 하겠다.
따라서 교토의 기온마쓰리는 세속화되어 이벤트화 되어가는 일본의
다른 수많은 축제와는 달리 신앙적 측면이 여전히 중요한 심리적
기반이라고 하겠다.

도시의 성장과 함께 비인간화, 공동체의 해체와 붕괴, 개체화가
진행되는 가운데에도 직물산업의 메카로서 전통의 미를 살려온 교토
의 시민들은 마쓰리를 통해 인격적 접촉과 공동체의 복원, 소외된
개인들의 집단화와 네트워크를 강화시켜 새로운 의미의 공동체, 이
를테면 마쓰리 공동체를 만들어 왔다고 할 수 있다. 이 때 마쓰리는
지역사람들의 의사소통과 정보교환, 연대의식의 강화를 위한 중요한

매개수단이 되고 있다. 프랑스의 파리 사람들은 한 여름의 더위를
피하기 위해 바캉스를 떠난다고 하지만, 일본의 교토 시민들은 분지
특유의 찌는 듯한 무더위를 기온마쓰리라는 자신들 만의 의미 상징와
행위 체계로 극복하고 있다고 할 수 있다.

일본의
축제와
지역사회
IX

일본의
축제와 지역사회

아마도 일본인만큼 축제를 좋아하고 즐기는 국민은 없는 것 같다. 작은 마을 단위의 신사축제에서 수 백 만의 대도시 축제에 이르기까지 실로 다양한 내용과 형식의 축제가 1년 중 하루도 빠짐없이 개최된다고 해도 지나치지 않을 것이다. 특히 최근에는 다양한 개인의 정체성 확인욕구와 지역사회의 통합을 위한 새로운 형태의 축제가 속속 등장하고 있기도 하다. 지금까지 살펴본 기온야마카사를 비롯한 하카타돈타쿠, 교토의 기온마쓰리는 두 지역이 자랑하는 일본을 대표하는 도시축제이다. 이러한 도시축제를 만들어 즐기는 사람들은 어떤 사람들이며, 이들은 어떤 지역사회를 만들어 가고 있을까. 축제는 도시사람들에게 어떤 의미가 있을까? 이런 질문들에 대한 답을 구하기 위해, 지금까지 살펴본 구체적 사례에 대한 여러 논의들을 도시축제와 지역사회라는 틀 속에서 총론적으로 재음미해 보고자 한다.

1 일본 축제연구의 성과와 반성

일본어에는 마쓰후マツフ와 마토후マトフ, 纏가 있는데, 이는 원래 신 옆에 다가가서, 다시 그 안에 들어가 계속해서 있는 것, 밀착해 있는 것을 의미하며, 이것이 마쓰하루マツハル와 마토하루マトハル라는 자동사로 변한 후, 마지막에 마쓰루マツル 라는 동사가 만들어졌다고 한다. 와카이若井勳夫 에 의하면 '마쓰루'는 신을 기다리고待つ, 섬기며仕える, 신에 물품을 바친다는 의미이며, 마쓰待つ와 마쓰라후マツラフ, 服·順, 마쓰루奉, 献 의 말과 관련된다고 했다所功 1996: 259-260에서 재인용. 이렇게 보면 '마쓰루'라는 말은 세상의 중심적 존재인 신이 왕림하는 것을 기대하고, 기다렸다가 맞이한 다음, 신 곁에 가까이 감으로써 신의 뜻을 받잡고 교류하고 대화하면서 신과 하나가 되는 것을 의미한다고 하겠다. 게다가 '마쓰루' 하는 것은 신과 인간뿐만 아니라, 여기에 참가하는 사람과 사람들을 결합시키는 의미도 함께 포함하고 있다.

여기서 '마쓰리'라는 말을 사전에서 찾아보면, 동사인 '마쓰루'의 명사형으로 "신불神仏 이나 조령祖靈 등에 봉사하고, 위무, 진혼하기도 하며, 감사나 축원을 위한 의식"으로 나와 있다大塚民俗学会 1972: 672. 그러니까 일본의 마쓰리는 신과 인간이 일정한 형식으로 소통하고 교류하는 의식인 것이다. 특히 도시의 마쓰리는 도시의 신령이나 조상신을 모시는 미타마御靈 신앙을 기반으로 하는 여름 마쓰리로 분류되며, 농촌에서 주로 봄과 가을에 개최되는 농경의 사전 모의의례予祝儀礼 나 추수감사제와는 발생기원을 달리 하고 있다.

일본의 축제를 연구대상으로 하는 학문은 일본의 전통문화에 대한 독자적 시각으로 방대한 현장자료를 축적해온 일본민속학을 비롯하여, 종교학이나 역사학, 사회학, 문화인류학 등 다양한 분야에 걸

처 있다. 그러나 어느 분야에 있어서도 현재 일반적으로 통용되는 일본의 축제에 대한 정의가 존재하지 않는 것은 의외의 일이다. 개념에 대한 정설定說이 없는 이유는 시간과 공간의 차이를 넘어 광범위하게 전개되고 있는 축제가 수많은 이질성을 내포하고 있기 때문이다. 이러한 이질성을 체계적으로 파악하기 위해서는 어떤 특정의 맥락을 준비할 필요가 있다고 본다. 축제가 그것을 담당하는 '사람들'과 그들의 삶의 현장인 '마을'이나 '지역사회'를 떠나서는 존립할 수 없다는 사실을 감안하면, 축제담당자나 그들을 끌어안고 있는 지역사회가 스스로 축제를 어떻게 인식하고 평가하는지가 무엇보다도 중요한 문제일 것이다. 이를 위해서는 축제가 실현되는 현장과 밀착된 조사와 분석이 전제되어야 할 것이다. 몇몇 단편적인 사례들에 대한 개괄적 기술記述과 분석만으로는 다양하게 전개되는 축제의 총체적 모습을 밝혀낼 수 없기 때문이다.

종래의 축제에 대한 연구는 축제의 기원과 성립, 전파 등에 관한 민속학적 연구牧田茂 1972, 樋口淸之 1978, 歷史公論 1991 를 비롯하여, 사회・문화사적 연구川嶋将生 2010, 지역사회에 존재하는 축제의 실상과 사회적 관계에 주목한 연구米山俊直 1986, 森山三朗 1990, 도시축제의 전통성과 의례성에 주목함으로써 독자적인 전통문화의 가치체계를 규명한 것和崎春日 1987, 1970-80년대의 지역활성화라는 측면에서 본 사회・문화・경제적 기능에 대한 연구農文協編 1998, 현대사회의 동향을 도시축제 안에서 살펴본 연구松平誠 2008 등, 아주 다양하게 존재한

다. 특히 축제에 대한 구조기능주의적 입장의 접근은 축제가 지역활
성화를 도모하기 위한 최대의 전략 중의 하나로, 환경정비나 인재육
성, 지역산업과의 연계, 지역이나 단체간의 제휴 등과 깊은 관련이
있다는 판단에서 비롯된 것으로 볼 수 있다. 최근에는 관광대상으로
의 축제가 생산되어 소비되는 과정에 참여하는 다양한 세력들 상공회의
소, 지자체, 근린조직, 각종 사회단체, 교통기관, 여행사 등 의 상호관계를 규명하는
연구 김양주 2004 도 등장했다. 그러니까 축제에 대한 연구는 다양한
시각과 접근방식이 가능하다는 말이다.

그러나 현대 일본사회는 앞에서 언급한 것과 같이, 장기간의 불황
과 과소화 過疎化 등에 의한 위기상황이라는 부정적 측면이 부각되고
있는가 하면, 경제적 자립이나 풍요를 바탕으로 잘 정비된 교통망과
통신망, 체계화 된 질 높은 서비스, 쾌적한 자연친화적인 환경 등,
안정과 성숙이 동시에 강조되고 있다. 이러한 불확실한 상황에서 일
본인들이 스스로 찾아내는 사회적 상징체계로서 축제가 선택되는
배경에 대한 연구는 거의 보이지 않는다. 현대 일본사회의 축제는
개인이나 사회가 만들어내는 신성한 존재이며, 사회·문화적 상징
체계로서 일본인을 일본인답게 하는 근거나 통로의 역할을 하고 있
기 때문이다.

또한 구경꾼을 포함한 축제참가자의 시각이나 입장에서 본 축제
의 의미나 평가에 대한 규명도 상대적으로 축적되지 못했다. 어떤
사람들이 어떤 의도에서 참가하고 있는지 참가동기, 무엇을 기대하고

얻기 위해 참가하는지축제에서 얻는 심리적 만족이나 보상, 서로 다른 입장의
사람들을 어떻게 불러 모으며조직화의 원리, 이들을 결합시키는 사회적
배경은 무엇인가에 대한 분석이 보다 본격적으로 이루어져야 할 것
이다. 이를 위해서는 축제에 대한 미시적이며 실증적인 현지조사가
선행되어야 할 것이다.

　이 책의 기본적 방침은 문헌연구나 사례연구에 의한 자료를 제시
하고, 이것을 바탕으로 가설을 검증하거나 일반적 결론을 도출하는
것이 아니라, 현재 일본사회에서 축제의 기획과 연출에 지역사회 주
민들이 어떻게 관여하며, 개성 있는 지역 이미지의 형성과 유포라는
맥락에서 자신들의 삶의 터전과 방식을 어떻게 구체적으로 조작하고
객체화objectification 하는가에 대한 광범위하고도 치밀한 현장자료를
입수하고, 이를 체계적으로 정리하고 분석하는 데에 있었다. 이러한
작업은 지금까지 글쓴이가 추구해온 일본의 지역사회에 대한 총체적
인 이해와 그들의 삶의 방식문화에 대한 다각적인 분석과 규명에 필
요한 민족지적民族誌的 자료를 축적하는 데에 그 의의가 있다고 할
것이다. 나아가 아직까지 일본사회에 대한 현장론적 접근이나 경험
이 일천한 우리의 학계에 비교연구를 위한 자료를 축적하고, 21세기
의 시민생활의 충실과 지방자치단체의 지역개발이나 지역활성화, 문
화진흥 등을 위한 참고자료를 획득하고, 실천적 방안을 모색하는 데
에도 유용하게 활용될 것이다.

2
축제를 통한 자아의 발견과 지역사회의 재구축

맥시코인들이 "축제로 대화하고, 축제를 통해 세상으로 나아가며, 축제로 미래를 꿈꾼다"고 하는 것처럼 류정아 2010: 173, 하카타 사람들도 축제에 나아가 낯선 사람들을 만나 그들과 소통하며, 축제를 통해 하카타라는 지역사회에 나아가며, 축제를 통해 새로운 자신을 발견한다고 할 수 있다. 이들 중에는 축제를 통해 지역사회의 유지나 명망가로 성장하기도 한다. 가끔 생업을 소홀히 하면서까지 오직 축제에 헌신하거나 몰두하는 '야마노보세'라 일컬어지는 사람들도 있지만, 축제야 말로 하카타 사람들의 삶의 중요한 일부요 방식인 것이다.

기온야마카사는 고풍의 의례적 요소와 형식을 많이 남기고 있으면서도 박물관의 유물처럼 박제화 되거나 화석화 되지 않고, 현대의 수많은 사람들을 몰입하게 하는 놀라운 힘을 가지고 있다. 한때 도심의 공동화로 인한 지연조직의 해체로 참가자가 급감하자, 아르바이트 비용을 지불하면서 대학생을 고용하기까지 했다. 그러나 한 번 참가해본 대학생들이 그 다음 해가 되어, "아르바이트 비용은 안 줘도 좋으니, 제발 그냥 참가하게 해 달라"고 할 정도로 기온야마카사의 매력은 상상을 초월하는 것이었다. 그 이유는 무엇일까?

우선 거리를 빈틈없이 메운 불특정 다수의 사람들로부터 주목받

는 존재라는 것이다. 이 시선으로부터 보이는 존재는 관중 앞에 선 가수나 운동선수, 배우와 같이 축제라는 무대 위에서 일종의 특권의식을 가지게 된다. 보통사람이라면 일상적 삶의 과정에서는 좀처럼 경험하기 어려운 '연기자'로의 변신이 가능하며, 이 변신을 통해 정신적 고무나 고취, 긴장, 흥분, 도취를 넘어 망아忘我, ecstasy의 세계를 경험하게 된다. 둘째 스피드를 다투는 게임이나 경기적인 요소가 강하기 때문이다. 7월 9일 '오시오이토리お汐井取り'의 맨손달리기에서 10-15일 사이의 '야마카사 메고 달리기'까지 주행거리를 차츰 늘려가면서 훈련강도를 높여 마지막 날의 본 행사에 최고조의 컨디션을 유지할 수 있도록 한다. 26-28명의 건강한 남자들이 1톤이 넘는 야마카사를 메고, 정해진 규칙과 코스를 따라 일사분란하게 달리며 장대한 행렬의 일부가 된다. 우렁찬 함성과 끊임없이 쏟아지는 '이키오이미즈勢い水'에 흠뻑 젖은 상태로 부지런히 교대요원과 자리를 바꾸며 혼신의 힘을 다해 달린다. 이 때 기분 좋은 '땀흘리기'를 통한 운동역학적 쾌감은 절정에 달한다. 내가 누구인지, 우리가 누구인지 나와 우리는 무엇을 하고 있는지, 순간적으로 잊어버리게 되는 대중망아 mass ecstasy 상태가 연출되는 것이다. 이것을 한 번 경험한 사람들은 기온야마카사로부터 자유로워질 수 없다. 일단 '빠지게' 되면 모든 것을 내팽개치고 오직 기온야마카사에 몰입하는 '야마노보세'가 되는 것이다.

셋째 다양한 사람들로 구성된 축제집단과의 일체화를 통해 자기

주장을 펼 수 있으며, 이를 통해 많은 사람들과 친화적인 관계를
맺을 수 있다는 점이다. 7월 9일부터 15일까지 7일간 하루하루의
일정이 끝나면 각 지역의 '쓰메쇼詰所'에서는 1-2시간의 '나오라이直
숲, 뒤풀이'가 진행되는데, 각 지역의 토박이들을 비롯하여 이들과의
다양한 사회관계를 맺고 있는 인근 지역의 사람들, 심지어는 글쓴이
와 같은 외국인까지 여러 유형의 사람들과 소통할 수 있다. 이를
통해 참가자들은 매일 마주하는 일상적인 사람들과는 전혀 다른 형
태의 교감을 나눌 수 있으며, 아주 새로운 정보를 접할 수 있다. 축제
는 다양한 개인이 자신들을 들어낼 수 있는 열린마당이기 때문이다.
　일본의 지역축제는 대부분 그 발생 배경이 신사의 우지코氏子들
에[1] 의한 종교적이며 친목적인 동기를 근간으로 하고 있다. 그러나
1960년대의 고도경제성장에 따른 도시화로, 농·산촌사회의 과소화
가 급격히 진행되면서 지역사회의 경제적 기반이 약화되거나 붕괴되
는 위기상황을 맞이하게 된다. 이러한 위기상황을 극복하고 지역을
활성화하기 위한 수단으로 축제가 주목을 받기 시작한 것이다. 특히
침체된 지역경제를 살리고, 도시로 떠난 젊은이들을 다시 불러들이
기 위해, 관광이라는 맥락에서 조작의 대상으로 삼고 적극적으로 연
출하며 디자인하기 시작했다. 축제가 가지는 경제·산업적 가치와

1　　한 개의 마을이나 여러 개의 마을 사람들이 같은 신을 공동으로 모시는
사람들로, 결합의 계기가 종교적 성격보다는 대부분 지연(地緣)을 근거로 한 친목적 성격을
띠고 있다.

기능에 주목하기 시작한 것이다. 여기서 우리는 지역축제가 지역활
성화라는 맥락에서 어떻게 재구축되어 경제적·산업적 가치를 획득
해 나가는지 주목할 필요가 있을 것이다. 현재 한국사회에서 일어나
고 있는 다양한 지역축제도 기본적으로는 지역활성화라는 맥락에서
끊임없이 재구축되고 있어, 앞으로 일본의 사례에 대한 연구결과에
서 여러 가지 시사점을 발견할 수 있을 것으로 기대된다.

　지금까지 일본의 지역공동체에 있어서 사회·문화적 전승라인의
두 중심축은 '이에家'와 촌락공동체community 였다. 전자는 가업家業 의
영속적인 세대이양을 이념으로 하는 '이에'의 초세대적 계승이, 후자
는 다양한 부조교환이나 교제, 이벤트, 축제, 협동노동 등을 통한
공동체적 연대와 통합이 각각 촌락공동체나 지역사회의 문화적 전통
을 온전하게 유지시켜온 근간이 되어 온 것이다. 그러나 1960년대
이후 현재까지 지속되고 있는 농산촌의 과소화현상은 '이에'의 단절
과 촌락공동체의 붕괴를 초래했으며, 이제 더 이상 여러 가지 전통적
사회관계나 조직들은 이에의 계승과 공동체의 연대나 통합에 큰 의
미를 가지지 못하게 되었다. 여기서 지역사회는 새로운 연대의 공동
성을 추구하게 되는데, 여기에 동원되는 것이 다름 아닌 다양한 축제
나 이벤트이다. 이를 통해 지역의 새로운 정체성을 확립하며, 보다
보편적인 가치로의 연대와 통합을 모색하면서, "지역에 남아 지역에
서 살아간다"는 정당성을 확보하고 있다. 이러한 지역사회의 새로운
정체성의 형성과 보다 보편적인 가치로의 통합에 지역축제가 기여하

는 측면에 주목하면 축제를 매개로 형성되는 지역사회의 문화적 정체성을 파악할 수 있다.

한편, 위에서 살펴본 바와 같이 일본의 축제가 모두 긍정적이며 순기능적 의미만으로 채택되고 운영되고 있는 것은 아니다. 젊은 층을 중심으로 한 공동체적 연대의식의 약화나 소멸, 지역사회의 연대와 통합을 촉진해온 전통적 상징체계축제에 대한 회의나 불신이 확산되어 축제에 대한 참가를 사회적 의무로 생각하지 않은 경향이 나타나고 있다. 이를 보완하기 위한 방편으로서 '보존회'라는 자원봉사단체가 등장하고, 시카케닌仕掛人, 배후조종자과의 개인적 인간관계가 축제참가의 중요한 변수로 등장하고 있다. 이는 종래의 마을공동체 사회에서 길러진 집단의식보다는 도시화에 따른 개체화와 개실화個室化 의 진전으로 네트워크를 중시하는 개인주의적 성향에서 비롯된 것으로 볼 수 있다. 특히 주목할 만한 것은 과소화가 진전된 농어촌 사회의 소도시 축제에는 자발적 참가자들의 급격한 감소로 '소방단'과 같은 행정의 개입이 노골화 되고 있으며, 이는 지방자치단체장의 정치적 의도나 계산에 따라 한층 강화되고 있다는 점이다.

기온야마카사와 같은 대도시의 전통적 축제는 도심의 공동화로 지역주민이 급감했으나, 이들을 대체하는 새로운 사람들의 참가로 축제의 운영방식에 변화를 주면서, 그 내부에 새롭고 다양한 사회관계망을 만들어가고 있다. 그 결과 지역의 새로운 정체성이 구축되고 연대적 통합이 이루어지고 있다고 하겠다. 앞으로 일본의 축제는 지

역사회의 구성과 체계의 변화에 연동되어 끊임없이 새로운 대응방식
을 만들어 갈 것이다. 이것이 바로 일본의 지역사회를 이해하고 설명
하기 위해서 지역의 축제에 주목하지 않으면 안 되는 이유인 것이다.

축제가 열리는 지역사회, 특히 농촌의 지역사회는 대부분 그 경계
가 분명하여, 참가자격이 특정 사람들에게만 주어지지만, 기온야마
카사와 같은 도시축제는 농촌과 달리 도시 안에서 완결되는 것이
아니라, 주변의 농촌이나 산촌, 어촌의 원격지 사람들에게도 적절한
역할을 부여하여 가담시키고 있기 때문에, 축제는 도시와 농어촌을
결합시키는 매개체 구실을 하고 있다. 도시에서는 축제를 운영하는
사람들의 부족을 해소하고, 농산어촌에서는 도시축제에 가세하거나
구경을 위해 도시로 나간다고 하는 상호교류가 이루어지는 것이다.
이는 일상적인 도시와 농촌의 교류가 그 배경에 자리잡고 있는 것에
서 비롯된다고 하겠다.

축제는 지역문화의 기반이요 상징과 같은 존재이다. 급속도로 진
행되는 글로벌화에 따른 산업구조나 사회구조가 급변하는 상황에서
본래의 의미와 기능을 잃어버리고 점점 소멸해 가는 축제도 있다.
그러나 축제는 지역이 하나 되어 거행하는 것으로, 이를 통해 어린이
들을 포함한 지역의 사람들은 유대를 강화하며, 사회적 연대나 공동
성을 배양하고 있다. 축제가 활발하게 벌어지고 있는 곳은 어디나
활기가 넘치며, 공동체적 연대의식이 강하다. 이러한 관점에서 축제
는 재평가되어 과소화를 방지하고 지역을 활성화하는 수단으로 크게

주목받기도 한다. 이는 다름 어닌 축제를 통해 지역사회를 재구축하려는 시도이다.

3
일본 도시축제의 특징

이 책은 일본의 전통적 도시축제에 대한 연구이지만, 다른 한편으로는 도시의 한 측면으로서의 축제연구, 다시 말해 축제 자체만의 개별적인 분석에 그치지 않고, 도시사회에서 축제가 가지는 의미의 문제까지 포함하는 도시사회의 특성에 대한 연구이기도 하다. 글쓴이는 도시의 여러 특성 중, 우선 도시의 성립과 성장과정에 축제가 발생하여 유지·존속되는 메커니즘을 설명하고 I-Ⅲ장, 다음으로 그러한 축제를 운영하는 사람들지역주민의 범주화된 질서를 분석하는 데에 집중했다Ⅳ-Ⅵ장. 특히 예로부터 상업지구로 성장한 하카타 지역 사람들이 축제를 운영하기 위해 어떻게 조직되고 집단화되는지 집중적으로 살펴보았다. 그러니까 주거나 생업, 생활양식을 기반으로 하는 공동체적 사회질서에 주목한 것이다. 도요토미豊臣秀吉 이후의 7개 나가레 지역을 근거로 한 구분은 메이지 시대 초기의 새로운 행정통합으로 희석된 점이 있으나, 기온야마카사의 운영과 조직에서는 대부분 그대로 유지되고 있다. 야마카사에서 나가레별로 아주 다

제Ⅸ장 일본의 축제와 지역사회 329

른 관행이 지속되고 있는 점은 이러한 범주화된 질서의 한 측면이라고 할 수 있다.

다음으로 기온야마카사에 참가한 사람들은 각 지구의 토박이들 대부분 연장자의 고정적이며 폐쇄적인 사회관계 조직이나 집단와 이들을 중심으로 네트워크緣網 형태로 연결된 소그룹으로 구성되는데, 앞의 것은 지연적이며 협동적인 공동체 조직으로 비교적 연속성이 강하며, 뒤의 것은 어소시에션association 이나 네트워크, 액션 세트action set 와 같은 연속성이 약한 비집단적 조직형태라고 할 수 있다. 지연성을 바탕으로 한 앞의 집단은 그 구성원의 개인적 네트워크를 따라 외연을 무한대로 확장할 수 있다는 점에서 기온야마카사의 운영조직을 보다 탄력적으로 운영할 수 있는 장점이 있다. 특히 뒤의 것은 직장 관계로 하카타에 생활근거지를 마련한 사람들의 도시생활에의 적응과정의 하나로 볼 수 있다. 예를 들면 직장의 상사가 신입사원을 데리고 와서 기온야마카사의 하부조직에 가입시키는 것 등은 전형적인 사례라고 할 수 있다.

일반적으로 도시사회는 거주의 정주성이나 안정성보다 유동성이 강한 특성을 지니고 있다. 그러나 일본의 교토나 하카타와 같은 전통적 도시사회는 근대적 도시의 면모를 갖추고 있지만, 공동체적 지역집단이나 도시를 구성하고 있는 하부 지역집단이 거주나 생업의 안정성을 바탕으로 연속적인 조직체를 구성하여 수백 년간 전통축제를 운영해오고 있다. 이는 일본의 전통도시의 가장 큰 특징이라고 할 수 있다.

　도시는 인적·물적 자원을 포함한 유·무형의 자원이 주변으로부터 흘러들어왔다가 다시 흩어지는 중계지역이나 중심적인 기능을 담당하고 있다. 이러한 도시의 중심성은 축제에 의해 한층 강화되는 측면이 있다. 축제는 도시주민들이 공동으로 운영하지만, 여기에 주변 지역의 사람들을 끌어들이는 놀이나 유행, 풍류의 중심에 있기 때문이다. 예를 들면 후쿠오카시에서 옛 하카타의 중심성은 예로부터 상업활동의 중심지로서 독특한 성장과정을 겪으며 형성되었는데, 이 중심성은 1970년대 이후 덴진天神을 중심으로 한 신 시가지의 급속한 팽창과 하카타 지역의 공동화로 상당 부분 훼손되고 말았다. 그러나 기온온야마카사라는 축제를 통해 일시적이지만 장엄하고 화려하게 복원·재생되어, 수많은 참가자들과 구경꾼들의 기억이나 인식 속에 자리잡게 된다. 하카타라는 중심은 여전히 사람들의 열정으로 가득 차 있으며, 새로운 아이디어와 풍류의 경연이나 경합을 통해 끊임없이 진화해가고 있는 것이다. 도시의 중심성은 도시축제의 중심성과의 상호작용을 통해 얼마든지 강화될 수 있음을 보여주고 있다.

　물론 축제의 모든 과정을 통해 보면, 특히 신사나 사찰에서의 '제의' 부분은 신을 모시는 사람들의 개인적인 신앙심이 우지코 조직의 연대와 축제에의 참가동기, 다시 말해 축제의 중심성의 기반이 되는 경우도 있을 수 있다. 뿐만 아니라 최근 한국의 크고 작은 도시에서

빈발하는 이벤트성 축제는 개인적인 신앙과는 전혀 관련이 없는 행정 중심이라는 성격이 강하다. 따라서 지역공동체 안의 영속적인 조직이 일정한 형식을 갖추고 축제를 분담해서 운영하는 시스템은 아니라고 할 수 있다. 그러니까 한국에서는 축제를 구성하고 운영하는 데에 없어서는 안 될 전통적 역할을 분담하는 지역적인 하부조직은 존재하지 않는다는 말이다. 이것이 일본과 확연히 구별되는 차이점이라고 하겠다. 일본의 도시축제가 모두 기온야마카사와 같은 지역공동체의 지역조직에 의해 운영되는 것은 아니다. '고베마쓰리神戸まつり'와 같이 행정적으로 추진되어 유지·계승되는 축제가 있는가 하면 米山俊直 1986: 179-195, 같은 도시라 할지라도 상점가가 중심이 되어 운영하는 도쿄의 '고엔지의 아와오도리高円寺阿波おどり, 松本誠 2008: 27-67'와 관광객 유치와 상업의 진흥이라는 목적으로 상공회의소를 중심으로 한 청년회의소, 관광협회, 상가연합회, 여관조합과 같은 각종 사회단체들이 주최하는 고치시高知市 의 '요사코이마쓰리'도 있다 松本誠 2008: 153-179; 김양주 1997: 279-312.

원래 종교적 의례가 중심이었던 마쓰리를 구경의 대상인 제례로 만든 것은 중세 이후의 도시문화의 힘이며, 이 제례가 화려하고 성대한 '도시제례'가 된 것은 도시가 급성장하기 시작한 근세 이후라고 할 수 있다. 도시 안에서 보는 사람들구경꾼을 의식하여 마쓰리가 볼거리로 등장한 것이다. 이와 같이 일본의 도시축제는 도시의 성장과 끊임없는 상호작용의 산물인 것이다. 일찍이 야나기타柳田国男 가

지적한 것처럼, 제사祭祀를 주최하는 사람施主, 祭主과 그것을 집행하는 사람神官, 司祭에 의한 종교적 행위, 즉 마쓰리祭り, 제의가 이를 구경하는 사람들구경꾼을 의식하여, 제의에 가무음곡 등의 예능을 가미한 제례祭礼로 변화된 것이다. 여기서 구경꾼의 등장이 일본의 제의를 보다 호화스러운 장식과 행렬에 기예를 다투는 예능의 단계까지 발전시키는 결정적 계기가 되었다. 이와 같은 제의에 가미된 예능을 보통 일본에서는 '풍류'라고 하는데, 이 풍류의 형식과 내용에 따라 다양한 취향의 축제가 만들어지게 된다. 도시축제의 가장 중요한 특징은 구경꾼들에게 '보여 진다'는 사실을 전제로 하고 있다는 것이다. 그렇기 때문에, 매년 새롭게 고안된 취향이 가미되는 것이다. '신 없는 축제神なき祭り'로 일컬어지는 행정주도형의 이벤트성 축제에서의 혁신과 창조는 말할 것도 없고, 심지어 오랜 역사를 자랑하는 교토의 기온마쓰리나 하카타의 기온야마카사와 같은 일본을 대표하는 전통적인 도시축제에서도 매년 새로운 요소가 가미되어 부분적인 혁신과 창조가 일어나고 있다. 기온야마카사의 경우 가키야마메고 달리는 야마에 태우는 거대한 인형과 시내 곳곳에 새워지는 가자리야마 장식야마가 매년 새롭게 만들어진다는 사실이 이를 뒷받침하고 있다.

4
현대 도시사회와 축제

기록에 의하면 1096년永長 元年 6월 헤이안平安, 지금의 교토에서는 시라카와白河 상황上皇 의 원정院政 10년째 되는 해에 수많은 시민들이 거리에 나와 함께 노래하고 춤추는 대규모 도시축제가 벌어졌는데, 이것이 다름 아닌 다이덴가쿠大田樂 의 시작이 되었다고 한다松平誠 1990: 322. 덴가쿠는 원래 도작문화의 모심기와 관련된 주술에서 시작된 것으로, 농경문화를 배경으로 한 집단적 주술행위가 도시민의 일반예능축제으로 자리잡은 것이라고 할 수 있다. 이 교토의 다이덴가쿠는 초기에는 교토 근교의 지방 상공민들이 덴가쿠를 가지고 상경해서 벌이는 축제였다. 이것을 매년 구경해오던 교토의 일반 시민들주로 서민층이 지역별로 수많은 조직과 그룹을 만들어 함께 가담함으로써 그 화려함과 역동성이 한꺼번에 폭발한 것이다.

또 하나의 역사적 사례는 근세1603-1868 의 '오카게마이리お陰參り' 이다.[2] 이는 에도시대의 특정 시기에 이상할 정도로 많은 사람들이 비교적 단기간에 집중적으로 이세신궁伊勢神宮 이나 아키바야마秋葉山 등을 참배하는 현상을 말하는데, 특히 근세의 대도시에도나 교토, 오사카

[2] 에도시대에 서민들 사이에서 대유행한 '이세마이리(伊勢參り), 이세신궁 참배'라는 장기간의 단체여행이 동네 이웃사람들을 비롯하여 친인척, 심지어 여행 도중에 만난 낯선 사람들로부터 여러 가지 도움을 받아 가능했다는 의미에서 '오카게마이리(은덕참배)'라고 한다. 자세한 내용은 〈일본인의 여행과 관광문화〉(2006: 25-56)를 참조.

등의 민중까지 가담하는 경우에는 전국적으로 파급되었을 정도로, 그 규모나 빈도에서 당시 일본을 여행했던 외국인들이 대단히 놀라워했을 정도이다 문옥표·황달기·권숙인 2006: 25-56; 松平誠新 1990: 325-326. 오카게마이리는 다이덴가쿠와 같은 축제의 형식을 갖춘 것은 아니지만, 도시민을 중심으로 따분한 일상으로부터의 탈피를 강하게 희구하는 사람들이 일시적으로 벌이는 한바탕 소동이라는 점과, 또한 엄격한 신분계층 사회의 일상적 폐쇄성으로부터 비교적 탈출하기 쉬운 환경에 있었던 사람들의 정신적 해방구의 역할을 했다는 점에서는 기본적으로 같은 성격의 사건이나 이벤트였다고 할 수 있다.

여기서 우리가 주목해야 하는 것은 다이덴가쿠와 오카게마이리라는 대 소용돌이는 기존의 사회적 권위나 질서가 해체되는 불안하고도 혼란스러운 사회적 상황을 일부 반영하고 있다는 점이다. 기온야마카사의 마치나 나가레에 '가세인'이 대량으로 가담하고 있는 것은 도시사회의 일상적 폐쇄성을 허무는 해방의 계기를 필요로 했기 때문이며, 하카타라는 지역사회의 통합이나 지연집단의 응집력이 약화된 결과로 볼 수 있다. 이는 기온야마카사의 운영을 둘러싼 새로운 질서의 탄생을 예고하는 것으로 볼 수 있다.

기온야마카사와 같은 전통적 도시축제, 특히 우지코에 의한 지역공동체의 신을 모시는 신사제례는 19세기 말에서 1920년대에 걸쳐 완성된 것으로 알려져 있다. 그렇다면 왜 19세기 말에서 20세기 초에 전통적인 도시축제가 완성되어 신사제례의 화려한 도시축제로 성장했을까? 이 물음에 답을 찾기 위해서는 1888년明治 21年 의 시초 손제市町村制 의 시행이라는 근대적 행정개편에 주목할 필요가 있다. 메이지정부는 근대국가를 건설하기 위해 지방에 국가의 권한을 침투시켜, 지방을 중앙의 통제와 관리 하에 두었는데, 이는 전통사회의 자치제도를 근간으로 하는 공동체적 연대 위에 성립된 것이었다. 말하자면 일본적 지방자치의 완성이라고 할 수 있다.

19세기 말에서 20세기 초에는 일본의 자본주의가 성장하고, 그에 따른 산업화로 급격한 사회변화가 일어나지만, 이미 오랜 기간 동안 유지·계승되어온 전통적 도시사회의 자치조직은 이러한 변화의 소용돌이 속에서도 한층 강화되어 신사제례의 조직과 운영의 중심으로 등장한다. 여기서 축제는 지연적인 자치조직을 결합하고 결합된 조직을 근대적 행정 시스템에 연결시켜 주는 하나의 매개체로서 중요한 역할을 수행해 왔다고 하겠다. II장에서 살펴본 기온야마카사의 전통과 변화는 전통적 사회조직과 중앙의 권력을 등에 업은 지방자치단체와의 갈등과 충돌의 과정에서 비롯된 것이다. 이러한 충돌과 긴장의 관계는 축제 그 자체를 일정한 규칙과 틀 속에 가두어버리는 결과를 초래했다. 도시의 일상적 시간과 공간을 규제하지 않고서는 운영이 불가능했기 때문이다.

축제는 기본적으로 인간의 집단적 놀이문화이다. 여기서 놀이라고 하면 일반적으로 자유로운 행위를 연상하나 축제라는 놀이는 특히 '도시'라는 복잡하고 다양한 장치들이 기계적이지만 대단히 유기적으로 작동되는 공간에서는 자유로운 행위가 허용되지 않는다. 절대 다수의 사람들이 일상적으로 사용하는 차도와 인도, 광장, 공원 등을 사용해야 하며, 밤이 되면 휴식과 수면을 방해하는 소란을 피워서는 안 되기 때문이다. 적어도 하카타의 기온야마카사에서는 그렇다. 대다수 시민들의 일상과 소수의 축제 참가자들의 비일상이 충돌하기 때문이다. 3,500-5,000여 명의 참가자들이 5km의 이르는 차도를, 그것도 7일간 매일 3-4시간 동안이나 점거하다시피 사용해야 하기 때문에, 도로사용허가에서 경찰과 자체조직에 의한 교통통제, 대열과 동선의 관리와 통제 등, 철저한 역할분담에 의한 관리가 진행된다. 어디 그뿐인가. 규정된 복장을 갖추고, 각 나가레 안의 마치에 정식으로 소속된 자만이 참가가 허용된다. 모든 참가자들은 이러한 통제와 관리 하에서만 축제에 참가할 수 있다. 이 점이 V장에서 언급한 것과 같이, 기온야마카사를 자유로운 놀이가 아닌 스포츠적 성격이 강한 축제로 보는 이유이기도 하다.

기온야마카사와 같은 전통적 도시축제는 산업사회의 방향성과 부합하지 않는 지연공동성, 그것도 해체되거나 붕괴되어 가고 있는 지연공동체에 의존하고 있기 때문에, 몇몇 지역유지들의 적극적이고 헌신적인 노력이나 관리 없이는 제대로 운영되지 않는다. 또한 이러한 개입과 관리가 원활하게 이루어지지 않는 곳에서는 상점가 등의 새로운 조직과 연대가 전통적인 지연공동성을 대신하는 경우도 있다. 여기서 축제라는 놀이가 관리의 대상이 되는 생산주의적 가치관이 지배적인 이데올로기로 등장하게 된다. 이러한 이데올로기는 상업목적의 퍼레이드나 기업, 학교 등의 기념제, VII장에서 살펴본 하카타돈타쿠와 같이 '후쿠오카시민축제진흥회'라는 범시민적 조직이나 행정주도로 기획·연출되는 각종 이벤트성 지역축제 등에 보다 현저하게 나타난다.

현대 일본사회의 도시축제의 특성을 살피기 위해서는 또 하나의 문제를 짚고 넘어가지 않으면 안 된다. 즉 축제를 운영하고 관리하는 단위가 무엇인가 하는 것인데, 우선 두 가지 형태로 요약해 볼 수 있다. 하나는 무라村, ムラ나 마치町의 공동체의식의 표출이라는 형식을 빌려 조직화 한 신사제례 집단우지코 집단이 있으며, 다른 하나는 개인이 자신의 대인관계망 안에서 만들어 내는 것이 있다. 이를 각각 '그룹형'과 '네트워크형'이라고 한다면, 앞의 것은 가업계승의 이에家 제도에 기초한 정주성定住性을 바탕으로 한 지연공동체적 단위이며, 뒤의 것은 순간적이며 일시적인 결합의 형태로 영속적인 사회관계를 성립시킬 수 없으며, 강력한 사회통합의 계기도 제공하지 않는 '임의집단voluntary association'이라고 할 수 있다. 도쿄의 '고엔지 아와오도리'에서 보는 것처럼松平誠 2008: 27-67, 개인이 자유롭게 선택할 수 있는 '렌連'이나 '고講'라는 참가단위에는 기온야마카사와 교토의 기온마쓰리와 같은 전통적 도시축제에서 보이는 신분이나 연령, 참가경력, 지위 등에 의해 구분된 상하관계도 존재하지 않는다. 물론 지연이나 혈연, 직연職緣과 같은 고정적이며 '선택할 수 없는 관계'는

栗田靖之編 1987: 228 더욱 아니다. 이러한 자유분방하고 유동적인 인간의 결합방식은 현대 일본사회에서 새로운 연대와 공동성, 통합의 방식으로 자리잡아가고 있다.

　그렇다면 기온야마카사의 결합방식과 단위는 무엇일까? 그룹형 중심으로 네트워크형이 가미된 혼합된 형식이라고 할 수 있다. 이러한 결합방식에 의한 축제의 참가와 운영 뒤에는 어떤 결과가 기대될까? 그룹형에서는 지역사회의 구심적 통합이 어느 정도 달성되지만, 네트워크형에서는 개인의 자기충족과 마치와 나가레라는 관념적 공동체에 대한 인식으로 정리될 것이다. 여기서 자기충족감이란 같은 마치나 나가레라는 공동의 장 안에서 맺어진 다양한 사람들과의 관계인연에 대한 신뢰감이나 이것을 근거로 하는 공동의 즐거움을 말하며, 이 즐거움은 자신이 어떤 네트워크 안에서 살아간다는 증거이며, 탈산업사회에서 새롭게 모색한 생활문화의 한 유형이기도 하다. 축제의 즐거움은 상호간의 친밀감이나 접촉, 인간적인 신뢰감의 감성적인 확인과정에서 획득되는 중독성이 대단히 강한 정신적 자산이다. 이 자산으로 충만된 축제행위는 일본민속학에서 말하는 '하레ハレ'의 비일상적 세계를 연출하는데, 이 비일상적 세계는 그룹형과 네트워크형에서 서로 다른 양상으로 나타난다. 우선 비일상적 세계의 정신적 고무나 긴장, 도취, 흥분 같은 에너지는 공동생활의 상징을 향해 집중적으로 발산되지만, 이 집중된 구심적 에너지는 생활공동체 안에 축적되어, '게ケ'의 일상적 사회통합을 강화시킨다. 하지만

네트워크형에서는 일상생활의 공유영역이나 공동의 장이 없기 때문에, 축제의 에너지는 사회통합을 향한 구심적으로 작용하지 않고, 각각의 개인적 의미의 세계 안으로, 즉 원심적으로 확산되어 간다. 기온야마카사에는 구심적 에너지와 원심적 에너지가 동시에 작용하지만, 토박이와 가세인 사이의 돈독한 대인관계에 의해, 또한 가세인의 중심을 향한 열정 참가의욕 에 의해 중심과 주변은 분리되지 않고, 보다 강력하게 통합되고 있다. 이것이 기온야마카사가 기온야마카사답게 유지 · 계승되는 원동력인 것이다.

1960년대 이후의 일본의 고도경제성장기는 '회사 일'을 최우선으로 하는 '회사인간'이 이상형으로 간주되고, 이것을 조장이라도 하듯 연공서열과 종신고용의 '일본식 경영'의 신화가 만들어져 유포되기 시작한다. 이 시기의 도시사회에서는 혈연이나 지연적 유대가 약화되고, 일과 직장을 매개로 한 '사연社緣, 結社緣'[3] 관계가 최 우선시 된다. 이러한 새로운 연대와 공동성은 새로운 형태의 도시축제를 성립시켰다. 현제 도시에 사는 일본인들은 과거의 신사나 사찰에 대한 적극적인 태도나 의식 신앙을 갖고 있지 않다. 일부 사람들을 제외한 대부분의 시민들은 종교시설이나 의식과는 거의 무관하게 살고 있다

------

3   일본인의 인간관계를 분류하는 범주로서, 기존의 혈연과 지연 외에 제3의 카테고리로서 '社緣'이란 말이 자주 사용되고 있다. 그러나 여기서 '사연'이란 용어는 혈연과 지연의 명백한 구분과는 달리, 아주 복잡하고 다양한 인간관계의 유형을 모두 포함하고 있어, 분석용어로는 적당하지 않은 것 같다. 이 점을 고려한 듯, 사연을 지연(知緣)이나 정보연(情緣), 선택연, 여연(女緣), 주부연, 아이연(子供緣) 등으로 세분화하는 움직임도 있다.

고 해야 할 것이다. 이러한 시민들의 의식은 본래 신에 대한 제사제의
에서 시작된 도시의 전통적 마쓰리에도 그대로 반영되고 있음은 말
할 것도 없다. 그 결과 신과 사람들의 관계에서 사람과 사람들의
대응관계, 즉 축제를 운영하는 참가자와 이것을 구경하는 관객의 관
계로 변화한 것이다. 여기서 축제의 중심에 있어야 하는 참가자는
관객을 의식하여 '보여주는' 입장에 서게 되며, 이 때 관객은 역학관
계에서 참가자의 우위에 서게 된다. 한편, 참가자와 관객은 야마카사
에서는 경계가 분명하여 서로 넘나들기가 불가능하지만, 양자가 일
시적으로 입장이 뒤바뀌거나 뒤섞여서 경계가 불분명한 상태에서
진행되는 축제도 있다. 신의 관여와 신이 지배하는 제의 중심의 마쓰
리는 극히 일부를 차지하거나 사라지고 없으며, 그 빈자리를 운영위
원회의 주도면밀한 기획과 연출, 디자인이 돋보이는 세속적인 이벤
트성 축제가 메워가고 있는 것이다.

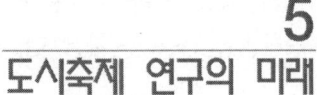

5
도시축제 연구의 미래

　요네야마米山俊直는 1986년 〈도시와 마쓰리의 인류학〉에서 인류
학자는 복잡한 문명사회, 특히 그 중심에 있는 도시의 사회와 문화에
대한 연구를 다른 학문영역의 연구자들이 담당하는 것이라는 선입견

을 갖고 있음을 지적하고, 일본과 같은 '복잡사회'를 연구대상으로
삼는 자는 농촌이나 산촌, 어촌과 같은 민속사회 현상만을 주목해서
는 대상을 진정한 의미에서 모두 파악했다고는 할 수 없다고 했다
1985: 11-12. 이는 다름 아닌 인류학의 도시연구를 강조한 것이다. 문
제는 복잡하고 다양한 도시를 무엇을 소재로 어떻게 연구할 것인가
이다.

일본의 도시를 대상으로 하는 문화인류학 분야의 선구자로는 야
나기타柳田国男와 이마今和次郎, 오쿠이奧井復太郎 등이 있으나, 야나기
타는 민속학, 이마는 사회학, 오쿠이는 경제학 전공자로서, 인류학과
는 직접 관련이 없는 사람들이다. 제2차대전 후 도쿄도리쓰대학東京
都立大学이 미군기지촌인 다치카와立川, 東京都立川市를 조사하고 그 결
과를 〈도시와 농촌의 사회학적 연구〉鈴木二朗編 1956로 발표했는데,
당시 문화인류학자가 다수 참가하고 있었음에도 불구하고 '사회학'
이란 용어를 사용했을 정도로, 인류학의 도시연구는 대단히 생소한
분야였다. 그러나 1984년 나카무라中村孚美의 〈도시인류학〉에 촉발
되어 앞의 요네야마를 비롯한 와자키和崎春日의 〈左大文字의 도시인
류학〉 1987, 모리타森田三朗의 〈마쓰리의 문화인류학〉 1990, 마쓰다이
라松平誠의 〈마쓰리의 행방〉 2008 등, 도시사회를 본격적으로 연구하
기 시작한다. 특히 1986년 11월 3일 제40회 일본인류학회와 일본민
족학회연합대회 규슈대학에서 '도시축제의 도시인류학적 고찰'이라는
주제 아래 심포지엄이 개최되었을 정도로季刊人類学 18-3: 3-59, 이들의

도시에 대한 관심과 연구는 인류학 분야의 후발적 도시연구를 한 단계 높은 수준으로 끌어올리며, 주목할 만한 연구성과들을 발표하기에 이른다. 이후 도시축제에 대한 연구는 도시인류학의 중요한 테마로 자리잡게 된다. 그러니까 도시축제를 대상으로 한 도시인류학은 아직 그 역사와 성과가 일천한 발전도상에 있는 분야라고 하겠다. 그렇다면 도시연구를 활성화하기 위해서는 어떤 주제에 주목하는 것이 좋을까?

도시에 사는 사람들은 대부분 자신이 하는 일을 중심으로 대단히 제한적인 영역에서 활동하기 때문에, 연구자의 조사를 위한 인터뷰나 관찰을 쉽게 허용하지 않는다. 사고와 질병과 같은 위기상황에 놓인 개인은 신문기자나 카메라맨, 경찰, 의사 같은 직업의 사람들에게는 노출되지만, 이들에 대한 연구자의 접근은 쉽지 않다. 장례나 혼례 등의 통과의례 때는 많은 사람들이 등장하지만, 이 또한 혼인 당사자나 그들의 가까운 친인척이 아니면, 심층적인 조사와 관찰이 불가능하다. 도시의 삶은 그 만큼 폐쇄적이며 부분적으로만 외부세계에 노출되기 때문이다. 또한 현대 도시사회는 인간소외와 함께 개체화가 고도로 진행된 상태에서, 개인을 중심으로 한 네트워크상의 연대와 결합이 중요한 의미를 가지고 있다. 이러한 연대와 결합의 방식은 좀처럼 가시화되지 않아 인류학의 참여관찰이 좀처럼 허용되지 않는 영역이다. 그러나 축제의 장면은 예외적이다. 사람들은 축제기간이나 축제 상황에서는 외부사람들에게 대단히 호의적이며 개

방적이다. 이러한 의미에서 축제는 도시사회 연구자에게 귀중한 참
여관찰의 기회를 제공할 뿐만 아니라, 그들과 하나 되어 직접 참가와
심층적인 인터뷰도 가능하다. 그들의 인간관계, 소속집단, 삶의 방식
이나 태도, 가치관, 심지어 좀처럼 표면화 되지 않는 내부의 긴장이
나 갈등관계까지 파악할 수 있다. 특히 기온야마카사와 같은 전통축
제는 화려하고 역동적인 모습을 보이면서도 항상 고도의 집단성과
통일성이 강조되며, 더구나 조직과 운영의 주기성과 안정성이 확보
되어 있기 때문에, 인류학적 현지조사가 비교적 용이한 분야로 볼
수 있다. 이것이 바로 축제를 매개로 도시사회를 들여다볼 수 있는
이유이다.

　글쓴이는 오랫동안 일본 농촌사회의 개인과 이에家, 이웃과 친족
을 대상으로, 특히 이들의 대인관계와 이를 기반으로 하는 조직과
집단의 편성원리에 주목해왔다. 일본사회를 가장 잘 설명할 수 있는
주제로 생각했기 때문이다. 최근의 도시사회에 대한 관심은 이러한
농촌사회 연구에 연장선상에 있다고 하겠다. 지난 10여 년간 일본의
과소화 지역 주로 농촌이나 산촌 의 지역활성화 사례를 조사하면서, 몇몇
지역의 축제를 관찰하게 되었는데, 이 때 글쓴이는 일본인이 무리지
어 즐기는 방식에는 여러 가지가 있으나 축제만큼 다양한 인간관계
가 등장하고, 이를 바탕으로 하는 공동체적 연대와 통합의 방식이
다양하게 나타나는 것도 없다는 판단을 하게 되었다.

　현대 도시사회는 특정지역이나 커뮤니티를 단위로 하는 집단적

연대나 통합이 형성되기 어려운 상황에 있다고 할 수 있으나, 일본의
도시사회는 쓰레기 처리나 자경단소방단 등, 기능적인 측면에서 최소
한의 지연조직이 기능하고 있다. 특히 같은 보육원이나 유치원, 초등
학교 출신이라면 어릴 적부터 친구가 될 수 있으며, 이 어린이를
매개로 한 '교구'나 '학구' 단위의 PTA활동에서 보는 것처럼 어머니
중심의 지연적 조직이 결성되기도 한다. 하카타의 경우도 예외가 될
수 없다. 그러나 하카타는 비록 기온야마카사가 남성들에게 한정되
어 있지만 보다 강력한 지연조직을 가지고 있으며, 기온야마카사를
통해 맺어진 지연조직은 평생 동안 지속되기도 한다. 도심의 공동화
와 사회적 유동성의 증가로 해체되거나 붕괴의 위기에 있던 지연조
직이 야마카사에 의해 재생된 것이다. 교토의 기온마쓰리는 대단히
넓은 지역의 초나이카이町內会 단위의 참가로 운영되는데, 이 초나이
카이도 기온야마카사의 마치나 나가레와 같은 지연조직이다. 결국
두 축제는 모두 마치라는 커뮤니티에 의해 지지되고 있는 것이다.
축제의 현장은 외부인에게 항상 호의적으로 개방되며, 참여관찰이
가능한 커뮤니티 단위로 운영되기 때문에 인류학적 조사와 기술, 분
석의 대상으로 최선의 조건을 갖추고 있다 하겠다.

메이지 이후 일본의 근대화는 중앙집권적 획일화의 과정이었다.
이에 대해 지방이나 지역사회는 때로는 저항하며, 또 어떤 때는 순응
하기도 하면서 자신들의 다양성을 유지해왔다. 축제는 지역사회의
가장 많은 사람들이 조직적으로 참가하고 동원되는 행사로, 그들의

다양한 삶의 방식이 투영되거나 반영되는 통로나 매체이다. 축제의 운영과 표현방식은 곧 그 지역의 독자적인 문화라고 할 수 있다. 많은 지방자치단체의 문화행정의 중심에 축제가 자리잡고 있다는 사실이 이를 증명하고 있다. 축제를 통해 각 지역사회는 자신들의 독자성을 자기식으로 즐기며 과시하려 한다. 축제는 지역사회와 지역문화의 조직적이며 집단적인 표현방식이기 때문이다. 이러한 의미에서 도시축제 연구는 도시의 인류학적 연구에 대단히 중요한 테마가 될 수 있다.

지금까지 일본 도시축제 연구에 대한 성과를 비롯하여 도시축제의 특성, 도시축제와 지역사회의 관계, 도시축제 연구의 의의 등에 대해서 중요하다고 생각되는 부분을 총론적으로 정리해보았는데, 아직까지 갈 길이 멀다는 느낌을 지울 수 없다. 앞으로 일본의 도시축제와 지역사회에 대한 현장론적 파악과 분석과정에서 들어나는 여러 문제들, 예를 들면 축제의 기획과 운영에 나타나는 일본적 의사결정의 메커니즘이나 지역축제의 세계화 방안이나 전략 같은 응용인류학적 연구, 축제나 이벤트를 기반으로 한 지역의 산업구조, 축제과정에 나타나는 일본적 집단주의의 실체, 지역축제의 문화적 주체성과 축제를 매개로 진행되는 전통문화의 지속과 시장경제에로의 번역적 적응, 비일상적 커뮤니케이션 장으로서의 축제 등에 대한 보다 분석적이며 개별적인 연구가 많은 연구자들에 의해 추진되었으면 하는 마음 간절하다.

참고문헌

고영석・이상일 외(2003), 『축제와 문화』, 연세대학교 출판부.

김양주(1997), "도시제례," 최인학편『일본민속의 이해』, 시사일본어사, 277-320쪽.

_____(2004), "제례의 생산과 소비를 통해 본 '마쓰리 투어리즘'의 가능성,"『일본학보』 59, 한국일본학회, 519-534쪽.

류정아(2010), "서평, 축제로 문화읽기,"『한국문화인류학』43-3, 한국문화인류학회, 168-174쪽.

문옥표・황달기・권숙인(2006), 『일본인의 여행과 관광문화』, 소화출판사.

알라이다 아스만(2003), 『기억의 공간』, 경북대학교 출판부.

이시재(1993), "일본의 생활조직연구-町內会를 중심으로,"『지역연구』2-3, 서울대학교 지역종합연구소, 95-108쪽.

장 뒤비뇨(1998), 『축제와 문명』, 한길사.

정근식 외(1999), 『축제, 민주주의, 지역활성화』, 도서출판새길.

진명숙(2004), 『지역축제와 문화권력』, 신아출판사.

한경구・이토아비토(2007), 『한일 사회의 중심과 주변』, 아연출판사.

황달기(2008), "일본 도시제례의 전통과 변용-후쿠오카시 하카타기온야마카사를 중심으로-,"『일본어문학』41, 일본어문학회, 375-396쪽.

_____(2009), "일본 도시제례의 스포츠적 성격과 의미-하카타기온야마카새(博多祇園山笠)를 중심으로-, "『일본문화연구』34집, 동아시아일본학회, 503-523쪽.

_____(2009), "하카타기온야마카사의 조직과 운영,"『일본어문학』44, 일본어문학회, 457-480쪽.

_____(2010), "하카타기온야마카사(博多祇園山笠)의 기원전승의 성립과 전개,"『일본어문학』49집, 일본어문학회, 513-536쪽.

_____(2011), "후쿠오카시 '하카타돈타쿠'의 성립과 전개,"『일본문화연구』38집, 동아시아일본학회, 603-624쪽.

アクロス福岡文化誌編纂委員会(2010), 『福岡の祭り』, 海鳥社.

綾部恒男・裕子訳(1977), 『通過儀礼』, 弘文堂.

五十嵐牧子(2000), 「生涯学習における子供と大人の参画学習の理念について」『教育研究所紀要』9, 文教大学教育研究所, pp.95-105.

_____(2002), 「子供の参画から生まれる問いをめぐって―教育の視点から」『教

育研究所紀要』11，文教大学教育研究所，pp.67-74.

石橋清孝(2007)，『おっしょい、山笠』，西日本新聞社.

井上精三(1984)，『どんたく・山笠・放生会』，葦書房.

井上博義・川塚錦造・薬師洋行(2009)，『京都・祇園祭を歩く』，日本写真企画.

岩本祥史(2002)，『博多学』，新潮社.

宇野功一(2007)，「儀礼，歴史，起源伝乗」，『国立民俗学博物館研究報告』第136集，
　　　　pp.39-112.

門脇厚司(1999)，『子供の社会力』，岩波新書.

楠木大輔・菊地成明・紫田建(2009)，「博多祇園山笠における直会の風景」『日本建
　　　　築学会九州支部研究報告』，pp.233-236.

大塚民俗学会(1972)，『日本民俗事典』，弘文堂.

落石栄吉(1952)，『博多祇園山笠今昔物語』，博多祇園山笠期成会.

＿＿＿＿＿(1961)，『博多祇園山笠史談』，博多祇園山笠振興会.

川嶋将生(2010)，『祇園祭』，吉川弘文館.

川添昭二(1988)，『よみがえる中世1，東アジアの国際都市博多』，平凡社.

貝原益軒(1988(1907))，伊東尾四郎校訂『筑前国続風土記』，文献出版.

草野道玄厚(1601)，『九州軍記』2巻目，博多祇園山笠振興会.

倉林正次(1975)，『祭りの構造』，日本放送出版協会.

栗田靖之編(1987)，『日本人の人間関係』，ドメス出版.

近代消防社編(2003)，「がんばる消防団全国歴訪シリーズ(11)　伝統技術「竹ん芸」を博
　　　　多どんたくで披露-福岡市消防伝統技術本部活動レポート」『近代消防』
　　　　41(7)，pp.76-80.

斎藤公孝編(1986)，「特集ースポーツの人類学」『現代思想』vol.14-5，青土社，pp.64-
　　　　231.

斎藤竜(2008)，「横浜錦絵物語(5)，どんたくは体と心のビタミン」『歴史読本』53(5)，
　　　　pp.38-40.

酒井直行(他)編(2007)，『祭りの歳時記』(別冊 歴史読本71)第32巻19号通巻764号，新
　　　　人物往来社.

佐藤和彦・保田博通(2006)，『祭の事典』，東京堂出版.

寒川恒夫編(2004)，『教養としてのスポーツ人類学』，大修館書店.

菅春貴(2007)，『祭の歳時記-別冊歴史読本71』，新人物往来者.

住田正樹(1985)，『子供の仲間集団と地域社会』，九州大学出版者.

薗田稔(1987)，「祭-表象の構造」，田丸徳善・村岡空・宮田登編『儀礼の構造』，佼成
　　　　出版社，pp.241-288.

高橋勝(2002), 『文化変容のなかの子供－経験・他者・関係性』, 東信堂.

高野一宏(2004), 『教養としてのスポーツ人類学』, 大修館書店.

田村華・上田祥史・菊地成明(2004), 『日本建築学会大会学術講演要旨集(北海道)』, pp.399-400.

竹沢尚一郎(1987), 『象徴と権力-儀礼の一般理論』, 勁草書房.

_____(1998), 「祭礼おける親和と支配」, 竹沢尚一郎編『博多の祭り』, 九州大学文学部人間科学科比較宗教学研究室, pp.85-105.

竹田定直他編(1982), 「黒田新続家譜初編」, 川添昭二他校訂『新訂黒田家譜』 第二巻, 文献出版, pp.378-379.

竹田秋楼(1920), 『博多山笠物語』.

武田哲矢(1996), 『博多つ子』, 経営書院.

多田昭重(2007), 『福博博多』, 西日本新聞社.

津田元顧・津田元貫/桧恒元吉監修(1977), 『石城誌』, 九州公論社.

富倉光雄訳(1976), 『儀礼の過程』, 思索社

所巧(1996), 『京都の三大祭』, 角川選書.

中村敏雄(1985), 『オフサイドはなぜ反則か』, 三星堂選書.

長浜広之(1994), 『博多山笠』, ふくおか文庫.

西俊明(2004), 『博多商人』, 海鳥社.

農文協編(1998), 『祭で輝く地域をつくる』, 農文協.

野呂栄太郎(1954), 『日本資本主義発達史』, 岩波文庫.

博多祇園山笠振興会(1975), 『博多祇園山笠記録』.

_____(1985), 『博多山笠』(博多祇園山笠振興会30周年記念誌).

_____(1995), 『戦後五十年・博多祇園山笠史』(博多祇園山笠振興会創立四十周年記念).

_____(2004), 『博多祇園山笠振興会50年史』.

_____(2008), 『博多祇園山笠』.

羽江源太(1998), 「戦後都市祭礼とメディア」, 竹沢尚一郎編『博多の祭り』, 九州大学文学部人間科学科比較宗教学研究室, pp.60-84.

馬場伸一(2002), 「創造型行革に向けて(36), 明るい行政改革・福岡市DNAどんたく」『地方自治職員研修』35(4), pp.59-61.

原田安信編(1976), 『博多津要録全三巻』, 西日本文化協会.

樋口清之(1978), 『まつりと日本人』, 家の光協会.

広瀬正利編著(1977), 『昇天寺史』, 昇天寺.

_____(1961), 『博多祇園山笠史談』, 博多祇園山笠振興会, p.27/37.

福岡市民の祭り振興会編(2002), 『博多どんたく港まつり』, 福岡市民の祭り振興会.

福田アジオ編(1972), 日本民俗辞典, 弘文堂.

_____, (他)編(2000), 『日本民俗大辞典』, 吉川弘文館.

福間徳爾(1992), 「都鄙連続論の可能性-北部九州の山笠分布を中心に-」『福岡市博物館研究紀要』第二号, pp..59-91.

_____(1998), 「都市祭礼の伝播―北部九州の山笠ー」『宗教と社会』別冊, ワークショップ報告書, pp.83-88.

福原信一・菊地成朋・上田祥史(2005), 「博多どんたく, 山笠を通してみる魚町筋の変容過程: 都市祭礼としての山笠研究」『日本建築学会大会学術講演集』, pp.727-728.

藤本浩之輔(1974), 『子供の遊び空間』, NHKブックス.

淵浩子(2007), 『博学博多』, 西日本新聞社.

保阪晃孝(2003), 『おっしょい山笠』, 西日本新聞社.

牧田茂(1972), 『神と祭りと日本人』, 講談社.

松平誠(2008), 『祭りのゆくえ』, 中央公論新社.

松山満雄(1985), 「博多祇園山笠と子供たち」『教育と医学』33(8), 慶応義塾大学, pp.824-831.

宮家準(1973), 「儀礼」, 小口偉一訳・堀一郎監修, 『宗教学辞典』, 東京大学出版会, pp.153-159.

丸山雍成・長洋一(2004), 『博多・福岡と西海道』, 吉川弘文館.

森正明(2000), 「祭りの組織とスポーツクラブの組織に関する研究ー博多祇園山笠の事例」, 中央大学保険体育教科運営委員会編『体育研究』第34号, pp.1-34.

森田三朗(1990), 『祭りの文化人類学』, 世界思想社.

安田亘宏(2008), 『祭旅市場ーイベントツーリズムの実践と展望』, 教育評論社.

柳田国男(1969), 『定本柳田国男全集』第十巻, 筑摩書房.

_____(1978), 『新編柳田国男集第5巻』, 勁草書房.

山崎藤四郎編(1910), 『追懐松山遺事』, 私家版.

山本十夢(2009), 『もうひとつの山笠』, 梓書院.

米山俊直(1986), 『都市と祭りの人類学』, 河出書房新社.

_____(1986), 『ドキュメント祇園祭』, NHKブックス.

読売新聞社西部本社編(2004), 『博多商人』, 海鳥社

『歴史公論』8(1981), 「日本の祭りと農耕儀礼」, 雄山閣出版.

和崎春日(1987), 『左大文字の都市人類学』, 弘文堂.

〈新聞記事〉
朝日新聞, 1953.7.8, 1958.7.15
九州日報, 1904.4.29
樵山和尙日記, 1892.7.8.
西日本新聞, 1958.7.15(夕刊), 1987.7.9(夕刊), 1987.7.11
福岡日日新聞, 1891.5.21-23, 1910.6.16, 1913.7.13-14.
フクニチ新聞, 1950.5.18, 1958.7.15, 1975.2.20
福陸新聞, 1894.2.13
北陵新聞, 1893.6.8, 1893.7.5.
毎日新聞, 1953.7.8.

〈인터넷 자료〉
http://www.city.fukuoka.lg.jp/sisei/gaiyou/01html(2010.10.1)
http://www.city.fukuoka.lg.jp/sisei/gaiyou/01html(2010.10.1)
http://www.yukuhashi-guide.jp/y0101_gion.htm(2009.11.13)
http://www.city.fukuoka.lg.jp/hakataku/kikaku/charm/hakatanyokatokojoho/yokatok
　　　　o-joho/yokatoko-junl/maturi-event.html(2011.1.30)
http://www.at-nagasaki.jp/nitca/jaodori/q/ja_q.html, 2010.2.5)

출처일람

이 책의 내용 일부는 이미 여러 학술지에 발표된 것으로, 이 책의 집필방향에 맞게 일부 수정하거나 크게 보완한 것이다. 그 출처는 다음과 같다.

Ⅱ장 도시축제의 전통과 변용

"일본 도시제례의 전통과 변용-," 『일본어문학』41집(2008.5.31), 일본어문학회, 375-396쪽.

Ⅲ장 기원전승의 성립과 전개

"하카타기온야마카사(博多祇園山笠)의 기원전승의 성립과 전개," 『일본어문학』 49집(2010.5.30), 일본어문학회, 513-536쪽.

Ⅳ장 축제의 조직과 운영

"하카타기온야마카사(博多祇園山笠)의 조직과 운영," 『일본어문학』44집(2009. 2.28), 일본어문학회, 457-480쪽.

Ⅴ장 축제의 스포츠적 성격과 의미

"일본 도시제례의 스포츠적 성격과 의미-하카타기온야마카사(博多祇園山笠)를 중심으로-," 『일본문화연구』34집(2009.4.15), 동아시아일본학회, 503-523쪽.

Ⅶ장 후쿠오카의 시민축제 -하카타돈타쿠-

"후쿠오카시 '하카타돈타쿠'의 성립과 전개," 『일본문화연구』38집(2011.4.15), 동아시아일본학회, 603-624쪽.

후기

　나는 이 책의 현지조사를 위해, 2006년 7월 8일 후쿠오카시의 변두리에 있는 아주 조그만 호텔에 여장을 풀었다. 인터넷 상에서 확인한 기온야마카사에 대한 이미지만 머리 속에 간직한 채, 아무런 연고도 없이 무작정 현장으로 들어간 것이다.

　다음날 오후 늦은 시간 기온야마카사의 7개 나가레流 의 4-5천 명의 남자들이 그것도 거의 벌거벗은 상태인 시메코미締込, 훈도시 모습으로 바닷가 모래를 채취하러 가는 시오이토리汐井取り를 목격하게 된다. 현대 도시의 세련된 경관과는 전혀 어울리지 않는 원시적인 모습에 적잖은 충격을 받았다. 이러한 충격은 시내 곳곳에 하늘 높이 서 있는 어지러울 정도로 화려한 가자리야마飾り山 에서, 빌딩 숲 사이로 질풍노도처럼 내달리는 가키야마舁き山 의 장엄한 행렬로 이어진다. 이들의 대열을 따라 정신없이 뛰어다니며 순간의 기억들을 노트와 카메라에 담기 시작하면서 충격은 잔잔한 감동과 호기심으로 급변했다.

　3일째 되는 날 오후, 숙소에서 아주 가까운 곳에 가키야마가 전시되어 있고山小屋, 그 주변을 시메코미 모습의 남자들이 분주히 오가고 있는 곳을 발견하게 된다. 이들과 적당한 거리를 두고 관찰하던 중, 참가자들의 대표자들로 보이는 사람들이 한 곳에 모여 뭔가 중요한 이야기를 나누는 장면을 목격하고, "무슨 얘기를 하고 있는 것일까?"하는 호기심에 본능적으로 가까이 다가가 귀를 기울였다. 그 순간 한 사람이 아주 매서운 눈초리로 "당신 뭐야?"하고 쏘아붙였다. 순간 움칠하면서 뒷걸음을 쳤다. 또 한 번의 충격이었다. 구경꾼인 '요소노모노 외부인'가 '우치노모노 참가자, 내부인'의 세계를 침범한 것에 대한 경고였다.

잠시 안정을 찾은 다음, 어쩐지 상냥하고 마음씨 좋을 것 같은 한 아저씨를 발견하고 다가갔다. 그는 친절하게도 바로 옆에 있던 자신의 작업실로 안내해서 여러 이야기를 들려주었다. 후쿠오카에서 유명한 詩墨畫家 긴다유金太夫 씨를 만난 것이다. 그 후 본격적인 현지조사2007년 6월 1-8월 31일를 위해 그가 참가하고 있는 도이나가레土居流의 교노초行町에 정식 멤버로 들어가서 지금까지 매년 참여관찰을 계속해 오고 있다. 긴다유 씨는 필자가 기온야마카사와 하카타라는 지역사회에 들어갈 수 있는 통로였던 것이다. 그는 내가 기온야마카사와 하카타를 이해할 수 있는 일이라면 무엇이든 안내하고 도와주었다. 참으로 고마운 사람이다.

이 밖에도 많은 사람들의 아낌없는 안내와 협력이 있었다. 교노초의 쓰메쇼詰所, 집회소 1층 사무실에서 온갖 편의를 제공하며, 교노초의 실질적인 운영책임자인 기요나리淸成昌弘 씨의 이웃 아저씨 같은 자상한 배려, 거구의 몸으로 부지런히 달리면서, 항상 내게 "황선생,

무리하지 마세요"라며 안전과 건강을 챙겨주던 에리구치 江里口直文 의 사선생님, 신인들의 '야마카사 학습회' 때 유독 필자에게 질문을 많이 하던 가메자키 龜崎弘記 아카테노고이, "야마카사에는 자신의 관심과 체력에 따라 다양한 즐김의 세계가 있다"며 자신의 독특한 '야마카사 론'을 펴던 이노우에 井上剛 도리시마리, 체력이 딸려 힘겨워 하던 필자에게 '요코반기리 샛길로 질러가기'를 가르쳐 주던 노마 野間秀哉 의사선생님, 항상 필자만 보면 "안녕하세요, 감사합니다"하는 만국말로 인사를 건네던 시라이 白井誠一 씨, 2009년 긴다유 씨 초청강연회 계명대학교 일본학과에 함께 온 다카노 高野翔太 아카테노고이 등으로부터도 참으로 유익한 정보를 얻을 수 있었다. 그밖에 여기서 다 열거할 수 없을 정도로 많은 분들의 도움이 있었다. 지면을 통해 모든 분들에게 감사한 마음을 전하고 싶다. 그리고 마지막으로 매일 흠뻑 적셔오는 시메코미와 미즈핫피를 깨끗하게 세탁하여 다려주던 나의 사랑하는 아내에게도.....

녹음이 짙어가는 아름다운 성서 캠퍼스에서
2011년 4월 30일 황달기

황달기 黃達起

1976년 안동교육대학 졸업
1981년 계명대학교 외국학대학 일본학과 졸업
1984년 일본 히토쓰바시대학 대학원 사회학연구과 석사과정 졸업(사회인류학)
1990년 같은 대학 박사과정 졸업(사회인류학, 사회학박사)
1994년3월-1996년2월 관동대학교 경상대학 관광경영학과 조교수
1996년3월 현재 계명대학교 국제학대학 일본학과 교수

주요 저서
일본의 사회와 교환(1990, 아세아문화사)
일본민속의 이해(1997, 공저, 시사일본어사)
관광인류학의 이해(1997, 역서, 일신사)
일본을 강하게 만든 문화코드 16(2000, 공저, 나무와숲)
작은 정부와 일본 시민사회의 발흥(2005, 공저, 한울아카데미)
일본의 여행과 관광문화(2006, 공저, 도서출판소화)
한일사회의 중심과 주변(2007, 공저, 아연출판부) 외 다수

일본의 축제와 지역사회
하카타기온야마카사(博多祇園山笠)를 중심으로

초판인쇄 2011년 6월 21일
초판발행 2011년 6월 30일

저　　자　황달기

발 행 처　제이앤씨
발 행 인　윤석현
책임편집　조성희
배본영업　류준호
등록번호　제7-220호

우편주소　(132-702) 서울시 도봉구 창동 624-1 북한산현대홈시티 102-1206
대표전화　(02) 992-3253
전　　송　(02) 991-1285
홈페이지　http://www.jncbms.co.kr
전자우편　jncbook@hanmail.net

ISBN 978-89-5668-771-1 93910　　정가 25,000원